Kelle Kati

Uni-Taschenbücher 23

UTB FÜR WISSENSCHAFT

Eine Arbeitsgemeinschaft der Verlage

Wilhelm Fink Verlag München
Gustav Fischer Verlag Jena und Stuttgart
A. Francke Verlag Tübingen und Basel
Paul Haupt Verlag Bern · Stuttgart · Wien
Hüthig Fachverlage Heidelberg
Leske Verlag + Budrich GmbH Opladen
Lucius & Lucius Verlagsgesellschaft Stuttgart
J. C. B. Mohr (Paul Siebeck) Tübingen
Quelle & Meyer Verlag · Wiesbaden
Ernst Reinhardt Verlag München und Basel
Schäffer-Poeschel Verlag · Stuttgart
Ferdinand Schöningh Verlag Paderborn · München · Wien · Zürich
Eugen Ulmer Verlag Stuttgart
Vandenhoeck & Ruprecht in Göttingen und Zürich

Betriebswirtschaftslehre im Grundstudium der Wirtschaftswissenschaft

Die vollständige Reihe enthält folgende Bände:

Bd. 1: Grundprobleme der Betriebswirtschaftslehre (UTB 97)
Von Hans Raffée

Bd. 2: Produktion und Absatz (UTB 68)
Von Dieter Pohmer und Franz Xaver Bea

Bd. 3: Investition und Finanzierung (UTB 23)
Von Peter Swoboda

Bd. 4: Rechnungswesen (UTB 98)
Von Siegfried Menrad

Investition und Finanzierung

Betriebswirtschaftslehre im Grundstudium
der Wirtschaftswissenschaft · Band 3

Von Peter Swoboda

5., durchgesehene Auflage

8 Abbildungen und zahlreiche Tabellen

Vandenhoeck & Ruprecht in Göttingen

Peter Swoboda, Dr. rer. comm., nach Studium und Habilitation an der Hochschule für Welthandel, Wien, von 1966 bis 1970 Ordinarius für Betriebswirtschaftslehre, insbesondere betriebswirtschaftliche Steuerlehre an der Universität Frankfurt (Main), ab 1970 Ordinarius für Betriebswirtschaftslehre, insbesondere Industriebetriebslehre an der Universität Graz. Forschungsschwerpunkte Investitions- und Finanzierungstheorie sowie industrielle Unternehmensforschung.

Die Deutsche Bibliothek – CIP-Einheitsaufnahme

Betriebswirtschaftslehre im Grundstudium der Wirtschaftswissenschaft. –
Göttingen : Vandenhoeck und Ruprecht.
(UTB für Wissenschaft : Uni-Taschenbücher ; ...)
Teilw. als: Uni-Taschenbücher
Bd. 3. Swoboda, Peter: Investition und Finanzierung. –
5., durchges. Aufl. – 1996

Swoboda, Peter:
Investition und Finanzierung / von Peter Swoboda. –
5., durchges. Aufl. – Göttingen : Vandenhoeck und Ruprecht, 1996
(Betriebswirtschaftslehre im Grundstudium
der Wirtschaftswissenschaft ; Bd. 3)
(UTB für Wissenschaft : Uni-Taschenbücher ; 23)
ISBN 3-8252-0023-X (UTB)
ISBN 3-525-03162-9 (Vandenhoeck und Ruprecht)
NE: UTB für Wissenschaft / Uni-Taschenbücher

ISBN 3-525-03162-9

Printed in Germany
Einbandgestaltung: A. Krugmann, Stuttgart
Herstellung: Hubert & Co., Göttingen

UTB-Bestellnummer: ISBN 3-8252-0023-X

Vorwort zur Reihe „Betriebswirtschaftslehre im Grundstudium der Wirtschaftswissenschaft“

Die Reform des wirtschaftswissenschaftlichen Studiums brachte die für die wirtschaftswissenschaftlichen Studiengänge einheitliche Gliederung in Grundstudium und Fortgeschrittenenstudium. Da ein erfolgreicher Abschluß des Grundstudiums Kenntnisse in der Allgemeinen Betriebswirtschaftslehre voraussetzt, wurde es erforderlich, die Grundzüge der Allgemeinen Betriebswirtschaftslehre in einer für diesen Studienabschnitt geeigneten Form darzustellen. Die Verfasser haben sich zum Ziel gesetzt, diese Lücke zu schließen und dem Bedürfnis, das hinter der Forderung der Studenten nach Vorlesungsmanuskripten steht, soweit möglich, Rechnung zu tragen.

Der Stoff wird in Anlehnung an den weithin üblichen Vorlesungszyklus in folgende vier Bereiche zerlegt: Grundprobleme der Betriebswirtschaftslehre, Produktion und Absatz, Investition und Finanzierung, Rechnungswesen. Da die Verfasser bewußt darauf verzichtet haben, den Inhalt der einzelnen Bände streng zu verketten, kann von dieser Reihenfolge durchaus abgewichen werden. Jeder Band läßt sich auch deshalb gesondert zum Studium benutzen, weil die Verfasser die Festlegung auf eine bestimmte Schule der Betriebswirtschaftslehre zu vermeiden versuchten.

Großer Wert wurde darauf gelegt, Inhalt und Methode der Darstellung den didaktischen Erfordernissen des Grundstudiums anzupassen. Diese Aufgabe konnte nur dadurch erfüllt werden, daß sich die Verfasser darauf beschränkt haben, den „gesicherten“ Bestand an Grundkenntnissen der Allgemeinen Betriebswirtschaftslehre darzustellen. Jeder Band kann daher ohne Vorkenntnisse und nicht nur als Begleitlektüre zu Vorlesungen, sondern auch unabhängig von den Lehrveranstaltungen benutzt werden. In diesem Sinne wurden Übungsaufgaben ausgearbeitet, die dem Studenten die Möglichkeit geben, seine Kenntnisse zu prüfen und zu festigen. Gezielte Literaturhinweise sollen es erleichtern, das Gelesene anhand weiterer Publikationen zu vertiefen.

Hans Raffée, Dieter Pohmer, Franz Xaver Bea,
Peter Swoboda, Siegfried Menrad

Vorwort zur 5. Auflage

Die wesentliche Neuerung der 3. Auflage – die Darstellung der *Investitionsrechnungen in drei Stufen* – wurde beibehalten. In der 1. Stufe (Abschnitt II.A) werden die finanzmathematischen sowie sonstigen Investitionskriterien dargestellt, ohne miteinander verglichen und kritisch gewertet zu werden. Der kritische Vergleich der Methoden der Investitionsrechnung erfolgt erst in der 2. Stufe (Abschnitt II.B). Um die Darstellung und den Vergleich der Investitionskriterien nicht mit der Finanzierungsproblematik zu belasten, wird in den Abschnitten II.A und B von reiner Eigenfinanzierung und gegebenem Kapitalkostensatz ausgegangen. Spezielle bzw. vertiefte Probleme der Investitionsbeurteilung werden in der 3. Stufe behandelt (Abschnitt III.C): so die Berücksichtigung der teilweisen Fremdfinanzierung von Projekten, die Einbeziehung von Steuern, von Inflation, von Kapitalknappheit etc. Die stufenweise Behandlung von Investitionsrechnungen hat zunächst didaktische Vorteile. Der Student wird erst zu kritischen Vergleichen herausgefordert, nachdem er alle herkömmlichen Investitionskriterien kennengelernt hat. Die Vorgangsweise ermöglicht es aber auch, das Lehrbuch, je nach zur Verfügung stehender Zeit, für unterschiedliche Ausbildungsziele einzusetzen: Entweder nur zum Kennenlernen der Methoden; oder auch zur kritischen Wertung der Methoden; oder auch um mit speziellen Problemstellungen und ihrer Lösung vertraut zu werden.

Der Schwerpunkt der Umarbeitungen für die *vierte Auflage* lag erstens in der Neufassung und wesentlichen Erweiterung der Abschnitte über das Investitionsrisiko. Zweitens wurde Teil III (Finanzierung und hier insbesondere der Abschnitt III.A über die optimale Kapitalstruktur an die auf diesem Sektor besonders stürmische Entwicklung angepaßt. In diesem Zusammenhang wurde auch eine ausführliche Analyse der Wirkungen des gegenwärtigen deutschen Steuersystems auf Finanzierungsentscheidungen aufgenommen (Abschnitt III.A.2.a)).

Im Rahmen der 5. Auflage konnte ich mich daher damit begnügen, Fehler zu korrigieren, Literaturhinweise zu aktualisieren und einige neue Beispiele einzufügen.

Inhalt

Abkürzungsverzeichnis

Die durchgehend verwendeten Symbole sind:

A = Anschaffungspreis

a_t = F_t/M_t = Verschuldungsgrad = Anteil des Fremdkapitals am Gesamtkapital zu t

Ab_t = steuerliche Abschreibung in Periode t

AQ_t = Auszahlungen für ein Investitionsprojekt zu t

Ann = Gewinnannuität

D_t = Zahlungsüberschuß eines Investitionsprojekts in t, der an Anteilseigner ausgeschüttet wird, bzw. (wenn negativ) von den Anteilseignern eingezahlt wird; wenn D_t auf die gesamte Unternehmung bezogen wird: Jahresdividende zu t (einschließlich Rückzahlung und Einzahlung (negativ) von eigenen Mitteln)

D_{Et} = Jahresdividende zu t bei vollständiger Eigenfinanzierung

d = Dividende pro Anteil

e = Emissionsspesen in Prozent des Emissionserlöses

EQ_t = Einzahlungen aus einem Investitionsprojekt zu t

f = Ereignisfolge-Index, Konstellations-Index

F_t = Kapitalwert eines Investitionsprojekts für die Kreditgeber zu t = *Kapitalwert des Kredits zu* t

F = F_{0+} = Kapitalwert des Kredits zu $t = 0+$, also unmittelbar nach Einzahlung des Kreditbetrages an die Unternehmung

g = Minderung der Betriebskosten pro Jahr infolge des technischen Fortschritts

G_t = Gewinn des Jahres t

i = Kapitalkostensatz für eine bestimmte Kombination von Eigen- und Fremdkapital

I = Investitionsprogramm-Index

IP = Investitionsprojekt

j = Investitionsprojekt-Index

k = Kapitalkostensatz für Fremdkapital

K_t = Kapitalwert eines Investitionsprojekts für die Anteilseigner zu t

K = K_{0+} = Kapitalwert eines Investitionsprojekts für die Anteilseigner zu $t = 0+$, also unmittelbar nach Einzahlung der eigenen Mittel durch die Anteilseigner = Ertragswert eines Investitionsprojekts für die Anteilseigner

m_t = Kurswert pro Anteil nach Dividendenausschüttung zu t

M_t = Kapitalwert eines Investitionsprojekts zu t (für Anteilseigner und Kreditgeber) = $K_t + F_t$

M = M_{0+} = Kapitalwert eines Investitionsprojekts zu $t = 0+$, also unmittelbar nach Auszahlung des Anschaffungspreises
n = Nutzungsdauer
N = Anzahl der emittierten Anteile (bei vollständiger Eigenfinanzierung)
N_t^* = Anzahl der zu t neu emittierten Anteile
p = interner Zinsfuß eines Investitionsprojekts für die Anteilseigner
q = interner Zinsfuß eines Investitionsprojekts
Q_t = Zahlungsüberschuß eines Investitionsprojekts zu $t = D_t + Y_t + Z_t$
r = Kapitalkostensatz für Eigenkapital = vom Anteilseigner angewendeter Kalkulationszinsfuß (in Abhängigkeit vom Anteilseignerrisiko)
r_E = Kapitalkostensatz für Eigenkapital bei vollständiger Eigenfinanzierung
R_t = Restwert eines Investitionsprojekts zu t = Liquidationspreis eines Investitionsprojekts zu t
s = Gewinnsteuersatz
s_e = Einkommensteuersatz
s_k = Körperschaftssteuersatz
s_{k_1} = Körperschaftssteuersatz für ausgeschüttete Gewinne
s_{k_2} = Körperschaftssteuersatz für einbehaltene Gewinne
t = Zeitpunkt, Zeitpunkt-Index
U = Nutzen
v = Anschaffungszeitpunkt
V = σ^2 = Varianz
W = Wahrscheinlichkeit
X = Anzahl der Investitionsprojekte
Y = aufgenommene Kreditsumme zu $t = 0$
Y_t = Kreditrückzahlung zu t
z = Zinssatz für risikolose Anlagen
Z_t = Zinszahlungen zu t
λ = Knappheitspreis für finanzielle Mittel pro Geldeinheit
ϱ = Korrelationskoeffizient
σ = Standardabweichung

I. Teil: Grundlagen

1. Aufbau der Arbeit

Bei der Abfassung der Arbeit wurde besonderes Gewicht auf eine folgerichtige Ableitung sowohl der *Beurteilungskriterien für Investitionsprojekte* als auch der *optimalen Kapitalstruktur* aus der unterstellten Zielsetzung der Unternehmung bzw. der Anteilseigner (Unternehmungswertmaximierung) gelegt.

In Teil I werden Investitions- und Finanzierungsentscheidungen definiert und grundlegende Prämissen eingeführt. Teil II.A stellt zunächst die in der Literatur vorgeschlagenen Beurteilungskriterien für Investitionsprojekte vor, ohne sie zu konfrontieren. Im Teil II.B wird gezeigt, daß infolge der Interdependenzen zwischen den Vermögensgegenständen einer Unternehmung häufig nur umfassenden, langfristigen Investitionsplänen Zahlungen eindeutig zugerechnet werden können. Die Bedingungen, unter denen einzelne Vermögensgegenstände isoliert bewertet werden können, werden herausgearbeitet. Ausgehend von der angenommenen Zielsetzung der Unternehmung werden sodann die in Abschnitt II.A präsentierten Beurteilungskriterien für Investitionsprojekte einer kritischen Analyse unterzogen. Aufgabe von Teil II.C ist die Erörterung von speziellen Problemstellungen (Vertiefungen) hinsichtlich der Investitionsbeurteilung: So der Investitionsbeurteilung bei teilweiser Fremdfinanzierung, der Quantifizierung des Diskontierungssatzes, der Berücksichtigung von Steuern, Inflation und Kapitalengpässen und der Optimierung von Investitionsterminen. Der Optimierung von Nutzungsdauer bzw. Ersatzterminen sind die Abschnitte II.D und II.E gewidmet. In die Möglichkeiten der Messung und Berücksichtigung des Investitionsrisikos wird in Abschnitt II.F eingeführt.

Die Optimierung der Kapitalstruktur und die Beziehungen zwischen Kapitalstruktur und Investitionsprogramm stehen im Vordergrund des Teils III. Er wird durch Ausführungen zum Kapitalstrukturrisiko eingeleitet. Darauf aubauend werden Theorien zur Irrelevanz bzw. Relevanz der Kapitalstruktur dargestellt und es werden aus ihnen Kapitalkostensätze für die Bewertung der Investitionsprojekte abgeleitet. Es wird nicht als Aufgabe dieser Einführung angesehen, die Finanzierungsinstrumente der Praxis ausführlich darzustellen. Doch wird versucht, Selbstfinanzierung, Eigenfinanzierung im engeren Sinne und wichtige Kreditformen soweit zu charakterisieren, daß die durch sie verursachten Kapitalkosten und Risiken erkennbar werden und bei der Optimierung der Kapitalstruktur grundsätzlich berücksichtigt werden können (Abschnitt III.B und C). Da Gewinnsteuern sehr wichtige Einflußgrößen von Finanzierungsentscheidungen sind, gehen sie auch in die Überlegungen des Teils III mit ein.

Dem Charakter eines Lehrbuchs entsprechend, sind den mit Großbuchstaben bezeichneten Abschnitten der Teile II und III eine größere Anzahl von *Übungsaufgaben* nachgestellt. Auf Zitate wird weitgehend verzichtet; an ihre Stelle treten Hinweise auf weiterführende Literatur.

2. Finanzierungsentscheidungen, Investitionsentscheidungen, Investitionsprojekte

Unternehmungen benötigen zur Produktion und zum Absatz von Produkten und Leistungen *Vermögensgegenstände* unterschiedlicher Art, wie Gebäude, Maschinen, Beteiligungen, Rechte, Bestände an Rohstoffen, Halberzeugnissen, Fertigerzeugnissen, finanziellen Mitteln usw. Die Gesamtheit der materiellen und immateriellen Vermögensgegenstände einer Unternehmung bildet das *Vermögen*. Eine Unternehmung kann erstens dadurch mit Vermögen ausgestattet werden, daß *Anteilseigner* (Eigentümer) *Bareinlagen* leisten, die zum Kauf von Vermögensgegenständen oder zu ihrer Erstellung verwendet werden, direkt Vermögensgegenstände einbringen, also *Sacheinlagen* tätigen, oder auf Gewinnausschüttungen verzichten. Zweitens kann die Unternehmung *Kredite* aufnehmen oder Vermögensgegenstände mieten. In diesem Fall beschafft die Unternehmung die benötigten Mittel von *Kreditgebern* (einschließlich Vermietern). Anteilseigner und Kreditgeber heißen *Kapitalgeber*. Mit den Zahlungen der Anteilseigner und Kreditgeber an die Unternehmung sind die Beziehungen zwischen Unternehmung und Kapitalgebern jedoch nicht abgeschlossen. Die Anteilseigner erwarten Ausschüttungen, einschließlich Kapitalrückzahlungen und Liquidationserlös im Falle der Auflösung der Unternehmung. Die Kreditgeber erwarten Zinszahlungen, Kreditrückzahlungen bzw. Mietzahlungen. Zudem haben Anteilseigner und Kreditgeber bestimmte Rechte auf Informationen und auf Einflußnahme auf die Entscheidungen der Unternehmung.

Nach diesen Vorbemerkungen können nun Finanzierungs- und Investitionsentscheidungen definiert werden: *Finanzierungsentscheidungen* sind Entscheidungen über die Versorgung der Unternehmung mit Kapital und damit über die Beziehungen, insbesondere Zahlungen zwischen Unternehmung und Kapitalgebern. Die Entscheidungen können Höhe, Termin und Sicherung der Zahlungen und sonstiger Lieferungen und Leistungen zwischen Kapitalgebern und Unternehmung betreffen. Sie beziehen sich auch auf Mitsprache- und Informationsrechte der Kapitalgeber. *Eigenfinanzierungsentscheidungen* sind Entscheidungen über die Beziehungen, insbesondere Zahlungen zwischen Unternehmung und Anteilseignern. Unter *Eigenfinanzierung im engeren Sinne* oder Beteiligungsfinanzierung sind Bar- und Sacheinlagen der Anteilseigner in die Unternehmung zu verstehen. *Selbstfinanzierung* ist eine besondere Form der Eigenfinanzierung: Sie liegt vor, wenn Gewinne der Unternehmung ganz oder teilweise nicht an die Anteilseigner ausgeschüttet, sondern einbehalten werden. *Fremdfinanzierungsentscheidungen* sind Entscheidungen über die Beziehungen, insbesondere Zahlungen zwischen Unternehmung und Kreditgebern.

Investitionsentscheidungen sind Entscheidungen über die Kapitalverwendung und damit über Umfang oder Struktur des Vermögens der Unternehmung. Zu ihnen zählen Entscheidungen über Kauf und Verkauf von Maschinen, Beteiligungen, Gebäuden (Anlagevermögen) ebenso wie Entscheidungen, bestimmte Durchschnittsbestände an Rohstoffen, Halb- und Fertigerzeugnissen, Forderungen und liquiden Mitteln (Umlaufvermögen) anzustreben. Produktions- und Absatzentscheidungen, die zu kurzfristigen Änderungen der Vermögenszusammensetzung führen, werden nicht zu den Investitionsentscheidungen gerechnet: Zur Produktion von Gütern werden Rohstoffe abgefaßt, es entstehen Halb- und hierauf Fertigerzeugnisse; bei Verkauf der Güter werden Fertigerzeugnisse wieder dem Lager entnommen, es entstehen Forderungen, die sich bei Bezahlung der Kunden in liquide Mittel umwandeln (vgl. Pohmer, Bea [Grundstudium: Produktion und Absatz]) usw. Dagegen mögen z. B. Entscheidungen über die Bestellmengen und die Sicherheitsbestände an Rohstoffen, die die Vermögenszusammensetzung längerfristig determinieren, zu den Investitionsentscheidungen rechnen.

Bestimmte Entscheidungen können natürlich zugleich Investitions- und Finanzierungsentscheidungen sein: So die Entscheidung, eine Maschine zu leasen, oder die Entscheidung, ein Aggregat zu beschaffen und gleichzeitig einen Lieferantenkredit in Anspruch zu nehmen.

Investitionsprojekte (*IP*) sind Vermögensgegenstände oder Gruppen von Vermögensgegenständen, von denen erwogen wird, sie zu bestimmten Terminen zu beschaffen bzw. sie bis zu bestimmten Terminen beizubehalten. Der Terminus Investitionsprojekt ist für diese Publikation grundlegend. Es sollen zur Demonstration einige Investitionsprojekte zusammengestellt werden.

Weitgehend *isolierte Investitionsprojekte* sind beispielsweise: der Kauf eines Aggregats zum Zeitpunkt $t = 0$, die Selbsterstellung eines Gebäudes zu $t = 2$, der Kauf von Beteiligungen zu $t = 1$, die Beibehaltung einer vorhandenen, gebrauchten Anlage bis $t = 4$, die Aufrechterhaltung eines Sicherheitsbestandes an Rohstoffen von X Geldeinheiten während der nächsten Perioden usw.

Ein Investitionsprojekt kann aber auch sämtliche Aggregate, Gebäude, Beteiligungen usw. umfassen, die von der Unternehmung in einem bestimmten Zeitraum beschafft oder verkauft werden sollen. Ein solches umfassendes Investitionsprojekt heißt auch *Investitionsprogramm* bzw. *Investitionsplan.* Investitionsprogramme bzw. -pläne können sich auf eine unterschiedliche Anzahl von Perioden erstrecken. Danach unterscheidet man kurzfristige (etwa bis zu einem Jahr) und langfristige Investitionsprogramme.

Neben den isolierten Investitionsprojekten und vollständigen Investitionsprogrammen gibt es *Teil-Investitionsprogramme.* Solche Investitionsprojekte umfassen den Kauf einer Gruppe aufeinander abgestimmter Aggregate, die Errichtung eines neuen Produktionszweiges oder eines Teilbetriebes, die Gründung einer Tochtergesellschaft usw.

3. Grundlegende Prämissen, insbesondere zur Zielsetzung der Unternehmung

Ziel der Unternehmung zum Zeitpunkt t sei die Maximierung des *Unternehmungswertes für die Anteilseigner* zum Zeitpunkt t. Der Unternehmungswert (Ertragswert) ist der Barwert der von den Anteilseignern erwarteten künftigen Zahlungen.

$$\text{Max Unternehmungswert zu } t = 0\text{: } \sum_{t=0}^{n} D_t(1+r)^{-t} \qquad (1)$$

D_t = von den Anteilseignern erwartete Zahlungen zu t (Gewinnausschüttungen, Kapitalrückzahlungen etc. abzüglich Kapitaleinlagen)
n = Lebensdauer der Unternehmung
r = Zinssatz (Diskontierungssatz)

Formal entspricht der Unternehmungswert dem in Abschnitt II.A zu besprechenden Kapitalwert.

Diese Zielsetzung bedingt erstens, daß die Unternehmungsleiter sich ausschließlich an den Zielen der *Anteilseigner* ausrichten. Sie verfolgen somit weder eigene noch Ziele anderer Gruppen auf Kosten der Anteilseigner.

Zweitens muß gelten, daß die Anteilseigner ausschließlich an *Zahlungen* interessiert sind. Macht, Ruf, Umsatz usw. der Unternehmung tragen nicht zu ihrem Nutzen bei, sofern sie sich nicht in Zahlungen zwischen Unternehmung und Anteilseignern niederschlagen. Kann man dies nicht unterstellen, müßte man von der allgemeineren, jedoch nur beschränkt operablen Zielsetzung *Nutzenmaximierung* anstatt von Unternehmungswertmaximierung ausgehen.

Eine Investitions- und Finanzierungstheorie, die diese beiden Bedingungen akzeptiert, heißt normativ (präskriptiv). Sie will – unter Anwendung der Entscheidungslogik – optimale Entscheidungen für ein zwar bedeutsames Teilziel ableiten, von dem jedoch angenommen werden kann, daß es häufig nicht ausschließliches Unternehmungsziel ist. Es ist auch nicht auszuschließen, daß ethische Wertungen in die erste Bedingung eingehen: Man mag es für gerechtfertigter halten, daß die Unternehmungsleiter die Interessen der Anteilseigner anstatt ihre eigenen Interessen verfolgen.

Die Anwendung der Zielsetzung Unternehmungswertmaximierung ist jedenfalls dann gerechtfertigt, wenn es gelingt, etwaige andere Zielsetzungen der Unternehmungsleiter und Anteilseigner in Form von Nebenbedingungen zu kleiden. Eine solche Nebenbedingung könnte z.B. sein: Der Umsatz soll jährlich um mindestens 5% zunehmen.

Damit die Zielsetzung Unternehmungswertmaximierung für alle Anteilseigner zu einem Optimum führt, muß drittens unterstellt werden, daß *alle Anteilseigner gleiche Erwartungen* hinsichtlich der Einzahlungsüberschüsse der Unternehmung haben und diese mittels eines gleichen Zinssatzes abzinsen, um den Unternehmungswert zu ermitteln. Auf die damit verbundenen Probleme wird in Abschnitt II.C.2 näher eingegangen.

Die Zielsetzung Unternehmungswertmaximierung steht somit anstelle der Zielsetzung Gewinnmaximierung, die vornehmlich für einperiodige Probleme (Produktions- und Preisentscheidungen) geeignet ist. Für die langfristigen Investitions- und Finanzierungsprobleme ist Gewinnmaximierung keine befriedigende Zielsetzung. Aus zwei Gründen: Erstens kommt es für die Anteilseigner nicht auf die Jahresgewinne an, die einbehalten oder ausgeschüttet werden können, sondern allein auf die Ausschüttungen (minus Kapitaleinlagen). Und zweitens können Gewinne (Ausschüttungen) mehrerer Perioden nicht einfach addiert werden; sie müssen durch Diskontierung zunächst in Geldeinheiten einer Basisperiode umgerechnet werden.

Die Zielsetzung Unternehmungswertmaximierung (hier aus der Sicht der Arbeitnehmer) kann auch dann zugrundegelegt werden, wenn die Unternehmung im gesellschaftlichen Eigentum oder im Eigentum der Arbeitnehmer steht und die Arbeitnehmer zu entscheiden haben, welcher Teil der Einzahlungsüberschüsse nach Deckung der Zahlungen an die Kreditgeber den Arbeitnehmern auszuschütten und welcher Teil in der Unternehmung zu investieren ist.

Ein solches System war in Ansätzen in Jugoslawien realisiert. Im allgemeinen wird man hier größere Schwierigkeiten haben, einen repräsentativen Diskontierungssatz zu finden als bei „kapitalistischer" Wirtschaftsordnung (siehe Abschnitt II.C.2). – Analog kann es als Zielsetzung von gemeinnützigen Unternehmungen und Genossenschaften aufgefaßt werden, den Barwert ihrer Leistungen an die Allgemeinheit bzw. an die Genossenschafter zu maximieren.

Investitions- und Finanzierungsprobleme werden in der Literatur aber auch bei Unterstellung anderer Zielsetzungen behandelt. So nimmt Koch an, daß die Anteilseigner eine bestimmte zeitliche Struktur der Entnahmen präferieren. Zielsetzung der Unternehmungsleitung ist dann die Maximierung der jährlichen Entnahmen bei der gegebenen Struktur (Koch [Wirtschaftlichkeitsrechnung]). (Zur Zielsetzung der Unternehmung vgl. Raffée [Grundstudium: Grundprobleme]).

Der Unternehmenswert wurde oben als der Barwert der von den Anteilseignern *erwarteten* Zahlungen definiert. Die erwarteten Nettoausschüttungen der Unternehmung j zum Zeitpunkt t sind:

$$D_{tj} = \sum_f D_{tjf} W_{tf}$$

D_{tif} = Nettoausschüttungen (= Ausschüttungen minus Kapitaleinlagen) der Unternehmung j zum Zeitpunkt t bei Eintritt der Konstellation f

W_{tf} = Wahrscheinlichkeit, daß Konstellation f in Periode t eintritt

Wenn im Jahr t Situation $f = 1$ (Nettoausschüttungen = 20000) mit einer Wahrscheinlichkeit von 0,60, Situation $f = 2$ (Nettoausschüttungen = 30000) mit einer Wahrscheinlichkeit von 0,40 eintritt, so betragen die erwarteten Nettoausschüttungen $20000 \cdot 0{,}60 + 30000 \cdot 0{,}40 = 24000$.

Da die *erwarteten* Nettoausschüttungen diskontiert werden, um den Unternehmungswert zu erhalten, kann das Risiko nur mehr durch einen *Zuschlag* zum Diskontierungssatz berücksichtigt werden. Diese Form der Risikoberücksichtigung wird im folgenden grundsätzlich gewählt.

Eine andere Möglichkeit, das Risiko bei der Ermittlung von Unternehmungswerten zu berücksichtigen, wäre, von den erwarteten Zahlungen im Jahre t einen *Risikoabschlag* vorzunehmen, und die so korrigierten Zahlungen (= Sicherheitsäquivalente) mittels eines Zinsfußes für risikolose Anlagen zu diskontieren. Auch könnte man die erwarteten Zahlungen mittels eines Zinsfußes für risikolose Anlagen diskontieren, und das Risiko aus der Unternehmung durch einen Abschlag vom Kapitalwert berücksichtigen. Dann müßte man aber den Unternehmungswert anders definieren; so als Barwert der erwarteten Nettoausschüttung *minus Risikoabschlag in Abhängigkeit vom Unternehmungsrisiko.* (Zur Messung des Unternehmungsrisikos bzw. des Risikos aus Investitionsprojekten vgl. Abschnitt III.A.) Die hier gewählte Zielsetzung und Form der Risikoberücksichtigung, die zumeist in der amerikanischen Literatur angewendet wird, hat für den Aufbau einer Investitions-, vor allem aber Finanzierungstheorie entscheidende Vorteile.

II. Teil: Grundzüge der Investitionstheorie

In Abschnitt II.A werden die wesentlichen Beurteilungskriterien für Investitionsprojekte vorgestellt, ohne sie einer vergleichenden Wertung zu unterziehen. Diese erfolgt erst in Abschnitt II.B. Während die Vorstellung der Methoden der Investitionsrechnung und ihr Vergleich in den Abschnitten II.A und B anhand vereinfachender Prämissen erfolgt (reine Eigenfinanzierung, Abstraktion von Steuern und Risiko, gegebener Diskontierungssatz, keine Kapitalknappheit), wird in Abschnitt II.C auf die Einbeziehung von Fremdfinanzierung und Steuern in die Investitionsrechnung, die Quantifizierung des Diskontierungssatzes, die Berücksichtigung der Inflation, die Terminisierung von Investitionsprojekten und die Investitionsbeurteilung bei Kapitalengpässen eingegangen.

Die Nutzungsdauer der in den Abschnitten II.A, B und C analysierten Investitionsprojekte wird als gegeben unterstellt. Auf die Bestimmung der optimalen Nutzungsdauer bzw. des optimalen Ersatztermins von Projekten wird erst in Abschnitt II.D und E eingegangen.

In den Abschnitten II.A bis II.E werden Risikoerwägungen weitgehend ausgeklammert. Sie werden in Abschnitt II.F nachgetragen.

A. Beurteilungskriterien für Investitionsprojekte

1. Finanzmathematische Beurteilungskriterien für Investitionsprojekte

a) Der Kapitalwert

Es wird vorerst angenommen, die Unternehmung betreibe nur Eigenfinanzierung. Wenn die Unternehmung ein Investitionsprojekt beschafft, so stellen die Anteilseigner den dafür nötigen Betrag der Unternehmung zur Verfügung. Sie erhalten dafür die aus dem Projekt fließenden Zahlungsüberschüsse. Diese ergeben sich aus den Einnahmen aus den Produkten, die mittels des Projekts gefertigt werden sollen, minus den dafür anfallenden laufenden Zahlungen, wie Löhne, Wartungsausgaben, Materialausgaben usw. Die Anteilseigner beurteilen das Investitionsprojekt nach den *Zahlungen*, die sie für die Beschaffung des Projekts leisten und die sie aus den Erträgen des Projekts erwarten. Aus den erwarteten Zahlungen zwischen Unternehmung und Anteilseignern läßt sich der Kapitalwert des Investitionsprojekts für die Anteilseigner errechnen:

Der *Kapitalwert* (K_t) eines Investitionsprojekts *für die Anteilseigner* zum Zeitpunkt t ist der Barwert der von den Anteilseignern erwarteten Zahlungen aus dem Investitionsprojekt ab t.

Der Kapitalwert zu $t = 0$ ist gegeben durch:

$$K_0 = D_0 + D_1(1+r)^{-1} + D_2(1+r)^{-2} + \ldots + D_n(1+r)^{-n}$$

$$K_0 = \sum_{t=0}^{n} D_t(1+r)^{-t} \qquad (1)$$

D_t = erwartete Zahlungen aus dem Investitionsprojekt an die Anteilseigner zum Zeitpunkt t (positiv) oder Zahlungen der Anteilseigner für das Investitionsprojekt zum Zeitpunkt t (negativ). Es wird angenommen, die Zahlungen erfolgen jeweils zum Jahresende.

n = Nutzungsdauer des Investitionsprojekts

r = von den Anteilseignern angesetzter, zunächst als konstant angenommener Zinsfuß; über die Höhe von r wird an späterer Stelle gesprochen. Die Kapitalwerterrechnung (Abzinsung) geht somit von der Annahme aus, daß spätere Zahlungen minder geschätzt werden als frühere Zahlungen. Man kann dies an dieser Stelle so begründen, daß die Anteilseigner die im Investitionsprojekt gebundenen Mittel anderweitig zu r anlegen könnten. Die *Abzinsungsfaktoren* $(1+r)^{-t}$ sind im *Anhang* tabelliert.

Ein Investitionsprojekt ist nach dem *Kapitalwertkriterium* vorteilhaft, falls $K_0 \geq 0$. Es bringt dann mehr als eine Anlage des Anschaffungspreises zum Zinssatz r. Von alternativen Projekten ist das mit dem größten positiven Kapitalwert zu wählen.

Natürlich können die ab $t = 0$ erwarteten Zahlungen auch auf einen anderen Zeitpunkt als auf 0 bezogen werden. So erhält man den *Endwert* eines Investitionsprojekts, wenn alle ab $t = 0$ erwarteten Zahlungen auf $t = n$ aufdiskontiert werden.

$$\text{Endwert} = \sum_{t=0}^{n} D_t(1+r)^{n-t} = K_0(1+r)^n \tag{2}$$

Wird unter dem Investitionsprojekt eine Unternehmung verstanden, dann wird K_t auch als Unternehmungswert oder Kapitalwert des Eigenkapitals der Unternehmung bezeichnet.

Folgendes Beispiel zeigt die Errechnung von K_t.

Beispiel 1. Ein Investor beschafft zu $t = 0$ einen LKW, um einen Speditionsbetrieb zu beginnen. Der Anschaffungspreis beträgt 100000. Er wird aus eigenen Mitteln des Investors aufgebracht. Die erwarteten Überschüsse der Einzahlungen aus Transporterlösen über die Treibstoff-, Lohn-, Wartungs-, Versicherungs- und Steuerausgaben sind 50000 zu $t = 1$, 38000 zu $t = 2$ und 27000 zu $t = 3$. Die Nutzungsdauer des LKW ist 3 Jahre. R_3, der Restwert zu $t = 3$ (Liquidationswert) beträgt 20000, $r = 0{,}10$. Investitionsprojekt ist in diesem Beispiel der LKW oder der zu gründende Speditionsbetrieb.

Der Zahlungsüberschuß aus einem Investitionsprojekt im Jahr t wird mit Q_t bezeichnet: $Q_0 = -100000$, $Q_1 = 50000$, $Q_2 = 38000$, $Q_3 = 27000 + 20000$. Der Anschaffungspreis wird auch mit A bezeichnet: $Q_0 = -A$.

Bei vollständiger Eigenfinanzierung sind die Zahlungsüberschüsse aus dem Investitionsprojekt mit den Zahlungen zwischen Unternehmung und Anteilseignern identisch: $Q_t = D_t$. Der Kapitalwert für die Anteilseigner zu $t = 0$ ist:

$$K_0 = -100000 + 50000 \cdot 1{,}10^{-1} + 38000 \cdot 1{,}10^{-2} + 47000 \cdot 1{,}10^{-3}$$

$$K_0 = 12171$$

Bevor der LKW beschafft ist, bevor also der Investor 100000 bezahlt hat, kommt dem Investitionsprojekt ein Kapitalwert von 12171 zu. Der Kapitalwert kann als derjenige Betrag aufgefaßt werden, der *zusätzlich* zur Anschaffungsauszahlung aus den zukünftigen Einzahlungsüberschüssen rückgezahlt und verzinst wird. Um genauere Einsichten in die Eigenschaften des

Kapitalwertes zu gewinnen, soll die *Entwicklung von K_t* im Zeitablauf verfolgt werden.

Sofort nach Beschaffung und gleichzeitiger Bezahlung des Anschaffungspreises hat der LKW einen Kapitalwert von 12171 + 100000 = 112171. Dieser Betrag ist der Barwert der dem Investor zufließenden Beträge von insgesamt 135000. Der Investor erwartet somit eine Rückzahlung von 112171 und Zinsen auf die jeweils noch ausstehenden Beträge zum Zinsfuß von 0,10. Der Kapitalwert sofort nach Zahlung des Anschaffungspreises, also sofort nach dem Zeitpunkt $t = 0$, soll als K_{0+} bezeichnet werden. Gemäß der Definition des Kapitalwertes für die Anteilseigner ergibt sich K_{0+} auch aus folgender Formel:

$$\begin{aligned} K_{0+} &= 50000 \cdot 1{,}10^{-1} + 38000 \cdot 1{,}10^{-2} + 47000 \cdot 1{,}10^{-3} \\ &= 112171 \end{aligned}$$

Es wird daran erinnert: Der Kapitalwert eines Investitionsprojekts für die Anteilseigner zum Zeitpunkt t ist der Barwert der von den Anteilseignern erwarteten Zahlungen aus dem Investitionsprojekt ab t. Zu $t = 0+$ ist der Anschaffungspreis bereits getätigt, daher werden nur mehr die Zahlungen zu $t = 1, 2$ und 3 zur Ermittlung des Kapitalwertes herangezogen. Der Kapitalwert K_{0+} wird auch als Ertragswert bezeichnet.

Zum Zeitpunkt $t = 1$ ist der Kapitalwert des Investitionsprojekts für die Anteilseigner:

$$K_1 = 50000 + 38000 \cdot 1{,}10^{-1} + 47000 \cdot 1{,}10^{-2} = 123388$$

Da die Einnahme von 50000 unmittelbar bevorsteht, wird sie nicht mehr abgezinst, die Einzahlungsüberschüsse des zweiten Jahres werden für ein Jahr abgezinst usw.

K_1 kann auch aus K_{0+} folgendermaßen errechnet werden: Der Investor erwartet für die erste Periode einen Zinsertrag von $K_{0+} r = 112171 \cdot 0{,}10 = 11217$. K_1 ist daher gleich K_{0+} plus dem erwarteten Zinsertrag: $112171 + 11217 = 123388$.

Zu $t = 1$ erhält nun der Investor eine Einzahlung von 50000. Nach dieser Einzahlung hat das Investitionsprojekt für ihn nur mehr einen Kapitalwert (K_{1+}) von $123388 - 50000 = 73388$. K_{1+} kann auch wie folgt errechnet werden:

$$K_{1+} = 38000 \cdot 1{,}10^{-1} + 47000 \cdot 1{,}10^{-2} = 73388$$

Nach den gleichen Erwägungen lassen sich K_2 (80727), K_{2+} (42727) und K_3 (47000) ermitteln. K_{3+} ist Null, nach $t = 3$ erbringt das Investitionsprojekt keine Einzahlungsüberschüsse mehr.

Untenstehende Abbildung verdeutlicht den *Verlauf* von K_t:

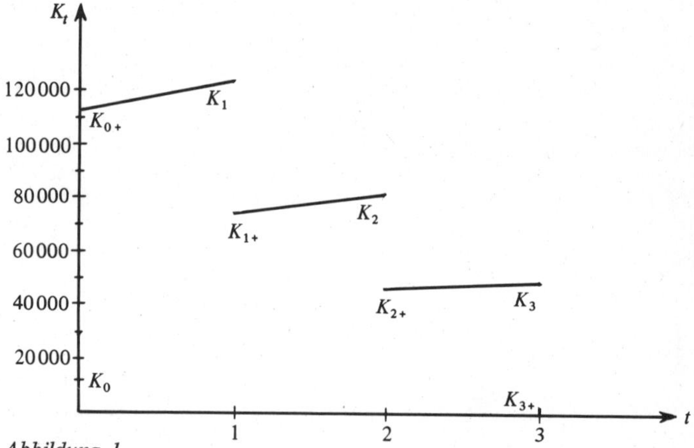

Abbildung 1

b) Die Gewinnannuität

Die Gewinnannuität (Ann) eines Investitionsprojekts ist die dem Kapitalwert (K_0) zu $t = 0$ äquivalente, sich über die Nutzungsdauer des Projekts erstreckende konstante Jahresrente.

Gemäß der Definition läßt sich die Gewinnannuität aus folgender Gleichung errechnen:

$$K_0 = Ann(1+r)^{-1} + Ann(1+r)^{-2} + \ldots + Ann(1+r)^{-n}$$
$$K_0 = Ann[(1+r)^{-1} + (1+r)^{-2} + \ldots + (1+r)^{-n}]$$

Beide Seiten der Gleichung werden mit $(1+r)$ multipliziert:

$$K_0(1+r) = Ann[1 + (1+r)^{-1} + \ldots + (1+r)^{-n+1}]$$

Die letzte Gleichung wird von der vorletzten subtrahiert:

$$-K_0 r = Ann[-1 + (1+r)^{-n}]$$
$$Ann = K_0 r/[1-(1+r)^{-n}] = K_0\{r(1+r)^n/[(1+r)^n - 1]\} \tag{3}$$

Der Faktor $r(1+r)^n/[(1+r)^n-1]$ heißt *Annuitätenfaktor (Wiedergewinnungsfaktor)* und kann in der Tabelle im Anhang abgelesen werden. Bei $n \to \infty$ ist der Annnuitätenfaktor r.

Beispiel 2. Es ist die Gewinnannuität des in Beispiel 1 vorgestellten Investitionsprojekts zu ermitteln.

$$\begin{aligned}\text{Ann} &= K_0\{r(1+r)^n/[(1+r)^n-1]\} = \\ &= K_0\{0{,}10(1{,}10)^3/[(1{,}10^3-1)]\} \\ &= 12171 \cdot 0{,}40211 \\ &= 4894\end{aligned}$$

Der Annuitätenfaktor 0,40211 ist der Tabelle im Anhang für $r = 0{,}10$ und $n = 3$ zu entnehmen.

Die Gewinnannuität kann als der finanzmathematisch exakt ermittelte durchschnittliche Jahresgewinn aus dem Investitionsprojekt interpretiert werden. Bei Abstützung auf das *Kriterium Gewinnannuität* ist ein Investitionsprojekt dann vorteilhaft, falls $Ann \geq 0$. Von alternativen Projekten ist das mit der größten Gewinnannuität zu wählen.

c) Der interne Zinsfuß

Der *interne Zinsfuß* (*p*) *eines Investitionsprojekts* für die Anteilseigner ist der Zinsfuß, bei dem der Barwert der von den Anteilseignern erwarteten Zahlungen aus dem Investitionsprojekt, also der Kapitalwert, Null ist:

$$K_0 = 0 = \sum_{t=0}^{n} D_t(1+p)^{-t} \tag{4}$$

Nur in einfachen Fällen läßt sich der interne Zinsfuß eines Investitionsprojekts durch Entwicklung der Kapitalwertformel nach p ermitteln. So im Falle gleichbleibender Q_t ab $t = 1$ und einer Nutzungsdauer von unendlich:

$$\begin{aligned}K_0 &= 0 = D/p - A \\ p &= D/A\end{aligned} \tag{5}$$

oder im Falle einer geringen Nutzungsdauer von z. B. 2 Jahren:

$$K_0 = 0 = D_1(1+p)^{-1} + D_2(1+p)^{-2} - A$$

$$p = -1 + D_1/2A \pm \sqrt{D_1^2/4A^2 + D_2/A} \tag{6}$$

In den meisten Fällen kann man den internen Zinsfuß nur durch Probieren bzw. Einsatz entsprechender Rechner- oder Computerprogramme ermitteln.

Beispiel 3. Es ist p für das Investitionsprojekt in Beispiel 1 zu ermitteln.

$$K_0 = 0 = 50000(1+p)^{-1} + 38000(1+p)^{-2} + \\ + 47000(1+p)^{-3} - 100000$$

Man kann als ersten Schritt einen Zinsfuß, bei dem K_0 jedenfalls positiv, und einen Zinsfuß, bei dem K_0 jedenfalls negativ sein wird, abschätzen, z. B. 0,10 und 0,25. Das Einsetzen dieser Zinsfüße in die Kapitalwertformel gibt K_0 (bei $i = 0{,}10$) = 12171 und K_0 (bei $i = 0{,}25$) = – 11616. Die lineare Interpolation – die infolge des exponentiellen Verlaufs nur bedingt herangezogen werden kann – zeigt, daß p etwa in der Mitte zwischen 0,10 und 0,25 liegen muß. In einer nächsten Annäherung könnten nun die Kapitalwerte bei Zinsfüßen von 0,15 und 0,20 errechnet werden usw. Nach weiteren Näherungen ergibt sich $p = 0{,}169$. p kann durch folgende Rechnung überprüft werden:

K_0	0	
$-D_0$	100000	
K_{0+}	100000	(nach Auszahlung von 100000 für den Kauf des Aggregats hat das Investitionsprojekt definitionsgemäß einen Wert von 100000, vorher hat es einen Wert von 0; es wird eine Rückzahlung dieses Betrages und eine Verzinsung der jeweils noch ausstehenden Beträge zum internen Zinsfuß von 0,169 erwartet)
$K_{0+}p$	16900	(die für das erste Jahr errechneten Zinsen)
K_1	116900	
$-D_1$	−50000	(davon entfallen 16900 auf Zinsen, der Rest auf Kapitaltilgung)
K_{1+}	66900	(nach Empfang der ersten Rückzahlungs- und Zinsrate wird eine Tilgung und entsprechende Verzinsung von 66900 erwartet)
$+K_{1+}p$	11306	
K_2	78206	
$-D_2$	−38000	
K_{2+}	40206	
$+K_{2+}p$	6794	
K_3	47000	
$-D_3$	−47000	
	0	

Der interne Zinsfuß kann somit als Rendite des in einem Investitionsprojekt durchschnittlich gebundenen Kapitals interpretiert werden.

Die *ungefähre Höhe des internen Zinsfußes* kann folgendermaßen ermittelt werden:

$$K_0 = \sum_{t=1}^{n} D_t(1+p)^{-t} - A = 0$$

$$A = \sum_{t=1}^{n} D_t(1+p)^{-t}$$

Beide Seiten der Gleichung können mit $p(1+p)^n/[(1+p)^n - 1]$, dem Annuitätenfaktor multipliziert werden:

$$Ap(1+p)^n/[(1+p)^n - 1]$$
$$= \left[\sum_{t=1}^{n} D_t(1+p)^{-t}\right] p(1+p)^n/[(1+p)^n - 1]$$

Die rechte Seite der Gleichung stellt den finanzmathematisch errechneten Durchschnitt der jährlichen Zahlungen von $t = 1$ bis $t = n$ dar. Wenn dieser Ausdruck durch die approximativen durchschnittlichen jährlichen Zahlungen $(D_1 + D_2 + \ldots + D_n)/n$ ersetzt wird, erhält man

$$Ap(1+p)^n/[(1+p)^n - 1] \sim (D_1 + D_2 + \ldots + D_n)/n$$
$$p(1+p)^n/[(1+p)^n - 1] \sim (D_1 + D_2 + \ldots + D_n)/An$$

Der so ermittelte Annuitätenfaktor kann in einer Tabelle der Annuitätenfaktoren (für das jeweilige n) nachgeschlagen werden. Der Zinsfuß, für den dieser Annuitätenfaktor gilt, ist ein Schätzwert für den internen Zinsfuß.

Beispiel 3a. Für die Zahlen in Beispiel 3 ergibt sich:

$(D_1 + D_2 + \ldots + D_n) / An = (50\,000 + 38\,000 + 47\,000) / 300\,000 = 0{,}45.$

In der Tabelle der Annuitätenfaktoren (siehe Anhang) entspricht dieser Wert (bei $n = 3$) einem Zinsfuß zwischen 0,16 und 0,17 – die Annäherung ist in diesem Fall recht befriedigend.

Ein weiterer Schätzwert für p ist die *approximative Rendite* (siehe Abschnitt II.A.2.b)).

2. Approximative Beurteilungskriterien für Investitionsprojekte

Die im folgenden besprochenen approximativen Methoden werden auch als *statische* Methoden bezeichnet, während man den finanzmathematischen Methoden das Attribut *dynamisch* zuweist.

a) *Die approximative Gewinnannuität (der durchschnittliche Jahresgewinn)*

Ein Näherungswert für die exakte Gewinnannuität, der in vielen Fällen – gerade in Hinblick auf die Unsicherheit der Daten – eine ausreichende Entscheidungsgrundlage darstellt, ist der *durchschnittliche Jahresgewinn* von Investitionsprojekten. Der *durchschnittliche Jahresgewinn* wird durch Abzug des arithmetischen Mittels der Jahreskosten von dem arithmetischen Mittel der Jahreserlöse gewonnen. Zu den *durchschnittlichen Jahreskosten* zählen die durchschnittlichen Anschaffungszahlungen (= Abschreibungen), die durchschnittlichen Zinsen auf das in den Investitionsprojekten gebundene Kapital und die durchschnittlichen Lohn-, Instandhaltungs-, Energie- usw. -kosten (= durchschnittliche sonstige Kosten). Bei der Errechnung der durchschnittlichen Erlöse und Kosten wird *nicht* darauf geachtet, ob die Einzahlungen (Auszahlungen) vornehmlich in den ersten oder in den letzten Jahren der Nutzungsdauer anfallen. Dies könnte zwar durch eine exakte Berechnung der Zinskosten wettgemacht werden. Die *Zinskosten* werden aber ebenfalls als arithmetischer Durchschnitt der Zinskosten des ersten Jahres und derjenigen des letzten Jahres ermittelt. Dabei gibt es jedoch zwei Varianten (Zinsformel a) und b)), die im folgenden Beispiel demonstriert werden sollen. Der Vergleich der Gewinne alternativer Investitionsprojekte heißt *Wirtschaftlichkeitsvergleich* von Investitionsprojekten; falls nur die Kosten verglichen werden, weil die Erlöse je Alternative gleich sind, nennt man die Rechnung auch *Kostenvergleich*.

Beispiel 4. Es soll der durchschnittliche Jahresgewinn des Aggregats aus Beispiel 1 errechnet werden. Es wird angenommen, daß die Erlöse gleich den Einzahlungen (120000 pro Jahr) und die sonstigen Kosten gleich den Auszahlungen sind. Die sonstigen Kosten betragen 70000, 82000, 93000 zu $t = 1, 2, 3$; $r = 0{,}10$. Der Restwert zu $t = 3 (R_3)$ beträgt 20000.

Nach *Zinsformel a)* ergibt sich das durchschnittlich gebundene Kapital als arithmetisches Mittel des Anschaffungspreises und des Restwertes des Projekts am Ende der Nutzungsdauer: $(A + R_n)/2$. Nach *Zinsformel b)* ergibt sich das durchschnittlich gebundene Kapital als arithmetisches Mittel des Anschaffungspreises und des „Wertes" des Projekts zu Beginn des letzten Nutzungsjahres. Letzterer wird mit R_n plus einer Abschreibungsquote angenommen:

$$[A + R_n + (A - R_n)/n]/2 = [A(n+1) + R_n(n-1)]/2n$$

durchschnittliche Erlöse pro Jahr	120000
durchschnittliche sonstige Kosten	−81667
Abschreibungen: $(A - R_n)/n$	−26667
durchschnittliche Zinskosten:	
a) $i(A + R_n)/2$	− 6000
b) $i[A(n+1) + R_n(n-1)]/2n$	− 7333
durchschnittlicher Jahresgewinn	
bei Zinsformel a)	5666
bei Zinsformel b)	4333

Welche Zinsformel genauer ist, zeigt die finanzmathematisch exakte Ermittlung des durchschnittlichen Kapitaldienstes (Abschreibungen und Zinskosten). Er wird errechnet aus (Anschaffungspreis des Investitionsprojekts minus diskontierter Restwert) mal Annuitätenfaktor. So ergibt sich für *IP* 1: $(100000 - 20000 \cdot 1{,}10^{-3}) \cdot 0{,}40211 = 34169$.

Es ist ersichtlich, daß man mittels Methode b) dem exakten Wert näher kommt als mit Methode a). Abschreibungen und Zinskosten nach Methode b) sind 26667 + 7333 = 34000, nach Methode a) nur 32667. Es läßt sich zeigen, daß der exakte Ansatz des Kapitaldienstes immer höher ist, selbst als der approximative Ansatz gemäß der genaueren Methode b). Die Abweichungen sind mit dem Zinssatz und der Nutzungsdauer positiv korreliert (E. Schneider [Wirtschaftlichkeitsrechnung 31]).

Der Unterschied zwischen finanzmathematisch exakter und approximativer Gewinnannuität kann in zwei Komponenten gegliedert werden. Erstens in die Differenz zwischen finanzmathematisch exaktem und approximativem Kapitaldienst, wie er in Anschluß an Beispiel 4 demonstriert wurde. Und zweitens in die Differenz, die sich aus der exakten Annuität der Einzahlungsüberschüsse und deren arithmetischen Durchschnitt ergibt. Die zweite Komponente verschwindet nur bei konstanten Einzahlungsüberschüssen; bei steigenden (fallenden) Einzahlungsüberschüssen ist die exakte Annuität c.p. niedriger (höher) als die aproximative Annuität.

Die approximative Kostenannuität wird häufig für mehrere unterschiedliche *Beschäftigungsgrade* (Einsatzzeiten bzw. Leistungsmengen) errechnet. Dies erfordert eine Aufspaltung der Kosten in fixe und variable Bestandteile. Kapitalintensive Aggregate werden meist höhere fixe Kosten und niedrigere variable Kosten je Leistungseinheit, kapitalextensivere Alternativen meist niedrigere fixe Kosten und höhere variable Kosten je Leistungseinheit aufweisen. Bei geringerem (hohem) Beschäftigungsgrad werden daher kapitalextensive (kapitalintensive) Anlagen vorteilhafter sein. Die Leistungsmenge, ab der eine kapitalintensive Anlage geringere Jahreskosten (Kosten je Produkteinheit) aufweist als eine kapitalextensivere Alternative, heißt *kritische Leistungsmenge*.

Beispiel 5. Aggregat 1 weist fixe Jahreskosten von 26000 und variable Kosten je Leistungseinheit von 0,47 auf. Die entsprechenden Daten für Aggregat 2 sind 20000 und 0,55. Es ist die kritische Leistungsmenge zu errechnen.

$$26000 + 0{,}47x = 20000 + 0{,}55x$$
$$x = 75000$$

Das Ergebnis zeigt, daß Aggregat 1 (2) kostengünstiger ist, wenn die zu erzeugende Leistungsmenge über (unter) 75000 ist.

Selbstverständlich können auch Kapitalwerte, interne Zinsfüße und Gewinnannuitäten nach unterschiedlichen Beschäftigungsgraden differenziert werden. Die Errechnung von Kapitalwerten für unterschiedliche Datenkonstellationen, die auch unterschiedlichen Beschäftigungsgraden entsprechen können, wird im Abschnitt III.A demonstriert.

b) Der approximative interne Zinsfuß (die durchschnittliche Rendite)

Die *durchschnittliche Rendite* gewinnt man aus der Relation: durchschnittlicher Jahresgewinn vor Zinsen = durchschnittliche jährliche Einzahlungsüberschüsse minus Abschreibungsquote dividiert durch durchschnittlich gebundenes Kapital. Das durchschnittlich gebundene Kapital wird dabei zweckmäßigerweise gemäß Zinsformel b) in Abschnitt II.A.2.a) berechnet, also als arithmetisches Mittel aus Anschaffungspreis (= Kapitalbindung zu $t = 0$) und Restwert plus eine Abschreibungsquote (= Kapitalbindung zu $t = n - 1$):

$$\text{durchschnittliche Rendite} = \frac{\left(\sum_{t=1}^{n} D_t\right)/n - (A-R)/n}{[A+R+(A-R)/n]/2}$$

Beispiel 6. Es ist für das Investitionsprojekt in Beispiel 1 die durchschnittliche Jahresrendite zu errechnen.

Durchschnittlicher Jahresgewinn vor Zinsen = durchschnittliche Einzahlungsüberschüsse minus Abschreibungsquote = (50 000 + 38 000 + 27 000)/3 – (100 000 – 20 000)/3 = 11 667

durchschnittlich gebundenes Kapital = [100 000 + 20 000 + (100 000 – 20 000)/3]/2 = 73 333

durchschnittliche Rendite = 11 667/73 333 = 0,159

Die Differenz zwischen internem Zinsfuß und durchschnittlicher Rendite ist ebenso wie diejenige zwischen Gewinnannuität und durchschnittlichem Jahresgewinn durch die Approximation der Entwicklung der Kapitalbindung verursacht.

Der approximative interne Zinsfuß entspricht in seiner Struktur der Bilanzkennzahl ROI (return on investment) (vgl. Altrogge [Investition 328 ff.]. Allerdings ist der ROI vergangenheitsbezogen, der approximative interne Zinsfuß jedoch zukunftsbezogen.

3. Die Amortisationsdauer

Die statische *Amortisationsdauer* eines Investitionsprojekts ist die Periode, in der die Einzahlungsüberschüsse des Projekts (D_t, $t > 0$) die Anschaffungsauszahlung decken.

Beispiel 7. Es ist die statische Amortisationsdauer für das Aggregat in Beispiel 1 zu errechnen.

Zeitpunkt	Einzahlungen/Auszahlungen	noch zu amortisieren
0	$D_0 = -100\,000$	– 100 000
1	$D_1 = 50\,000$	– 50 000
2	$D_2 = 38\,000$	– 12 000
3	$D_3 = 27\,000$	+ 15 000

Wie aus der Tabelle ersichtlich ist, benötigt man nur einen Teil der Einzahlungsüberschüsse des dritten Jahres für die Amortisation des Anschaffungspreises. Den entsprechenden Teil des Jahres ermittelt man durch Interpolation. Da man noch 12000 Einzahlungsüberschüsse benötigt, in Jahr 3 aber insgesamt 27000 erzielt (ohne Restwert), sind noch 12000/27000 = 0,44 Jahre erforderlich. Die Amortisation beträgt daher 2,44 Jahre. Für die Zahlungsüberschüsse wird entgegen der in den sonstigen Abschnitten gemachten Annahmen unterstellt, daß sie sich gleichmäßig auf das jeweilige Nutzungsjahr verteilen.

Manchmal werden bei der Berechnung der Amortisationsdauer *Zinskosten* berücksichtigt. Es wird dann von einer dynamischen Investitionsdauer gesprochen.

Beispiel 8. Es ist die dynamische Amortisationsdauer für das Investitionsprojekt in Beispiel 1 zu berechnen (r = 0,10).

$-A$	−100000
$-r \cdot A$	− 10000
zu $t = 1$ zu amortisieren	−110000
$+D_1$	50000
	− 60000
$-r \cdot 60000$	− 6000
zu $t = 2$ zu amortisieren	− 66000
$+D_2$	38000
	− 28000
$-r \cdot 28000$	− 2800
zu $t = 3$ zu amortisieren	− 30800
$+D_3$	27000
+ Teil des Restwertes	3800
	0

Bei Berücksichtigung von Zinsen amortisiert sich das Projekt erst zu $t = 3$, bei Realisierung des Restwertes. Bei unterjähriger Amortisationsdauer wären die Zinsen für das letzte Jahr nur entsprechend aliquot anzusetzen.

Wenn z. B. im obigen Fall D_3 40000 wäre, wäre die Amortisationsdauer wie folgt zu errechnen:

$$28000 + r \cdot 28000 \cdot (\text{Amortisationsdauer} - 2\ (\text{Jahre})) = 40000 \cdot (\text{Amortisationsdauer} - 2\ (\text{Jahre}))$$

$$\text{Amortisationsdauer} = \frac{28000}{40000 - 0{,}10 \cdot 28000} + 2 = 2{,}7527\ (\text{Jahre})$$

Erprobung:

Zu $t = 2$ zu amortisieren	$-28\,000$
$-r \cdot 28\,000 \cdot 0{,}7527$ (Zinsen für 0,7527 Jahre)	$-\;\;2\,108$
zu $t = 2{,}7527$ zu amortisieren	$-30\,108$
$D_3 \cdot 0{,}7527$	$30\,108$
	0

4. Übungsaufgaben

1. Der Anschaffungspreis des Investitionsprojekts M ist 48000. Die Nutzungsdauer ist 6 Jahre. Die Einzahlungsüberschüsse betragen in den ersten drei Jahren je 15000, ab dem 4. Jahr je 10000. Der Restwert zu $t = 6$ wird dem Schrottwert von 2000 entsprechen. $r = 0{,}08$. Ermitteln Sie den *Kapitalwert*, die *Gewinnannuität* und den *internen Zinsfuß*.

Lösung: $K_0 = 12\,375$

$Ann = 2677$

$p = 0{,}168$

2. Es sind folgende Daten für ein Flugzeug gegeben:

Anschaffungspreis des Flugzeugs = 15000000

Anschaffungspreis der Ersatzteile = 2250000 (zu $t = 0$)

n (auch für Ersatzteile) = 7 Jahre

R_7 (einschließlich Ersatzteile) = 833000

Flugstunden pro Jahr = 1400 (1. Jahr) bzw. 1600 (2. bis 7. Jahr)

Durchschnittsgeschwindigkeit = 700 km/h

Anzahl der Sitzplätze = 100

durchschnittliche Auslastung der Sitzplatzkapazität in den einzelnen Jahren = 0,40, 0,41, 0,43, 0,45, 0,45, 0,45, 0,45

Durchschnittserlös je Personenkilometer (einschließlich Gepäck und Post) = 0,20

Personal-, Treibstoff-, Versicherungs-, Steuer-, Instandhaltungs-, Stations-, Lande-, Service-, Vertriebs- und Verwaltungskosten je Flugstunde in den einzelnen Jahren = 3300, 3500, 3500, 3700, 3800, 3800, 3800; diese Zahlen sind in Abhängigkeit von Betriebszeit, Geschwindigkeit und Streckenlänge ermittelt worden.

Es ist der Kapitalwert des Investitionsprojekts für die Anteilseigner, die Annuität und der interne Zinsfuß zu ermitteln, unter der Annahme, daß die Finanzierung ausschließlich durch eigene Mittel ($r = 0{,}08$) erfolgt.

Lösungshinweise: Der Zahlungsüberschuß zu $t = 1$ (D_1) wird folgendermaßen errechnet: 1400 (Flugstunden) · 100 (Sitzplätze) · 0,40 (Auslastungsgrad) · 700 (Durchschnittsgeschwindigkeit) = 39200000 (Jahresleistung in Personenkilometern); 39200000 · 0,20 (Erlös je Personenkilometer) =

7840000 (Einzahlungen zu $t = 1$); 1400 (Flugstunden) · 3300 (Auszahlungen je Flugstunde) = 4620000 (Auszahlungen zu $t = 1$); D_1 = 7840000 − 4620000 = 3220000.

Lösung: $K_0 = 3125660$
Ann = 600353
$p = 0{,}136$

3. Eine Unternehmung plant die Anschaffung folgenden Aggregats: A (Aggregat) = 39000; Preis der gleichzeitig zu beschaffenden Ersatzteile 16000, $n = 7$ Jahre.

Der Restwert ist eine Funktion der Zeit und der erzeugten Produktmenge. Er mindert sich bei einer Produktmenge von Null im 1. Jahr um 7000, im 2. Jahr um 5000, im 3. Jahr um 3000, vom 4. Jahr ab um jährlich 2000. Er mindert sich zusätzlich um 0,5 GE je erzeugte Produkteinheit. Der Restwert der Ersatzteile beträgt zu $t = 7$ 1000. Der Preis, der mittels des Aggregats gefertigten Produkte beträgt zu $t = 1$ 9 GE. Es kann mit einer Erlössteigerung von 8% p.a. gerechnet werden. Die Auszahlungen hängen von der bisher gefertigten Produktmenge ab. Die Auszahlungen je Einheit sind für die ersten 6000 erzeugten Produkte 4, für weitere 3000 Produkte 4,50, für weitere 3000 Produkte 5, für weitere 1000 Produkte 5,8 und für weitere 1000 Produkte 5,90.

Es werden jährlich 2000 Produkteinheiten erzeugt werden. Es ist der Kapitalwert des Investitionsprojekts für die Anteilseigner, die Annuität und der interne Zinsfuß zu ermitteln, unter der Annahme, daß die Finanzierung ausschließlich durch eigene Mittel erfolgt und der Kapitalkostensatz r 10% beträgt.

Lösung: $K_0 = 15026$
Ann = 3086
$p = 0{,}19$

4. Der Anschaffungspreis eines Investitionsprojekts kann 6000 ($W = 0{,}10$), 7000 ($W = 0{,}70$) oder 8000 ($W = 0{,}20$) betragen. Es hängt dies von der Höhe der Montagekosten und von Preisänderungen ab. Die Nutzungsdauer ist 2 Jahre. Die Einzahlungen pro Jahr können – je nach Entwicklung des Absatzes – 6000 ($W = 0{,}20$), 7000 ($W = 0{,}45$) oder 8000 ($W = 0{,}35$) betragen. Im ersten Fall sind die Auszahlungen entweder 2000 oder 2500 (W = je 0,50), im zweiten Fall 2500 oder 3000 (W = je 0,50), im dritten Fall 3000 oder 3500 (W = je 0,50). Die Auszahlungen hängen also erstens von der Absatzmenge, zweitens von der Reparaturanfälligkeit des Aggregats ab. Der Restwert beträgt 1000 ($W = 0{,}80$) oder 700 ($W = 0{,}20$). $r = 0{,}10$.

a) Es ist der erwartete, der minimale und der maximale Kapitalwert des Investitionsprojekts zu ermitteln.

b) Ist der erwartete Kapitalwert des obigen Investitionsprojekts in folgenden Fällen gleich oder ungleich?

Fall 1: Welche Einzahlungen im zweiten Jahr erzielt werden, hängt überhaupt nicht davon ab, welche Einzahlungen im ersten Jahr realisiert wurden.

Fall 2: Falls die Einzahlungen im ersten Jahr 6000 (7000, 8000) betrugen, dann ist es sicher, daß die Einzahlungen im zweiten Jahr ebenfalls 6000 (7000, 8000) betragen werden.

Lösung: a) minimaler Kapitalwert = −1347, maximaler Kapitalwert = 3504, erwarteter Kapitalwert = 1183.

5. Ein Investitionsprojekt weist einen Anschaffungspreis von 100000, eine Nutzungsdauer von 5 Jahren und Einzahlungsüberschüsse von 10000, 20000, 20000, 30000 und 55000 auf. $r = 0{,}10$. $R_5 = 0$.

a) Ermitteln Sie die approximative Annuität (Zinsformel b)) und die exakte Annuität.

b) Warum ist die exakte Annuität negativ, die approximative Annuität positiv?

Lösung: a) approximative Annuität = 1000
Ann = −1243
b) progressiv verlaufende Einzahlungsüberschüsse

6. Es sind die fixen Kosten pro Jahr und die variablen Kosten pro km für einen LKW zu berechnen bzw. die Probleme einer solchen Berechnung aufzuzeigen.

Der LKW hat einen Anschaffungspreis (ohne Bereifung) von 50000, die voraussichtliche Fahrleistung ist 300000 km. Sie wird voraussichtlich in 4 Jahren erreicht werden. Der Schrottwert nach 300000 km ist 2000. Der Preis der Reifen, die jeweils nach 50000 km gewechselt werden, ist 4000. Es betragen pro Jahr die Haftpflichtversicherung 1500, die Kraftfahrzeugsteuer 480, die Vermögen- und Gewerbekapitalsteuer 1,5% vom jeweiligen Vermögen, die Garagierungskosten 950. An Fahrerlöhnen fallen (einschließlich Abgaben) 18000 pro Jahr an. Die Reparaturkosten werden auf 9000 pro Jahr geschätzt, der Treibstoffverbrauch auf 0,3 l je km (Preis: 0,50 je l), Öl- und Schmiermittelverbrauch auf 0,02 Geldeinheiten je km. $r = 0{,}10$.

Lösungshinweis: Inwieweit sind Abschreibungs-, Reparatur- und Personalkosten variabel?

7. Es ist die Dicke der Isolierung einer Heizungsanlage festzulegen (vgl. Taylor [Managerial Economy 82f.]).

Dicke der Isolierung (in cm)	Anschaffungspreis der Isolierung	Kosten des Energieverlustes pro Jahr
0	0	2000
1	2000	1100
2	2900	550
3	3800	370
4	4800	320

Lebensdauer der Isolierung: 15 Jahre. $r = 0{,}10$. $R_{15} = 0$.

Die optimale Dicke der Isolierung ist mittels der approximativen Annuität, Zinsformel b), festzustellen.

Lösung: Eine Dicke von 3 cm ist optimal, Kostenannuität = 826

8. Der Anschaffungspreis eines Aggregats ist 12 000, die jährlichen Einzahlungsüberschüsse während der Nutzungsdauer von 4 Jahren sind 2000, 5000, 7000 und 4000.

a) Wie groß ist die statische Amortisationsdauer?
b) Wie groß ist die dynamische Amortisationsdauer (r = 0,10)?

Lösung: a) statische Amortisationsdauer = 2,7 Jahre
b) dynamische Amortisationsdauer = 3,27 Jahre

9. Ermitteln sie die statische Amortisationsdauer für das Flugzeug (einschließlich Ersatzteile) in Beispiel 2.

Lösung: 4,56 Jahre

10. Ermitteln Sie die durchschnittliche Rendite (den approximativen internen Zinsfuß) für das Projekt M in Beispiel 1.

Lösung: (12 500 − 7 666)/[(48 000 + 2000 + 7 666)/2] = 0,084

5. Weiterführende Literatur

Blohm, Lüder [Investition 49–207]. – Brealey, Mayers [Corporate Finance 11–45]. – Grant, Ireson [Engineering Economy 16–136]. – Perridon, Steiner [Finanzwirtschaft 34–66]. – Ross, Westerfield, Jaffe [Corporale Finance 51–113]. E. Schneider [Wirtschaftlichkeitsrechnung 1–69]. – Taylor [Managerial Economy 12–66, 90–112]. – Weston, Copeland [Managerial Finance 43–74].

B. Vergleichende Kritik der Beurteilungskriterien für Investitionsprojekte

In diesem Abschnitt werden die in Kapitel II.A vorgestellten Beurteilungskriterien für Investitionsprojekte einer vergleichenden Kritik unterzogen. Es werden also die Schwächen und Stärken der Kriterien im Hinblick auf die Zielsetzung Unternehmungswertmaximierung herausgearbeitet. Dabei wird von den bisher geltenden Prämissen – insbesondere reine Eigenfinanzierung sowie keine Kapitalknappheit, d.h. zum Zinsfuß r kann beliebig Kapital aufgebracht oder anderweitig angelegt werden – ausgegangen. Da Kapitalknappheit die vergleichende Wertung insbesondere zwischen den Beurteilungskriterien Kapitalwert (Gewinnannuität) und interner Zinsfuß beeinflussen könnte, wird die vergleichende Kritik der Beurteilungskriterien in einschlägigen Kapiteln des Abschnitts II.C fortgesetzt werden.

Es wird somit im folgenden untersucht, inwieweit die in Abschnitt II.A vorgestellten Beurteilungskriterien es erlauben, zielentsprechend zwischen alternativen Investitionsprojekten zu entscheiden.

Alternative Investitionsprojekte können konkurrierende Aggregate, aber auch konkurrierende Kombinationen von Aggregaten und anderen Vermögensgegenständen und konkurrierende vollständige Investitionsprogramme sein. Augenmerk wird auf die Untersuchung gelegt, unter welchen Voraussetzungen einzelne Vermögensgegenstände (Aggregate) aus dem Zusammenhang eines vollständigen Investitionsprogramms gelöst und isoliert beurteilt werden können. Daher wird den eigentlichen Vergleichen zwischen den Beurteilungskriterien ein Abschnitt über die Problematik der isolierenden Einzelbewertung einzelner Aggregate bzw. Teilprojekte vorangestellt.

In den Vergleich der Beurteilungskriterien brauchen die approximativen Methoden (Abschnitt II.A.2) nicht aufgenommen werden. Mit den ihnen entsprechenden exakten Methoden wurden sie bereits verglichen; und für den Vergleich mit den übrigen Methoden gilt das für die exakten Methoden Formulierte.

1. Die Problematik der isolierten Beurteilung von Einzelprojekten

Unternehmungswert ist der Kapitalwert der Unternehmung für die Anteilseigner. Der Zielsetzung Max: K_0 der Unternehmung entspricht es sicherlich am besten, wenn als Investitionsprojekte *Investitionsprogramme* dienen, die sämtliche Investitionen während der gesamten Dauer der Unternehmung umfassen. Jede Änderung eines Programms – z. B. die zeitliche Verschiebung des Ersatzes eines Aggregats – führt zu einem neuen Investitionsprojekt. Aus der Vielzahl der Investitionsprogramme ist dasjenige mit maximalem K_0 zu wählen. Eine solche Vorgangsweise gewährleistet, daß die vielfältigen *Interdependenzen* zwischen den Vermögensgegenständen einer Unternehmung berücksichtigt werden können.

Es läßt sich durch einfache Überlegung zeigen, daß es oft nicht möglich ist, einzelne Vermögensgegenstände isoliert, d.h. ohne Kenntnis des übrigen Investitionsprogramms zu bewerten. Es sei ein Produktionsprozeß unterstellt, in dem die Produkte in den zwei Abteilungen *A* und *B* bearbeitet werden müssen. *A* stelle den größten Engpaß dar, *B* ist beinahe voll ausgelastet. Investiert man nur in *A*, dann kann die Produktion nur wenig gesteigert werden, da *B* alsbald zum Engpaß wird. Das Investitionsprojekt möge in diesem Fall einen Kapitalwert von –2000 aufweisen. Investiert man nur in *B*, kann infolge des Engpasses in *A* die Produktion überhaupt nicht angepaßt werden; dieses Investitionsvorhaben möge bei isolierter Berechnung einen Kapitalwert von –3000 haben. Wird aber eine Investition in beiden Abteilungen erwogen, dann könnte z. B. ein Kapitalwert von 1000 (insgesamt) entstehen. Analoges gilt natürlich für den internen Zinsfuß, die Annuität etc. Aus zwei – isoliert gesehen – unrentablen Investitionsprojekten wird eine vorteilhafte Kombination von Investitionsvorhaben.

Dieses Beispiel erweist deutlich, daß eine Zahlungszurechnung an einzelne Aggregate und damit eine *isolierte Ermittlung von Kapitalwerten, internen Zinsfüßen etc.* vielfach nicht möglich ist. Würde man gedanklich vorerst die Investition in *A* berechnen, würde man für sie einen Kapitalwert von –2000 ausweisen, für die Investition in *B* hierauf einen Kapitalwert von 3000 (Summe 1000). Geht man in der Investitionsrechnung umgekehrt vor, würde man das zweite Projekt mit –3000, das erste Projekt dagegen mit 4000 bewerten.

Eine isolierte Zurechnung von Zahlungen an einzelne Anlagen ist aber nicht nur dann unmöglich, wenn gleichzeitig mehrere Abteilungen eines mehrstufigen Betriebes erweitert werden können.

Auch die für die Zukunft geplanten Investitionen können den Kapitalwert, den internen Zinsfuß etc. und damit die Wahl der gegenwärtig zur Diskussion stehenden Anlagen beeinflussen. So ist einsichtig, daß eine Erweiterungsinvestition in einer Engpaßabteilung verschieden zu beurteilen ist, je nachdem, ob andere Engpaßabteilungen gegenwärtig, im nächsten Jahr, in den nächsten 5 Jahren oder überhaupt nicht erweitert werden sollen.

Solche Interdependenzen können nicht nur bei mehrstufiger Produktion entstehen. Sie werden auch dadurch hervorgerufen, daß etwa die Reparatur- und Wartungsausgaben pro Aggregat abnehmen, wenn mehrere Aggregate gleichen Typs verwendet werden; daß die Ausschußquoten durch die Art der hintereinander geschalteten Aggregate beeinflußt werden; daß die Absatzmengen des auf Aggregat 1 erstellten Produktes diejenigen des auf Aggregat 2 gefertigten Produktes beeinflussen; daß Aggregate um beschränkte finanzielle Mittel konkurrieren. (Auch kann das durch ein Aggregat verursachte zusätzliche Risiko davon abhängen, welche anderen Aggregate gleichzeitig oder in späteren Perioden beschafft werden.)

Durch die Wahl des Investitionsprogramms wird gleichzeitig die Unternehmungsgröße in $t = 0,1,\ldots$ und damit die Wachstumsrate einer Unternehmung festgelegt, falls die Unternehmungsgröße an K_t und die Wachstumsrate an der Entwicklung von K_t gemessen wird. Falls keine Erwartungsänderungen eintreten, somit die Zahlungen D_t zwischen Unternehmung und und Anteilseignern richtig prognostiziert werden, gilt die Beziehung:

$$K_{t++1} = K_{t+} + rK_{t+} - D_{t+1}$$

Das Wachstum ist dann durch $rK_{t+} - D_{t+1}$ gegeben. rK_{t+} wird im übrigen auch als *„ökonomischer Gewinn“* der Unternehmung bezeichnet.

Welche *Unternehmungsgröße* optimal ist, hängt von zahlreichen Faktoren ab, die hier nur kurz skizziert werden können: von den bei unterschiedlichen Absatzmengen in den einzelnen Perioden erzielbaren Preisen; von den Wirkungen anderer absatzpolitischer Maßnahmen als Preisänderungen auf Absatzmengen und Einzahlungsüberschüsse; von den Ersparnissen im Beschaffungsbereich bei Änderung der Unternehmungsgröße; von Einsparungen an Produktionsausgaben bei Änderung der Unternehmungsgröße, bedingt durch kapitalintensivere und/oder spezialisiertere Aggregate, spezialisiertere Arbeit oder die Tatsache, daß die Ausgaben für größere

Aggregate unterproportional mit der Vergrößerung der Kapazität der Aggregate (Größendegression) zunehmen; von den Auswirkungen auf die Ausgaben für die und die Effektivität der Organisation (vgl. Pohmer, Bea [Grundstudium: Produktion und Absatz]).

Investitionsprojekte im Sinne umfassender Investitionsprogramme können sich wegen der Schwierigkeiten der Datenprognose in der Regel nicht bis zur Liquidation erstrecken. Alternative Investitionsprogramme umfassen daher nur den Zeitraum bis zu einem bestimmten *Planungshorizont*. Die Fixierung des Planungshorizontes hängt davon ab, wie die Prognosegewißheit der Zahlungen mit zunehmender Entfernung vom Zeitpunkt 0 abnimmt. Wenn gleichzeitig globale und detailliertere Investitionspläne erstellt werden, kann für erstere ein weiterer, für letztere ein engerer Planungshorizont gewählt werden.

Bei der Bewertung der Investitionsprojekte muß jedoch beachtet werden, daß die Anteilseigner nicht nur an den Zahlungen bis zum Planungshorizont (n) interessiert sind, sondern auch an den Zahlungen nach diesem Termin. Da letztere nicht prognostiziert werden, geht in die zu maximierende Zielfunktion stellvertretend das bewertete Vermögen (minus Schulden) der Unternehmung zu n ein:

$$\text{Max: } K_0 = \sum_{t=0}^{n} D_t(1+r)^{-t} + K'_n(1+r)^{-n} \qquad (1\text{a})$$

K'_n steht also stellvertretend für K_n, den Kapitalwert der ab n erwarteten Zahlungen an die Anteilseigner. Die Bewertung der zu n vorhandenen Vermögensgegenstände bereitet freilich Schwierigkeiten. Für einzelne Vermögensgegenstände wird man wohl isoliert Kapitalwerte errechnen können (siehe später), für die anderen Vermögensgegenstände wird man Hilfswerte, wie z. B. Beschaffungs- oder Veräußerungspreise zu n, heranziehen müssen.

In vielen Fällen wird es aber für zweckmäßig gehalten, Aggregate oder Aggregatgruppen *isoliert* zu bewerten. Eine isolierte Bewertung ist jedenfalls notwendig, wenn kein umfassender Investitionsplan erstellt wird. Sie ist aber auch bei Erstellung eines umfassenden Investitionsplans erforderlich, wenn Vorentscheidungen zwischen technischen oder zeitlichen Alternativen getroffen werden sollen, oder wenn man sich bei der umfassenden Investitionsplanung darauf beschränkt, eine Rangordnung isoliert bewerteter Investitionsprojekte zu erstellen.

Die Isolierung kann in zeitlicher oder in projektmäßiger oder in beiden Richtungen erfolgen: Eine *zeitliche Isolierung* liegt vor, wenn die Konsequenzen eines Investitionsprojekts nur bis $t, t <$ Planungshorizont, einbezogen werden. Eine *projektmäßige Isolierung* liegt vor, wenn ein Investitionsprojekt unabhängig von den übrigen während seiner Laufzeit unternommenen Investitionsprojekten beurteilt wird.

Wenn also im folgenden Einzelaggregate miteinander verglichen werden, so unter der Voraussetzung, daß Interdependenzen nicht bestehen bzw. adäquat berücksichtigt werden können.

2. Kapitalwert versus Gewinnannuität

Eine Investitionsbeurteilung auf Basis von Kapitalwerten bzw. auf Basis von Gewinnannuitäten wird dann stets zur gleichen Entscheidung führen, wenn die verglichenen Alternativen die *gleiche Nutzungsdauer* aufweisen. Denn in diesem Fall werden die Kapitalwerte der konkurrierenden Investitionsprojekte stets mit dem gleichen Annuitätenfaktor multipliziert, um die Gewinnannuitäten zu ermitteln, was die Rangordnung natürlich nicht ändern kann.

Probleme entstehen aber dann, wenn die *Nutzungsdauer* der verglichenen Anlagen voneinander abweichen. Dies kommt häufig vor: Es ist z. B. zwischen einem teuren, aber dafür langlebigeren oder einem billigeren, kurzlebigeren Aggregat zu entscheiden. Oder zwischen dem Kauf eines gebrauchten oder eines neuen Aggregats; letzteres wird eine längere (Rest-)Nutzungsdauer aufweisen. Dieses Problem soll anhand eines Beispiels untersucht werden, wobei zunächst nur auf das Beurteilungskriterium Kapitalwert eingegangen wird. An späterer Stelle werden Kapitalwert und Gewinnannuität konfrontiert.

Beispiel 9. Das in Beispiel 1 angenommene Investitionsprojekt sei nun nicht eine Unternehmung, sondern ein einzelnes Aggregat 1 ($n = 3$, $D_{01} = -100000$, $D_{11} = 50000$, $D_{21} = 38000$, $D_{31} = 47000$). Es soll entschieden werden, ob es vorteilhaft ist, Aggregat 1 oder das alternative Aggregat 2 zu beschaffen. Aggregat 2 ist durch folgende Daten gekennzeichnet: $n = 6$; $D_{02} = -300000$, $D_{12} = 87000$, $D_{22} = 76000$, $D_{32} = 74000$, $D_{42} = 62000$, $D_{52} = 57000$, $D_{62} = 94000$. $r = 0{,}10$.

$$K_{01} = 12171 \text{ (siehe oben)}$$

$$\begin{aligned} K_{02} = & -300000 + 87000 \cdot 1{,}10^{-1} + 76000 \cdot 1{,}10^{-2} \\ & + 74000 \cdot 1{,}10^{-3} + 62000 \cdot 1{,}10^{-4} + 57000 \cdot 1{,}10^{-5} \\ & + 94000 \cdot 1{,}10^{-6} = 28298 \end{aligned}$$

In diesem Beispiel müßte Investitionsprojekt 2 als günstigere Alternative gewählt werden. Gibt es nun Gesichtspunkte, die daran zweifeln lassen, ob dieser Kapitalwertvergleich zu verläßlichen Entscheidungsgrundlagen führt?

Problematisch ist jedenfalls die zeitliche Isolierung. Investitionsprojekt 1 hat eine Nutzungsdauer von 3 Jahren, Investitionsprojekt 2 eine solche von 6 Jahren. Es entsteht nun die Frage, wie weit die Realisierung der Projekte die Investitionspolitik nach Beendigung ihrer jeweiligen Nutzungsdauer determiniert. Man kann erstens annehmen, daß die zukünftige Investitionspolitik von der heutigen Entscheidung nicht beeinflußt wird. Dies ist etwa dann der Fall, wenn die Aggregate nach Ende ihrer jeweils optimalen Nutzungsdauer nicht ersetzt werden, wenn somit die Fertigung der Güter, für die die Aggregate benötigt werden, nach 3 Jahren (wenn Investitionsprojekt 1 gewählt wird) bzw. nach 6 Jahren (wenn Investitionsprojekt 2 gewählt wird) aufgegeben wird. In diesem wohl seltenen Falle ist es richtig, obige Kapitalwerte dem Vergleich zugrundezulegen.

Meist wird jedoch die Annahme gerechtfertigt sein, daß die Investitionsprojekte (zumindest dasjenige mit kleinerem n) ersetzt werden, da der Produktionsprozeß, dem die Aggregate dienen, längerfristig aufrechterhalten wird. Es ist ersichtlich, daß dann die künftigen Investitionsentscheidungen von der Entscheidung zu $t = 0$ abhängen: Bei Wahl von Investitionsprojekt 1 muß früher ersetzt werden als bei Wahl von Investitionsprojekt 2. Unterstellt man – falls Aggregat 1 zu $t = 0$ gewählt wird –, daß dieses Aggregat zu $t = 3$ durch eine Anlage mit gleicher Nutzungsdauer ersetzt wird, so ist es ausreichend, der Investitionsentscheidung eine sechsjährige Periode zugrundezulegen. Zu $t = 6$ muß in beiden Fällen ersetzt werden, die Entscheidung zu $t = 6$ hängt nicht mehr vom Vorgehen zu $t = 0$ ab.

Beispiel 9a. Beispiel 9 wird folgendermaßen abgewandelt: Aggregat 1, falls zu $t = 0$ beschafft, wird zu $t = 3$ durch ein identisches Aggregat ersetzt. Es werden keine Absatzmengen- und Preisänderungen unterstellt, so daß $D_{11} = D_{41}$, $D_{21} = D_{51}$ usw. Es sind nun folgende Investitionsprojekte durch ihre Kapitalwerte zu vergleichen:

	$t = 0$	$t = 1$	$t = 2$	$t = 3$	$t = 4$	$t = 5$	$t = 6$
IP 1	−100000	50000	38000	47000 −100000	50000	38000	47000
IP 2	−300000	87000	76000	74000	62000	57000	94000

$$K_{01} = 12171 + 12171 \cdot 1{,}10^{-3} = 21316$$
$$K_{02} = 28298$$

Investitionsprojekt 2 ist zwar noch günstiger als Investitionsprojekt 1, doch hat die Differenz zwischen K_{02} und K_{01} abgenommen.

Falls eines der beiden Projekte gewählt werden *muß*, kann die optimale Alternative auch auf folgende Weise gefunden werden. Statt die Kapitalwerte der beiden Projekte zu vergleichen, kann der *Kapitalwert der Differenzzahlungen* zwischen Investitionsprojekt 2 (höherer Anschaffungspreis) und Investitionsprojekt 1 (niedrigerer Anschaffungspreis) festgestellt werden. Ist dieser Kapitalwert positiv, so sind die Differenzzahlungen zu realisieren, d.h. es ist Investitionsprojekt 2 (das die Zahlungen von Investitionsprojekt 1 und die Differenzzahlungen ermöglicht) günstiger als Investitionsprojekt 1.

	$t = 0$	$t = 1$	$t = 2$	$t = 3$	$t = 4$	$t = 5$	$t = 6$
IP 2 − *IP* 1	−300000 − (−100000	87000 50000	76000 38000	74000 −53000	62000 50000	57000 38000	94000 47000)
Differenzzahlungen	−200000	37000	38000	127000	12000	19000	47000

Der Kapitalwert der Differenzzahlungen ist 6982. Es überrascht nicht, daß dieser Kapitalwert gleich ist der Differenz zwischen K_{02} und K_{01} (28298 − 21316 = 6982).

Beispiel 9b. Würde Aggregat 1 zu $t = 3$ durch eine Anlage ersetzt werden, die bei einer Nutzungsdauer von 3 Jahren infolge des technischen Fortschritts und/oder Absatzmengenänderungen Zahlungen von −90000, 55000, 40000 und 46000 verursacht, so wäre Investitionsprojekt 1 vorzuziehen:

	$t = 0$	$t = 1$	$t = 2$	$t = 3$	$t = 4$	$t = 5$	$t = 6$
IP 1	−100000	50000	38000	47000 −90000	55000	40000	46000

$K_{01} = 32\,921$
$K_{02} = 28\,298$

Es kann festgehalten werden: In den meisten Fällen wird man nicht darauf verzichten können, für alle Alternativen eine *gemeinsame Planungsperiode* zu wählen. Dabei entsteht folgende Schwierigkeit. Sollen z. B. alternative Aggregate mit einer Nutzungsdauer von 7 bzw. 12 Jahren verglichen werden und ist der Planungshorizont 12 Jahre, so ist die Nutzungsdauer des ersten Nachfolgeobjekts von Aggregat 1 zu $t = 12$ noch nicht beendet. Für dieses Nachfolgeobjekt muß daher ein Wert zu $t = 12$ angesetzt werden, um vergleichbare Investitionsprojekte zu erhalten. Dieser Wert darf kein Kapitalwert sein (sonst würde man ja wieder den Fehler begehen, Kapitalwerte zu vergleichen, die sich auf unterschiedliche Perioden beziehen), er darf kein Liquidationspreis sein (das Projekt soll nicht verkauft werden), er muß vielmehr ein anschaffungsorientierter sein. Er ergibt sich aus der Fragestellung: Welchen Preis würde man für ein Aggregat 1 mit einer bisherigen Nutzungsdauer von 5 Jahren (12–7) zu $t = 12$ maximal zahlen, damit der Kauf der Altanlage dem Kauf der günstigsten Neuanlage äquivalent ist? Ein solches Bewertungsproblem wird im Rahmen des Kapitels über den optimalen Ersatztermin behandelt werden.

Verwendet man nun *Gewinnannuitäten* anstelle von Kapitalwerten als Beurteilungskriterium, – Gewinnannuitäten sind ja auf ein Jahr bezogene Kapitalwerte, beziehen sich also immer auf die gleiche Periode! – dann kann man in *einem* Fall auf die Wahl eines gemeinsamen Planungshorizontes für Alternativen mit ungleicher Nutzungsdauer verzichten. Es ist dies der Fall der *identischen Reinvestition* (siehe Beispiel 10).

Beispiel 10. Es sollen die Gewinnannuitäten für die Aggregate 1 und 2 in Beispiel 9 errechnet werden.

$$Ann_1 = K_{01} \cdot 0{,}10(1+0{,}10)^3/[(1+0{,}10)^3-1] = \\ = 12\,171 \cdot 0{,}40211 = 4894$$

$$Ann_2 = K_{02} \cdot 0{,}10(1+0{,}10)^6/[(1+0{,}10)^6-1] = \\ = 28\,298 \cdot 0{,}22961 = 6497$$

Es läßt sich leicht nachprüfen, daß sich die Gewinnannuitäten zueinander verhalten wie die Kapitalwerte bei gleicher Planungsperiode und bei Annahme identischer Reinvestition, wie in Beispiel 9a unterstellt: 4894 : 6497 = 21 316 : 28 298.

Falls aber identische Reinvestition nicht unterstellt werden kann, können die Gewinnannuitäten erst nach Kenntnis von Kapitalwerten, die sich auf eine gleiche Planungsperiode beziehen, ermittelt werden. Ihre Ermittlung trägt dann zur Abkürzung der Investitionsrechnung nicht bei.

Gewinnannuitäten haben aber den Vorzug, daß sie Managern, die gewohnt sind, in Jahresbeträgen zu denken, einen besseren Eindruck in das Gewinnpotential von Investitionsprojekten vermitteln als Kapitalwerte (die man stets in Relation zum variierenden Planungszeitraum sehen muß).

3. Kapitalwert (Gewinnannuität) versus interner Zinsfuß

Im folgenden werden nur Kapitalwerte mit internen Zinsfüßen verglichen. Dabei wird davon ausgegangen, daß die Kapitalwerte alternativer Projekte auf eine gemeinsame Planungsperiode bezogen werden (siehe Abschnitt II.B.1). Da bei gleicher Planungsperiode die Kapitalwerte alternativer Anlagen äquivalent sind den Gewinnannuitäten, gelten die folgenden Erörterungen ebenso für Gewinnannuitäten.

Es sei wiederholt: Der Kapitalwert eines Investitionsprojekts für die Anteilseigner zu $t = 0$ ergibt sich durch Diskontierung der von den Anteilseignern erwarteten Zahlungen aus dem Projekt von $t = 0$ bis $t = n$:

$$K_0 = \sum_{t=0}^{n} D_t(1 + r)^{-t} \qquad (1)$$

Der interne Zinsfuß ist nun jener Diskontierungssatz p, der einen Kapitalwert von Null ergibt:

$$K_0 = 0 = \sum_{t=0}^{n} D_t(1 + p)^{-t} \qquad (4)$$

Für die Errechnung des Kapitalwertes braucht man somit einen Diskontierungssatz; für die Errechnung des internen Zinssatzes *nicht*. Darin liegt jedoch *kein* Vorteil des Beurteilungskriteriums interner Zinssatz. Denn für die *Entscheidung*, ob ein Projekt interessant ist, muß der interne Zinssatz mit einer geforderten Mindestrendite oder einem Kapitalkostensatz verglichen werden; eben mit jenem Satz, der bei der Kapitalwertmethode als Diskontierungssatz dient. Daraus kann man die Schlußfolgerung ziehen: Wenn nur die Alternative besteht, ein Projekt zu wählen oder nichts zu tun, so führt die Feststellung, ob $p \gtreqless r$ zur gleichen (richtigen) Entscheidung wie die Feststellung, ob $K_0 \gtreqless 0$.

Die Anwendung des internen Zinsfußes für die Auswahl aus *alternativen* Investitionsprojekten ist jedoch problematisch. Dies zeigt folgende einfache Überlegung. Es bestehe die Wahl, alternativ 10 Geldeinheiten zu einem jährlichen Einzahlungsüberschuß von 10 ($n \to \infty$) oder 1000 Geldeinheiten zu einem jährlichen Einzahlungsüberschuß von 300 Geldeinheiten ($n \to \infty$) zu investieren. r sei 0,10, Kapitalbeschränkungen liegen nicht vor. Benutzt man das Kriterium des internen Zinsfußes, so müßte Alternative 1 gewählt werden ($p_1 = 1$, $p_2 = 0{,}30$). Nach dem Kapitalwertkriterium ist zweifellos Alternative 2 günstiger ($K_{01} = 90$, $K_{02} = 2000$). Dieses Resultat entspricht dem Hausverstand: Bei Alternative 1 verdient man nach Zinsen $10 - 1 = 9$ pro Jahr, bei Alternative 2 jedoch $300 - 100 = 200$ pro Jahr! Es kann somit vorteilhafter sein, einen höheren Betrag zu einer geringeren Rendite als einen niedrigeren Betrag zu einer höheren Rendite anzulegen. Daher ist der interne Zinssatz ein gefährliches Kriterium. Ein an Beispiel 9 anknüpfendes Beispiel soll dies nochmals demonstrieren.

Beispiel 11. Es sind die Kapitalwerte und die internen Zinsfüße der Aggregate 1 und 2 in Beispiel 9 gegenüberzustellen.

	K_0	p
IP 1	12171	0,169
IP 2	28298	0,132

Es ist ersichtlich, daß eine Beurteilung der Investitionsprojekte nach dem internen Zinsfuß zu einer anderen Investitionsentscheidung führt als die – im Sinne der Unternehmenswertmaximierung – richtige Beurteilung nach Kapitalwerten.

Daß der Vergleich der internen Zinsfüße zu einer nicht zielentsprechenden Entscheidung führt, ist auch ersichtlich, wenn der interne Zinsfuß der Differenzinvestition ermittelt wird. Die Differenzinvestition $(IP2 - IP1)$ ist gemäß Beispiel 9a durch folgende Zahlungsreihe charakterisiert:

$t = 0$	$t = 1$	$t = 2$	$t = 3$	$t = 4$	$t = 5$	$t = 6$
–200000	37000	38000	127000	12000	19000	47000

p Differenzinvestition = 0,112

Da die Rendite der Differenzinvestition mit 0,112 größer ist als der Kalkulationszinsfuß (0,10), ist es vorteilhaft, die Differenzinvestition vorzunehmen, d. h. Aggregat 2 anstelle von Aggregat 1 zu beschaffen.

Falls der Kapitalwert der billigeren Alternative positiv ist, kann somit der Alternativenvergleich mittels Kapitalwert auch durch den Vergleich der Rendite der Differenzinvestition mit dem Kalkulationszinsfuß ersetzt werden; nicht aber durch den Vergleich der internen Zinsfüße.

Die Differenzen zwischen Kapitalwert und internem Zinsfuß sieht man auch deutlich am *Unternehmungsgrößenproblem.*

Ein einfaches Modell zur Optimierung der Unternehmungsgröße ist das sogenannte *„point-input-point-output-Modell“*. Es wird angenommen, daß die Anteilseigner einen Betrag ($D_0 = -A$) zu $t = 0$ einzahlen und die Lebensdauer der Unternehmung (n) feststeht. Eine Ausschüttung wird nur zu $t = n$ vorgenommen. Sie ist eine Funktion der Anschaffungsauszahlung:

$$D_n = f(A)$$
$$D_t = 0, \text{ für } t = 1, \ldots, n-1$$

Die Zielfunktion bei Kapitalwertmaximierung ist:

$$\text{Max: } K_0 = f(A)\,(1+r)^{-n} - A$$

Das Maximum wird ermittelt, indem die erste Ableitung von K_0 nach A Null gesetzt wird:

$$dK_0/dA = [df(A)/dA]\,(1+r)^{-n} - 1 = 0$$
$$df(A)/dA = (1+r)^n \qquad (7)$$

Die 2. Ableitung muß kleiner als Null sein:

$$d^2 K_0/dA^2 < 0$$

Im Maximum hat somit die Investition einer zusätzlichen Geldeinheit einen Kapitalwert von Null; die Rendite einer zusätzlichen Auszahlung zu $t = 0$ (= Grenzrendite) ist gleich dem Kalkulationszinsfuß. Dies sieht man deutlich, wenn $n = 1$ gesetzt wird: $df(A)/dA = 1 + r$. Je höher der Kalkulationszinsfuß, desto höher ist die erforderliche Grenzrendite und desto geringer die optimale Unternehmungsgröße.

Das Beurteilungskriterium *interner Zinsfuß*, angewendet auf das *point-input-point-output-Modell*, würde zu folgender Lösung führen:

$$0 = f(A)(1+p)^{-n} - A$$
$$(1+p)^n = f(A)/A$$
$$1 + p = [f(A)/A]^{\frac{1}{n}}$$
$$p = [f(A)/A]^{\frac{1}{n}} - 1$$

Der maximale interne Zinsfuß ist erreicht, wenn gilt:

$$dp/dA = 0 = \frac{1}{n}[f(A)/A]^{\frac{1}{n}-1}[(df(A)/dA)/A - f(A)/A^2]$$
$$df(A)/dA = f(A)/A \qquad (8)$$

Die maximale Rendite ist somit dort erreicht, wo die Grenzrendite gleich der Durchschnittsrendite ist. Dies sieht man besonders deutlich, wenn $n = 1$. Dann ist $[f(A)/A - 1]$ der interne Zinsfuß und $[df(A)/dA - 1]$ die Grenzrendite.

Beispiel 12. Es soll für folgendes point-input-point-output-Modell die kapitalwertmaximale und die den internen Zinsfuß maximierende Unternehmungsgröße A gefunden werden; $n = 10$, $r = 0{,}10$:

$$f(A) = 6A + 0{,}04A^2 - 0{,}004A^3$$

Kapitalwertmaximale Lösung:

$$df(A)/dA = (1+r)^n$$
$$6 + 0{,}08A - 0{,}012A^2 = 2{,}594$$
$$A = 20{,}5$$

Lösung, die den *internen Zinsfuß maximiert*:

$$df(A)/dA = f(A)/A$$
$$6 + 0{,}08A - 0{,}012A^2 = 6 + 0{,}04A - 0{,}004A^2$$
$$0{,}008A = 0{,}04$$
$$A = 5$$

Generell ist die den internen Zinsfuß maximierende Unternehmungsgröße geringer als die den Kapitalwert maximierende Unternehmungsgröße. Dies soll auch durch Abbildung 2 verdeutlicht werden, die den Daten von Beispiel 12 entspricht.

Während nach dem Kriterium interner Zinsfuß von alternativen Aggregaten *stets* das mit dem höchsten internen Zinsfuß das günstigste ist, kann nach dem Kapitalwert-Kriterium die Rangordnung alternativer Aggregate entscheidend vom Diskontierungssatz abhängen. Dies zeigt Beispiel 13:

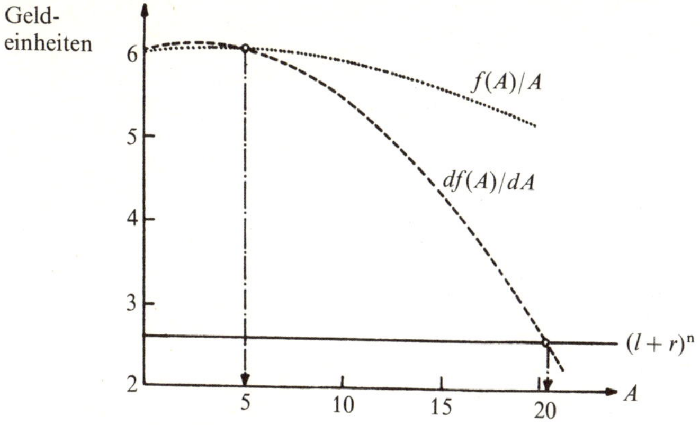

Schnittpunkt von $df(A)/dA$ und $f(A)/A$ = Lösung, die den internen Zinsfuß maximiert

Schnittpunkt von $df(A)/dA$ und $(1+r)^n$ = Lösung, die den Kapitalwert maximiert

Abbildung 2

Beispiel 13. Beispiel 9a wird folgendermaßen geändert: Es sollen die Kapitalwerte der Investitionsprojekte 1 und 2 bei den Zinsfüßen 0,08, 0,10, 0,12, 0,15 und 0,20 ermittelt werden.

r	0,08	0,10	0,12	0,15	0,20
K_{01}	29034	21315	14362	5163	−7492
K_{02}	48058	28298	10306	−13798	−47611

Bei niedrigeren Zinsfüßen ist somit das kapitalintensive Investitionsprojekt 2, bei höheren Zinsfüßen das kapitalextensivere Investitionsprojekt 1 günstiger. Durch Kapitalverbilligung kann daher die Kapitalintensität (Mechanisierung, Automatisierung) eines Wirtschaftszweiges gefördert werden, falls nach dem Kapitalwertkriterium entschieden wird. Falls die Auswahl alternativer Produktionsverfahren nach dem internen Zinsfuß erfolgt, wären Einflußnahmen auf den Kalkulationszinssatz wirkungslos.

Die Anwendung des internen Zinsfußes als Beurteilungskriterium wird weiter dadurch beschränkt, daß für manche Zahlungsreihen *mehr als ein positiver* und für manche Zahlungsreihen nur ein *komplexer* interner Zinsfuß gefunden werden kann. Dies sei an einem Investitionsprojekt mit $n = 2$ demonstriert. Die oben abgeleitete Formel für den internen Zinsfuß eines Investitionsprojekts mit zweijähriger Nutzungsdauer lautet:

$$p = -1 + D_1/2A \pm \sqrt{D_1^2/4A^2 + D_2/A} \qquad (6)$$

oder, wenn A durch $-D_0$ ersetzt wird,

$$p = -1 - D_1/2D_0 \pm \sqrt{D_1^2/4D_0^2 - D_2/D_0}$$

Wenn

$$-1 - D_1/2D_0 > \sqrt{D_1^2/4D_0^2 - D_2/D_0}$$

und $D_1^2/4D_0^2 > D_2/D_0$, existieren zwei positive interne Zinsfüße. Dies kann nur dann der Fall sein, falls $D_2 < 0$. Dabei ist vorausgesetzt, daß stets $D_0 < 0$.

Beispiel 14. Es sind die internen Zinsfüße der Zahlungsreihe $D_0 = -1000$, $D_1 = 2090$ und $D_2 = -1092$ zu ermitteln.

$$p = -1 - 2090/2(-1000) \pm \sqrt{2090^2/4 \cdot (-1000)^2 - 1092/1000}$$
$$p_1 = 0{,}04 \text{ und } p_2 = 0{,}05.$$

Negative Zahlungen in der letzten Periode können durchaus auftreten: Abbruchkosten für Aggregate (Atomkraftwerke), Kosten der Auffüllung und Planierung von Schottergruben usw. Solche Schlußverluste können rechnerisch dadurch beseitigt werden, daß in der (den) Vorperiode(n) Beträge zurückgelegt werden, die einschließlich Zinsen die Schlußverluste decken (Kilger [Interner Zinsfuß]). Dadurch erhält man Zahlungsreihen mit nur einem positiven Zinsfuß.

Beispiel 15. Der Vorschlag Kilgers soll auf die Zahlungsreihe von Beispiel 14 angewandt werden, unter der Annahme, daß finanzielle Mittel von $t = 1$ bis $t = 2$ zu 0,10 angelegt werden können. Die Zahlungsreihe lautet dann: $D_0 = -1000$, $D_1 = 1097$ (993 werden zurückgelegt) und $D_2 = 0$.

$$p = -1 - 1097/2(-1000) \pm \sqrt{1097^2/4(-1000)^2}$$

Diese korrigierte Zahlungsreihe hat nur *einen* internen Zinsfuß von 0,097. (Von dem sich rechnerisch ergebenden zweiten Zinsfuß, der kleiner als -1 und ohne Bedeutung ist, wird generell abgesehen.)

Allgemein gilt, daß mehrere positive Zinsfüße dann auftreten können, wenn während der Nutzungsdauer ein oder mehrmals die positive Kapitalbindung in eine negative Kapitalbindung überwechselt, d.h. das Investitionsprojekt nicht mehr Kapital bindet, sondern Kapital zur Verfügung stellt.

Ein komplexer interner Zinsfuß ergibt sich, falls der Wurzelausdruck negativ ist, falls somit gilt:

$$D_2/D_0 > D_1^2/4\,D_0^2$$

Diese Schwierigkeiten treten bei der Ermittlung von Kapitalwerten nicht auf. Die Errechnung eines Kapitalwertes für Zahlungsreihen mit Schlußverlusten ist unproblematisch. Interessant ist aber die Entwicklung der Kapitalwerte bei Schlußverlusten, wenn

$$\sum_{t=0}^{n} D_t < 0. \text{ Bei } r = 0$$

ist der Kapitalwert negativ. Bei wachsendem r kann der Kapitalwert zunächst positiv werden, da das Gewicht der Schlußverluste infolge der Diskontierung stärker abnimmt als das der zwischen Anschaffungsausgabe und Schlußverlusten liegenden Einnahmen. Bei weiter steigendem r wird der Kapitalwert wieder negativ.

Beispiel 16. Es soll der Kapitalwert für die Zahlungsreihe $D_0 = -3000$, $D_1 = 9000$ und $D_2 = -6300$ bei $r = 0$, 0,20 und 1 ermittelt werden:

K_0 bei $r = 0$: $-3000 + 9000 - 6300 = -300$

K_0 bei $r = 0{,}20$: $-3000 + 7500 - 4375 = 125$

K_0 bei $r = 1$: $-3000 + 4500 - 1575 = -75$

Als letzter Nachteil des internen Zinsfußes soll hervorgehoben werden, daß die Rangordnung der internen Zinsfüße alternativer Investitionsprojekte – anders wie die der Kapitalwerte – durch das Weglassen von Zahlungen, die die Investitionsprojekte gleichermaßen betreffen, beeinflußt werden kann. Daher müssen bei der Berechnung des internen Zinsfußes sämtliche Zahlungen berücksichtigt werden. (Hållsten [Investment Decisions 54f.]).

Beispiel 17. Es ist der interne Zinsfuß für folgende Investitionsprojekte 1 und 2 zu ermitteln: $D_{01} = -200$, $D_{11} = 200$, $D_{21} = 78$ und $D_{02} = -200$, $D_{12} = 60$ und $D_{22} = 260$.

Die Rechnung ergibt: $p_1 = p_2 = 0{,}30$.

Wird nun angenommen, daß in den Zahlungen zu $t = 2$ jedes Projekts der gleiche Liquidationserlös von 67 enthalten ist und wird dieser Betrag eliminiert, so erhält man folgende Zahlungsreihen und internen Zinsfüße:

$$IP1\colon D_{01} = -200,\ D_{11} = 200,\ D_{21} = 11,\ p_1 = 0{,}05$$
$$IP2\colon D_{02} = -200,\ D_{12} = 60,\ D_{22} = 193,\ p_2 = 0{,}14$$

Investitionsprojekt 2 wird somit als günstiger ausgewiesen!

Diese Schwäche des internen Zinsfußes kann ebenso wie die übrigen Nachteile darauf zurückgeführt werden, daß eine wichtige Einflußgröße für die Auswahl alternativer Investitionsprojekte, nämlich der Kapitalkostensatz r, negiert wird. Ob dieser Schwächen untertitelt Kruschwitz [Investitionsrechnung 85] sein Kapitel über den internen Zinsfuß als „ein Kapitel, das man eigentlich nicht lesen sollte".

4. Finanzmathematische Beurteilungskriterien versus Amortisationsdauer

Die Amortisationsdauer ist abgesehen von der meist fehlenden Zinsberücksichtigung ein *unvollständiges Kriterium*, da die Zahlungen nach der Amortisationsdauer nicht berücksichtigt werden. Es kommt in ihr nicht zum Ausdruck, ob das Investitionsprojekt nach der Amortisationsdauer noch eine längere oder kürzere Investitionsdauer hat. So hat Aggregat 1 in Beispiel 9 eine Amortisationsdauer von 2,44 Jahren, während die Amortisationsdauer von Aggregat 2 4,02 Jahre beträgt. Nach dem Kriterium Amortisationsdauer würde daher das Aggregat mit dem niedrigeren Kapitalwert zu wählen sein.

Zwar kann man versuchen, die von einem Investitionsprojekt geforderten Amortisationsdauern nach der Nutzungsdauer (je länger die Nutzungsdauer, desto länger ist die zu fordernde Mindestamortisationsdauer), nach dem Zinssatz (je höher der Zinssatz, desto kürzer ist die zu fordernde Amortisationsdauer) usw. zu differenzieren, um beim Alternativenvergleich gleiche Ergebnisse wie bei der Anwendung des Kapitalwertes, der Annuität oder des internen Zinsfußes zu erhalten. Doch lohnt dieser Versuch nicht, da man die Entscheidung dann von vornherein an dem jeweiligen finanzmathematischen Kriterium ausrichten kann.

Die Amortisationsdauer kann dann Bedeutung als (zusätzliches) Beurteilungskriterium haben, wenn die *Unsicherheit* der Zahlungen eines Investitionsprojekts im Zeitablauf zunimmt. In diesem Falle ist die Amortisationsdauer zugleich ein Indiz für die Wahrscheinlichkeit, mit der die Einzahlungsüberschüsse zumindest die Anschaffungsausgaben erreichen. Diese Wahrscheinlichkeit ist hoch, wenn die Amortisationsdauer kurz ist und die Zahlungen der ersten Jahre relativ sicher sind. Verschiedene Unsicherheitsgrade der Zahlungen innerhalb der Amortisationsdauer werden dabei jedoch nicht berücksichtigt.

5. Übungsaufgaben

1. Es ist zwischen den folgenden Aggregaten zu wählen:

*IP*1: $A = 40000$, $n = 4$, D_t, $t = 1, \ldots, 4 = 15000$,
$R_4 = 10000$

*IP*2: $A = 93000$, $n = 8$, D_t, $t = 1, \ldots, 8 = 20000$,
$R_8 = 20000$, $r = 0{,}12$.

a) Ermitteln Sie die Kapitalwerte, die Gewinnannuitäten, die internen Zinsfüße und die Amortisationsdauer der beiden Aggregate.

b) Welches Aggregat ist zu wählen, wenn der Produktionsprozeß mittels identischer Aggregate mindestens durch 16 Jahre aufrechterhalten werden soll.

Lösung a) *IP*1: $K_0 = 11915$, $Ann = 3923$, $p = 0{,}244$,
Amortisationsdauer = 2,7 Jahre

*IP*2: $K_0 = 14430$, $Ann = 2905$, $p = 0{,}16$,
Amortisationsdauer = 4,7 Jahre

Lösung b) *IP*1: (höchste Annuität).

2. Die Unternehmung benötigt ein Aggregat zur Herstellung des Produktes *X*. Zwei Lieferfirmen bieten derartige Aggregate mit ausreichender Kapazität an. Die Daten der Aggregate 1 und 2 sind:

	IP 1	*IP* 2
A	80000	120000
n	4	6
Auszahlungen pro Jahr	13000	10000
R	0	0

Da eines der Aggregate jedenfalls beschafft wird und die Einzahlungen beider Aggregate pro Jahr identisch sind, sind die Einzahlungen nicht angegeben. $r = 0{,}10$.

Welches Aggregat ist zu beschaffen,
a) wenn die Produktion des Gutes X mit Beendigung der Nutzungsdauer des jeweiligen Projekts eingestellt wird,
b) wenn die Produktion mindestens 12 Jahre aufrechterhalten wird?

Lösung: a) Dieses Problem ist ohne Kenntnis der Einzahlungen nicht zu lösen.
b) $IP2$

3. Übungsaufgabe 2 wird folgendermaßen abgeändert. Im Entscheidungszeitpunkt ist bekannt, daß ab $t = 3$ ein weiteres, für die Produktion von X geeignetes Aggregat ($IP3$) am Markt angeboten werden wird. Es wird 80000 kosten und bei einer Nutzungsdauer von 5 Jahren jährliche Auszahlungen von 11000 erfordern. Die Nutzungsdauer des zu $t = 0$ gekauften Aggregats 1 bzw. 2 würde sich durch diese Neuentwicklung nicht ändern. Weiter sei angenommen, daß die Produktion von X (praktisch) bis unendlich fortgesetzt wird, also das günstigste Aggregat fortlaufend reinvestiert werden muß. Der erstmalige Kauf von $IP3$ erfolgt erst nach Ablauf der Nutzungsdauer von $IP1$ ($IP2$).
Soll zu $t = 0$ Aggregat 1 oder Aggregat 2 beschafft werden?

Lösungshinweise: Es ist zu vergleichen:
a) Eine unendliche Kette aufeinander folgender Aggregate 1
b) Eine unendliche Kette aufeinander folgender Aggregate 2
c) Ein Aggregat 1, gefolgt durch eine unendliche Kette aufeinander folgender Aggregate 3
d) Ein Aggregat 2, gefolgt durch eine unendliche Kette aufeinander folgender Aggregate 3

zu a): Der Kapitalwert der unendlichen Kette aufeinander folgender Aggregate 1 ist:

$$K_{01}[1 + (1+r)^{-4} + (1+r)^{-8} + (1+r)^{-12} \ldots] =$$
$$K_{01}\{1/[1-(1+r)^{-4}]\}$$

Lösung: Variante c) ist am günstigsten. Kapitalwert der Kette = −340480.

4. Es soll jedenfalls eines der beiden folgenden alternativen Projekte gewählt werden:

	IP 1	IP 2
A	80000	100000
Q_t $(t > 0)$	12000	17000
n	6	6

a) Es ist der Kapitalwert der Differenzinvestition (Differenzzahlungen) zu ermitteln und nach dieser Größe zu entscheiden, ob $IP1$ oder $IP2$ günstiger ist. $r = 0{,}10$.

b) Kann aufgrund des Kapitalwerts der Differenzinvestition entschieden werden, ob eines der beiden Projekte einen positiven Kapitalwert hat?

Lösung: a) Der Kapitalwert der Differenzinvestition ist positiv, daher ist $IP2$ günstiger als $IP1$
b) Nein

5. Es wird angenommen, eine Unternehmung soll 10 Jahre existieren (oder: Planungshorizont ist 10 Jahre). Es soll die optimale Unternehmungsgröße festgelegt werden. In untenstehender Tabelle sind die Endwerte (undiskontiert) bei verschiedenen Anschaffungspreisen (= Unternehmungsgrößen) angegeben. Ausschüttungen werden während der nächsten 10 Jahre nicht getätigt (point-input-point-output-Modell). Es liegt ausschließliche Eigenfinanzierung vor.

Alternative Anschaffungspreise =				
Unternehmensgrößen	10000	12000	15000	20000
Endwerte	40000	47000	56000	67000

Bei welchen Zinsfüßen ist a) 10000, b) 12000, c) 15000 und d) 20000 die optimale Unternehmungsgröße?

Lösungshinweise: Bei stufenweiser Vergrößerung der Unternehmung muß obige Optimumsbedingung $df(A)/dA = (1+r)^n$ folgendermaßen umformuliert werden: Zusätzlicher Endwert/zusätzlicher Anschaffungspreis $\geq (1+r)^n$. Z. B. lohnt es nicht, bei $r = 0{,}10$ von einer Betriebsgröße von 15000 zu einer solchen von 20000 überzugehen; denn es gilt:

$$(67000 - 56000)/(20000 - 15000) \leq 1{,}10^{10} = 2{,}5937$$

Lösung: Unternehmungsgröße 20000 optimal bei $r \leq 0{,}082$
Unternehmungsgröße 15000 optimal bei $0{,}082 \leq r \leq 0{,}116$
Unternehmungsgröße 12000 optimal bei $0{,}116 \leq r \leq 0{,}133$
Unternehmungsgröße 10000 optimal bei $0{,}133 \leq r \leq 0{,}149$

6. Terborgh bringt sinngemäß folgende „Fabel“: Herr Mayer verdient seinen Lebensunterhalt durch den Betrieb eines Fuhrgeschäftes mittels eines alten LKWs. Ein Vertreter einer Automobilunternehmung unterbreitet ihm nun den Vorschlag, den alten LKW gegen einen neuen auszutauschen. Der neue LKW hätte einen Anschaffungspreis von 100000 und eine Nutzungsdauer von 5 Jahren. Es ließen sich jährliche Einzahlungen von 50000 bei laufenden Auszahlungen von 10000 erzielen. Bei Vernachlässigung des Restwertes und bei durchschnittlichen Zinsen von 0,10 (100000/2) = 5000 würde sich ein durchschnittlicher jährlicher Gewinn von ungefähr 50000 – 10000 – 5000 (Zinskosten) – 20000 (Abschreibungen) = 15000 ergeben. An finanziellen Beschränkungen würde der Kauf des neuen LKWs nicht scheitern. Es würde ausreichend Kredit zu 10% zur Verfügung stehen. Herrn Mayer erscheint dieses Angebot jedoch nicht verlockend. Er argumentiert folgendermaßen: Der alte LKW bringt zwar nur mehr einen Gewinn von 9000 pro Jahr, da er niedrigere Einzahlungen, vor allem aber höhere laufende Betriebskosten verursacht. Der Liquidationswert ist aber nur 1000. Der vorhandene LKW besitzt daher einen internen Zinsfuß von 900%. Diese Rendite könnte in Zukunft noch höher werden, falls der Liquidationswert des vorhandenen LKWs weiter abnimmt. Da der interne Zinsfuß des alten LKWs bedeutend höher ist als derjenige des neuen LKWs, lehnt Herr Mayer das Angebot ab (Terborgh [Investitionspolitik 118ff.]). Welchen Fehler begeht Herr Mayer?

7. Es werden drei Unternehmungsgrößen für eine Fabrikationsunternehmung diskutiert. Die einzubringenden eigenen Mittel bei den drei möglichen Unternehmungsgrößen sind 200000, 250000 und 300000, die erwarteten Reingewinne sind 30000, 37000 und 43000. n gehe gegen unendlich.

a) Welches ist die optimale Unternehmungsgröße, wenn die voraussichtlichen Anteilseigner eine Alternativrendite für gleich riskante Anlagen von 0,13 haben?

b) Welches ist die den internen Zinsfuß (die Rentabilität des Eigenkapitals) maximierende Unternehmensgröße?

Lösung: a) 250000
b) 200000

8. Folgende zwei Investitionsprojekte stehen zur Auswahl:

*IP*1: Anschaffungspreis 41000, Nutzungsdauer 4 Jahre, jährliche Einzahlungsüberschüsse 30000, Restwert 0.

*IP*2: Anschaffungspreis 132000, Nutzungsdauer 4 Jahre, jährliche Einzahlungsüberschüsse 60000, Restwert 0.

a) Errechnen Sie die internen Zinsfüße der Projekte

b) Errechnen Sie die Kapitalwerte der Projekte bei $r = 0{,}08$ und $r = 0{,}15$

c) Ermitteln Sie den kritischen Zinsfuß, bei dem die Kapitalwerte der beiden Projekte gleich sind

d) Für welches Projekt würden Sie sich entscheiden, falls die Unternehmung ausreichend Eigenkapital zu $r = 0{,}08$ aufbringen kann?

Lösung: a) $p_1 = 0{,}627$, $p_2 = 0{,}291$
b) $K_{01}(r = 0{,}08) = 58\,364$, $K_{01}(r = 0{,}15) = 44\,649$
$K_{02}(r = 0{,}08) = 66\,728$, $K_{02}(r = 0{,}15) = 39\,299$
c) $r = 0{,}121$ (= Rendite der Differenzinvestition)
d) *IP*2

9. Eine Investition hat folgende Zahlungsreihe:

$$D_0 = -72\,727$$
$$D_1 = 170\,909$$
$$D_2 = -100\,000$$

a) Bestimmen Sie die beiden positiven internen Zinssätze

b) Stellen Sie die Kapitalwertfunktion grafisch dar, indem Sie auf der Ordinate den Zinssatz und auf der Abszisse den Kapitalwert auftragen.
Lösung: a) $p_1 = 0{,}10$, $p_2 = 0{,}25$

10. Zwei konkurrierende Aggregate weisen folgende Daten auf:

	AP	D_1	D_2	R_2
Aggregat 1	−1000	900	600	450
Aggregat 2	−2000	1000	2700	450

$r = 0{,}10$

Zeigen Sie, daß für den Vorteilsvergleich zwischen den beiden Aggregaten mittels der Kapitalwertmethode die Restwerte weggelassen werden können, daß ein Weglassen der Restwerte jedoch die Relation der internen Zinsfüße beeinflußt.

Lösung:
mit Einbeziehung der Restwerte:

$$K_{01} = 686,\ K_{02} = 1512,\ K_{02} - K_{01} = \mathit{826}$$
$$p_1 = \mathit{0{,}569},\ p_2 = 0{,}53$$

ohne Einbeziehung der Restwerte:

$$K_{01} = 314,\ K_{02} = 1140,\ K_{02} - K_{01} = \mathit{826}$$
$$p_1 = 0{,}346,\ p_2 = \mathit{0{,}439}$$

6. Weiterführende Literatur

Altrogge [Investition 243–382]. – Bohr [Investitionsrechnung]. – Brealey, Myers [Corporate Finance 71–91]. – Buchner [Kapitalwert]. – Buchner [Interner Zinsfuß]. – Buchner, Weinreich [Interner Zinsfuß]. – Davis, Pointon [Finance 3–30]. – Franke, Hax [Finanzwirtschaft 172–201]. – Hållsten [Investment Decisions 1–86]. – Hax [Investitionstheorie]. – Kilger [Interner Zinsfuß]. – Kruschwitz [Investitionsrechnung 27–98]. – Lutz [Investment 3–55]. – Lücke [Investitionsrechnung]. – Narayanan [Payback]. – Norstrom [Interner Zinsfuß]. – Ross, Westerfield, Jaffe [Corporate Finance 155–184]. – Schmidt [Investitionstheorie 53–92]. – E. Schneider [Wirtschaftlichkeitsrechnung 22–69]. – Schulte [Adverse Minimum]. – Schulte [Annuität]. – Weingartner [Payback Period]. – Weston, Copeland [Managerial Finance 299–354].

C. Spezielle Probleme der Investitionsbeurteilung

1. Investitionsbeurteilung und Finanzierung

In den bisherigen Abschnitten wurde reine Eigenfinanzierung unterstellt. Im folgenden wird zunächst behandelt, wie Kapitalwerte, sodann wie Gewinnannuitäten bzw. interne Zinsfüße bei (teilweiser) Fremdfinanzierung von Investitionsprojekten errechnet werden können.

Kapitalwerte von teilweise fremdfinanzierten Projekten können nach der Nettomethode oder nach der Bruttomethode berechnet werden. Die *Nettomethode* ist bei *expliziter Zurechenbarkeit* eines oder mehrerer Kredite an ein Investitionsprojekt anzuwenden. Sie ist dadurch charakterisiert, daß die Zahlungen zwischen Unternehmung und Kreditgebern von den Einzahlungsüberschüssen abgesetzt bzw. zu ihnen addiert werden. Man erhält dann denjenigen Teil der Einzahlungsüberschüsse, der die Anteilseigner betrifft. Sie sind mir r zu diskontieren, da sie ja die Anteilseigner betreffen. Während somit in den bisherigen Abschnitten Q_t, die Einzahlungsüberschüsse aus einem Investitionsprojekt im Jahr t, gleichgesetzt werden konnten den D_t, den Zahlungen zwischen Unternehmung und Anteilseignern aus dem Investitionsprojekt, ist dies bei teilweiser Fremdfinanzierung und Anwendung der Nettomethode nicht mehr möglich: $D_t = Q_t - Y_t$ (Kreditrückzahlung) $- Z_t$ (Zinszahlung). Der *Kapitalwert eines teilweisen fremdfinanzierten Projekts für die Anteilseigner* ist daher:

$$K_0 = -A + Y + \sum_{t=1}^{n} (Q_t - Y_t - Z_t)(1+r)^{-t} + R_n(1+r)^{-n}$$

$$= \sum_{t=0}^{n} D_t (1+r)^{-t} \qquad (9)$$

Y = Kreditaufnahme zu $t = 0$
Y_t = Kreditrückzahlungen zu t
Z_t = Zinszahlungen zu t

Beispiel *18*. Die Daten von Beispiel 1 werden variiert. Es wird angenommen, daß die Unternehmung einen Kredit von 57074 zur Finanzierung des Investitionsprojekts aufnimmt. Der Rest (42926) wird durch eigene Mittel finanziert. Die Kreditrückzahlungen sind 19863 zu $t = 1$, 15651 zu $t = 2$ und 21560 zu $t = 3$. Der Kreditzinsfuß (k) ist 0,08, $r = 0{,}10$.

Die Zahlungen Q_t sind bei Fremdfinanzierung aufzuspalten in Zahlungen an die Anteilseigner (D_t) und in Zahlungen an die Kreditgeber (Y_t, Z_t). Erst dann läßt sich der Kapitalwert errechnen.

	$t = 0$	$t = 1$	$t = 2$	$t = 3$
Q_t	−100000	50000	38000	47000
$+Y, -Y_t$	57074	−19863	−15651	−21560
$-Z_t$ (= am Jahresanfang ausstehender Kreditbetrag mal k)		− 4566 (= 0,08 · 57074)	− 2977 (= 0,08 · 37211)	− 1725 (= 0,08 · 21560)
D_t	− 42926	25571	19372	23715

$$K_0 = -42926 + 25571 \cdot 1{,}10^{-1} + 19372 \cdot 1{,}10^{-2} + 23715 \cdot 1{,}10^{-3} = 14148$$

Der Kapitalwert des Investitionsprojekts für die Anteilseigner zu $t = 0$ ist durch die Aufnahme von Fremdkapital, das geringere Kapitalkosten verursacht als die eigenen Mittel (0,08 gegenüber 0,10) gestiegen.

Auch die Kreditgeber können aus den von ihnen zu leistenden bzw. zu empfangenden Zahlungen einen Kapitalwert errechnen.

Der Kredit ist für den Gläubiger eine Investition. *Der Kapitalwert* (F_t) eines Investitionsprojekts *für die Kreditgeber* zum Zeitpunkt t ist der Barwert der von den Kreditgebern erwarteten Zahlungen aus dem Investitionsprojekt ab t. So ist F_0:

$$F_0 = -Y + \sum_{t=1}^{n} (Y_t + Z_t)(1+k)^{-t} \qquad (10)$$

F_t wird auch als Kapitalwert des Kredits bezeichnet.

k = Kreditzinsfuß; unter der Annahme, daß die Kreditgeber auch anderweitig zu k anlegen können, ist k auch der Diskontierungssatz für die Kreditgeber.

F_0 muß Null sein, wenn die Rendite des Kredits dem Diskontierungssatz entspricht.

Beispiel 18a. Es werden für den in Beispiel 18 eingeführten Kredit F_0 und F_{0+}, die Kapitalwerte des Kredits unmittelbar vor bzw. unmittelbar nach Kreditgewährung, ermittelt.

$$F_0 = -57074 + (19863 + 4566) \cdot 1{,}08^{-1} + (15651 + 2977) \cdot 1{,}08^{-2} + (21560 + 1725) \cdot 1{,}08^{-3} = 0$$

$$F_{0+} = (19863 + 4566) \cdot 1{,}08^{-1} + (15651 + 2977) \cdot 1{,}08^{-2} + (21560 + 1725) \cdot 1{,}08^{-3} = 57074$$

Der *Kapitalwert* (M_t) *eines Investitionsprojekts* zum Zeitpunkt t ist die Summe der Barwerte der von Anteilseignern *und* Kreditgebern erwarteten Zahlungen ab t:

$$\begin{aligned} M_0 = K_0 + F_0 = & \sum_{t=0}^{n} D_t(1+r)^{-t} \\ & - Y + \sum_{t=0}^{n} (Y_t + Z_t)(1+k)^{-t} \\ M_0 = K_0 + 0 = K_0 & \end{aligned} \tag{11}$$

Da zum Zeitpunkt $t = 0$ der Kapitalwert des Kredits Null beträgt, entspricht der Kapitalwert des Investitionsprojekts (M_0) dem Kapitalwert des Projekts für die Anteilseigner (K_0).

Bei der *Bruttomethode* wird die teilweise Fremdfinanzierung eines Investitionsprojekts nicht in den Einzahlungsüberschüssen, sondern im *Zinssatz* berücksichtigt. Es wird ein *Mischzinssatz* i errechnet:

$$i = (1-a)r + ak \tag{12}$$

a = Anteil der Fremdfinanzierung an der Finanzierung des Investitionsprojekts.

Mittels dieses Mischzinssatzes i werden die Einzahlungsüberschüsse Q_t diskontiert, um den Kapitalwert des Investitionsprojekts zu erhalten:

$$M_0 = K_0 = -A + \sum_{t=0}^{n} Q_t(1+i)^{-t} + R_n(1+i)^{-n} \tag{13}$$

Die Bruttomethode ist dann anzuwenden, wenn dem Investitionsprojekt keine speziellen Kredite zurechenbar sind, aber eine generelle Finanzierungsregel derart besteht, daß alle Projekte (eines bestimmten Typs) zu einem Anteil von a fremdfinanziert werden.

Die Netto- und Bruttomethode sind dann äquivalent, wenn der Kapitalwert des Kredits zu $t = 0+, 1+, 2+, \ldots, n-1$ ein konstanter Anteil des Kapitalwertes des Investitionsprojekts ist: $F_t = aM_t$. Es gilt daher auch: $K_t = (1-a)M_t$.

Beispiel 18b. Es ist M_0 und M_{0+} für das im Beispiel 18 betrachtete Investitionsprojekt zu ermitteln.
M_0 kann erstens durch Addition von K_0 und F_0 ermittelt werden:

$$M_0 = K_0 + F_0 = 14148 + 0 = 14148$$

Zweitens kann in diesem Beispiel M_0 auch durch Einsetzen in die Formel (13)

$$M_0 = \sum_{t=0}^{n} Q_t(1+i)^{-t}$$

errechnet werden. Die Kreditzahlungen wurden nämlich so angenommen, daß gilt: Der Kreditbetrag entspricht zu $t = 0+, 1+$ und $2+$ stets 50% des Kapitalwertes des Projekts, $a = 0{,}50$. So ist der gewährte Kredit von 57074 50% von 114148 (M_{0+}).
i ist daher:

$$\begin{aligned}
i &= (1-a)r + ak = 0{,}5 \cdot 0{,}10 + 0{,}5 \cdot 0{,}08 = 0{,}09 \\
M_0 &= K_0 = -100000 + 50000 \cdot 1{,}09^{-1} + 38000 \cdot 1{,}09^{-2} + \\
&\quad + 47000 \cdot 1{,}09^{-3} = 14148 \\
M_{0+} &= K_{0+} + F_{0+} = 114148 \\
K_{0+} &= K_0 - D_0 = 14148 + 42926 = 57074 \\
F_{0+} &= F_0 + Y = 0 + 57074 = 57074
\end{aligned}$$

Abschließend sei der Ausdruck Kapitalstruktur definiert, so wie er im Abschnitt III. verwendet wird: Die *Kapitalstruktur* eines Investitionsprojekts in t ist das Verhältnis von F_t zu K_t. Sie kann auch durch F_t/M_t (= *Verschuldungsgrad*) ausgedrückt werden.

Bis jetzt wurde die Berücksichtigung der Fremdfinanzierung bei der *Kapitalwerterrechnung* behandelt. Bei der *Annuitätsermittlung*, die ja auf Kapitalwerten aufbaut, ist zu beachten, daß bei der Nettomethode der Annuitätenfaktor für den Zinsfuß r und bei der Bruttomethode der Annuitätenfaktor für den Zinsfuß i zu wählen ist. Bei Anwendung der Methode des *internen Zinsfußes* kann ebenfalls nach Netto- und Bruttomethode unterschieden werden. Man kann erstens den internen Zinsfuß für die Anteilseigner (p) ermitteln (Nettomethode) und diesen mit r vergleichen.

$$K_0 = 0 = -A + Y + \sum_{t=1}^{n} (Q_t - Y_t - Z_t)(1+p)^{-t} + R_n(1+p)^{-n} \qquad (14)$$

Oder man kann q, die Rendite des Projekts ohne Einbeziehung der Fremdfinanzierung, ermitteln, und diese dann mit i vergleichen (Bruttomethode).

$$K_0 = 0 = -A + \sum_{t=1}^{n} Q_t(1+q)^{-t} + R_n(1+q)^{-n} \qquad (15)$$

2. Die Quantifizierung des Diskontierungssatzes *r*

Bei Anwendung der Kapitalwert- und Annuitätenmethode wird der Zinssatz r benötigt, um die den Anteilseignern zufließenden Einzahlungsüberschüsse zu diskontieren. Er wird aber auch bei Anwendung des internen Zinsfußes gebraucht, um zu überprüfen, ob $p \gtrless r$. Bis zu diesem Stadium der Analyse wurde die Kenntnis von r vorausgesetzt. Im folgenden wird behandelt, wie r quantifiziert werden kann. Dabei wird von Steuern und Inflation abstrahiert. Die Auswirkungen dieser beiden Einflußgrößen werden in den Abschnitten II.C.3 und 4 untersucht.

Fragen wir zunächst für einen speziellen Investor, welche Mindestrendite er von einem bestimmten Investitionsprojekt fordern wird. Zwei alternative Sichtweisen können die Mindestrendite bestimmen. Man kann erstens davon ausgehen, daß der Anteilseigner Beträge, die ihm von der Unternehmung zufließen oder zufließen würden, nicht konsumiert, sondern anlegt. Dann ist r die bei anderweitiger Anlage erzielbare Rendite (*Alternativrendite*). Nun kann sich aber die anderweitige Anlage im *Risiko* vom Investitionsprojekt in der Unternehmung unterscheiden. Wie in Abschnitt I.3 erörtert, wird in dieser Publikation das Risiko grundsätzlich durch einen Zuschlag zum Diskontierungssatz berücksichtigt. Daher setzt sich r zusammen aus dem risikolosen Zinssatz z (= Alternativrendite bei risikoloser Anlage, z. B. Anleihen erster Bonität) und einer Risikoprämie. Dies impliziert, daß r umso höher sein muß, je höher das Risiko eines zu bewertenden Investitionsprojekts ist (zur Risikomessung vgl. Abschnitt II.F). Bei Berücksichtigung des Risikos im Diskontierungssatz variiert daher grundsätzlich der Diskontierungssatz r mit dem Investitionsprojekt! Da der Fremdkapitalanteil an der Projektfinanzierung über das Kapitalstrukturrisiko das Risiko der Anteilseigner beeinflußt, ist r c. p. umso höher anzusetzen, je höher der kreditfinanzierte Anteil des Investitionsprojekts ist. Bei Berücksichtigung des Risikos in r ist es daher nicht richtig, in Beispiel 1 (reine Eigenfinanzierung) und in Beispiel 18 (teilweise Fremdfinanzierung) mit dem gleichen *r* zu diskontieren. Wir werden diesem Problem bei der Erörterung der These von der Irrelevanz der Kapitalstruktur in Abschnitt III.A wieder begegnen.

Bei der Erklärung von *r* kann man aber auch davon ausgehen, daß die Anteilseigner Beträge, die ihnen von der Unternehmung zufließen oder zufließen würden, *konsumieren*. Es besteht also die Alternative zwischen sofortigem, sicherem Konsum und späterem, eventuell unsicherem Konsum. Die Anteilseigner werden die letztere Alternative nur dann höher einschätzen, wenn die Gesellschaft die dem sofortigen Konsum entzogenen Mittel zu einer bestimmten Mindestrendite anlegen kann.

Wenn *mehrere Anteilseigner* an einer Unternehmung beteiligt sind, so besteht offenbar die Möglichkeit, daß die Mindestrenditevorstellungen der Anteilseigner differieren. Die Wahl eines einheitlichen Diskontierungssatzes *r* impliziert daher die Annahme, daß dies nicht der Fall ist bzw. daß ein Diskontierungssatz *r* auf dem „Kompromißweg“ gefunden werden kann.

Die Annahme, alle Anteilseigner wenden einen gleichen Kalkulationszinsfuß an, ist insbesondere dann berechtigt, wenn sich der Diskontierungssatz nach der Alternativrendite bestimmt, alle Anteilseigner am gleichen Kapitalmarkt anlegen und gleichen Informationsstand, gleiche Risikoeinstellung und gleiche Erwartungen haben. Sie kann auch folgendermaßen plausibel gemacht werden. Es sei angenommen, alle Anteilseigner einer Unternehmung haben gleiche Erwartungen über die Zahlungen aus der Unternehmung. Würden nun einige Anteilseigner mit geringeren Zinssätzen *r* rechnen als andere Anteilseigner, so wäre der von ihnen ermittelte Kapitalwert höher als der von den übrigen Anteilseignern veranschlagte Kapitalwert. Die erste Gruppe von Anteilseignern wäre dann bestrebt, die Anteile der zweiten Gruppe zu einem Preis (Börsenkurs) zu kaufen, der zwischen den beiden Kapitalwerten liegt. Gleichgewicht herrscht erst, wenn die erstere Gruppe alle Anteile besitzt. Für die zweite Gruppe wäre ein Verkauf und die Alternativanlage der Mittel vorteilhaft, denn sie hat ja ex definitione eine bessere Alternativanlage als die Anteilseigner der ersten Gruppe. (Steuern und Transaktionskosten, die diesen Prozeß stören könnten, seien hier vernachlässigt.)

Daß die Annahme eines gleichen *r* für Publikumsaktiengesellschaften auch bei Bedachtnahme auf die Konsumwünsche der Anteilseigner einige Berechtigung hat, demonstriert Beispiel 20 (siehe später). Zunächst soll jedoch in Beispiel 19 erläutert werden, warum die Annahme eines gleichen r für die Anteilseigner notwendig ist, um Investitionsentscheidungen zu treffen, die im Interesse *aller* Anteilseigner liegen.

Beispiel 19. Eine zu $t = 1$ zu liquidierende Unternehmung hat zwei Investitionsprojekte zur Auswahl. Investitionsprojekt 1 ermöglicht Ausschüttungen von 100000 zu $t = 0$ und zu $t = 1$, Investitionsprojekt 2 läßt nur Ausschüttungen zu $t = 1$ von 210000 zu. An der Unternehmung sind zwei Anteilseigner zu gleichen Teilen beteiligt. Anteilseigner 1 rechne mit einem Zinssatz von 0,08, Anteilseigner 2 mit einem Zinssatz von 0,12. Es ist ersichtlich, daß Anteilseigner 1 Investitionsprojekt 2 bevorzugt (Kapitalwert der von ihm erwarteten Ausschüttungen aus $IP1 = 96295$, aus $IP2 = 97220$), während für Anteilseigner 2 $IP1$ vorteilhaft ist (Kapitalwert der von ihm erwarteten Ausschüttungen aus $IP1 = 94645$, aus $IP2 = 93755$).

Im folgenden Beispiel 20 wird gezeigt, daß die Annahme eines gleichen r für alle Anteilseigner selbst dann plausibel sein kann, wenn einige Anteilseigner Ausschüttungen konsumieren würden. Voraussetzung dafür ist die Existenz eines funktionsfähigen Kapitalmarkts, an dem Anteile zur Deckung von Konsumbedürfnissen veräußert oder belehnt werden können.

Beispiel 20. Beispiel 19 wird insofern abgewandelt, als die Anteilseigner (und die übrigen Anleger am Kapitalmarkt) generell mit einem Zinsfuß von 0,08 rechnen. Die Unternehmung sei eine Aktiengesellschaft. Es können 100000 zu $t = 0$ ausgeschüttet oder (zu einem beliebigen Teil) zu 0,10 angelegt werden. Zu $t = 1$ werden 100000 plus der in $t = 0$ einbehaltene Betrag plus die daraus erzielten Gewinne ausgeschüttet.

Anteilseigner 2 benötigt jedoch 20000 pro Jahr für Konsumzwecke. Auf diese 20000 würde er nur bei einer Rendite von 20% verzichten. Seinen Wünschen würde – vordergründig gesehen – entsprechen, daß die Unternehmung 40000 ausschüttet und den Rest zu 0,10 anlegt. K_0 ist dann $40000 + 166000 \cdot 1{,}08^{-1} = 193700$. Auf einen Anteilseigner entfällt 96850.

Dennoch wäre es für beide Anteilseigner günstiger, die Unternehmung würde zu $t = 0$ keine Ausschüttungen vornehmen. K_0 wäre dann $210000 \cdot 1{,}08^{-1} = 194440$. Auf Anteilseigner 2 würden 97220 entfallen: Zur Deckung der Konsumbedürfnisse kann Anteilseigner 2 Aktien zum Preis von 20000 zu $t = 0$ veräußern, der Kapitalwert der ihm verbleibenden Anteile ist $97220 - 20000 = 77220$. Es wird also angenommen, daß ein Markt für Anteile besteht, auf dem sie zu Kapitalwerten = Kurswerten veräußert werden können.

Im bisherigen wurde und im folgenden wird also davon ausgegangen, daß alle Anteilseigner eine gleiche Mindestrendite-Erwartung von r haben, die den Diskontierungssatz determiniert. r ist von der Dividendenpolitik der Unternehmung, also von der zeitlichen Struktur der Zahlungen zwischen Unternehmung und Anteilseignern unabhängig. Diese Annahme ist jedenfalls dann zutreffend, wenn ein vollkommener Kapitalmarkt bei Sicherheit unterstellt wird. Dann können alle Anteilseigner beliebig zu $r = z$ verleihen und borgen. Daher sind ihre Alternativrenditen gleich und sie können zur Deckung der Konsumbedürfnisse Kredite aufnehmen, so daß der Konsumstrom unabhängig von den Ausschüttungen der Unternehmung optimiert werden kann. Bei Unsicherheit und bei ihrer Berücksichtigung im Diskontierungssatz kann r vom Risiko des zu beurteilenden Investitionsprojekts abhängen. Aber auch die Risikoprämien im Zinssatz werden für alle Anteilseigner als gleich unterstellt.

Vereinfachend wurde bis jetzt davon ausgegangen, daß $r_t = r$, also nicht periodenabhängig ist. Die von den Anteilseignern geforderte Mindestrendite kann aber periodenabhängig sein (vgl. Rolfes [Marktzinsmethode]; Hartmann-Wendels, Gumm-Heußen [Marktzinsmethode]). Dann ist der Kapitalwert folgendermaßen zu errechnen:

$$K_0 = D_0 + D_1(1 + r_1)^{-1} + D_2(1 + r_1)^{-1}(1 + r_2)^{-1} + \\ + D_3(1 + r_1)^{-1}(1 + r_2)^{-1}(1 + r_3)^{-1} + \ldots$$

$$K_0 = D_0 + \sum_{t=1}^{n} D_t \prod_{t'=1}^{t} (1 + r_{t'})^{-1} \qquad (16)$$

Die Anwendung von Formel (16) wird in Beispiel 21 demonstriert.

Beispiel 21. Es ist zwischen den alternativen Investitionsprojekten 1 und 2 zu entscheiden. Beide Projekte haben eine Nutzungsdauer von 5 Jahren, aus der zeitlichen Isolierung ergeben sich somit keine Probleme: $A_1 = 50000$, $Q_{11} = Q_{21} = \ldots = Q_{51} = 20000$; $A_2 = 100000$, $Q_{12} = Q_{22} = \ldots = Q_{52} = 30000$.

Der Lieferant des ersten Aggregats würde einen Kredit von 40000, $k = 0{,}08$, rückzahlbar in vier gleichen Jahresraten gewähren. Bei Kauf der zweiten Anlage könnte ein Bankkredit von 60000, $k = 0{,}09$, rückzahlbar in fünf gleichen Jahresraten, aufgenommen werden. Zugleich wird die (etwas problematische) Annahme gemacht, daß dadurch der Kalkulationszinsfuß der Anteilseigner (und damit deren Risiko) nicht beeinflußt wird bzw. daß Risikodifferenzen anders als in r berücksichtigt werden. Für $t = 1, 2, \ldots, 5$ sei $r_t = 0{,}10$, $0{,}11$, $0{,}12$, $0{,}10$, $0{,}10$ (infolge erwarteter konjunktureller Schwankungen).

Zahlungen aus *IP* 1:						
	$t = 0$	$t = 1$	$t = 2$	$t = 3$	$t = 4$	$t = 5$
Q_{t_1}	–50000	20000	20000	20000	20000	20000
$-Y_{t_1}$	40000	–10000	–10000	–10000	–10000	
$-Z_{t_1}$		– 3200	– 2400	– 1600	– 800	
D_{t_1}	–10000	6800	7600	8400	9200	20000

$$\begin{aligned} K_{01} &= -10000 + 6800 \cdot 1{,}10^{-1} + 7600 \cdot 1{,}10^{-1} \cdot 1{,}11^{-1} \\ &\quad + 8400 \cdot 1{,}10^{-1} \cdot 1{,}11^{-1} \cdot 1{,}12^{-1} + 9200 \cdot 1{,}10^{-2} \cdot 1{,}11^{-1} \cdot \\ &\quad \cdot 1{,}12^{-1} + 20000 \cdot 1{,}10^{-3} \cdot 1{,}11^{-1} \cdot 1{,}12^{-1} \\ &= -10000 + 6182 + 6224 + 6143 + 6115 + 12087 \\ &= 26751 \end{aligned}$$

Zahlungen aus *IP* 2:						
	$t = 0$	$t = 1$	$t = 2$	$t = 3$	$t = 4$	$t = 5$
Q_{t_2}	–100000	30000	30000	30000	30000	30000
$-Y_{t_2}$	60000	–12000	–12000	–12000	–12000	–12000
$-Z_{t_2}$		– 5400	– 4320	– 3240	– 2160	– 1080
D_{t_2}	– 40000	12600	13680	14760	15840	16920

$$\begin{aligned} K_{02} &= -40000 + 11455 + 11204 + 10794 + 10530 + 10226 \\ &= 14209 \end{aligned}$$

3. Die Berücksichtigung einer künftigen Inflation bei der Investitionsbeurteilung

Eine künftige Inflation kann sowohl die nominellen Einzahlungsüberschüsse als auch die künftigen Zinssätze beeinflussen. Es gibt nun zwei im Resultat *identische* Möglichkeiten, eine künftige Inflation bei der Kapitelwerterrechnung zu berücksichtigen. Entweder man ermittelt die *nominellen künftigen Einzahlungsüberschüsse* und diskontiert sie mittels des *nominellen Zinssatzes* r bzw. i (Variante 1). Oder man legt der Investitionsrechnung Einzahlungsüberschüsse auf Basis des Preisniveaus zu $t = 0$ zugrunde; dann darf man aber nur mittels des *erwarteten Realzinsfußes* diskontieren (Variante 2). Die Äquivalenz beider Methoden läßt sich leicht zeigen:

r_{real} = Realzinsfuß
inf = Inflationsrate
r = nomineller Zinsfuß
r = $(1 + r_{real})(1 + inf) - 1$ (vereinfachend: $r = r_{real} + inf$)
$D_t(real)$ = reale Einzahlungsüberschüsse auf Preisbasis $t = 0$
D_t = nominelle Einzahlungsüberschüsse

$$D_t = D_t(real)\,(1 + inf)^t$$

$$K_0 = \sum_{t=0}^{n} D_t (1 + r)^{-t} \quad (= \textit{Variante 1}) \tag{17}$$

$$= \sum_{t=0}^{n} D_t(real)\,(1 + inf)^t \cdot [(1 + r_{real})(1 + inf)]^{-t}$$

$$= \sum_{t=0}^{n} D_t(real)\,(1 + r_{real})^{-t} \quad (= \text{Variante 2}) \tag{17a}$$

Die beiden Möglichkeiten der Inflationsberücksichtigung sind unabhängig davon gültig und identisch, ob die Einzahlungsüberschüsse und/oder der Zinssatz tatsächlich mit der Inflationsrate, oder stärker (schwächer) als die Inflationsrate zunehmen. Die Abhängigkeit von Einzahlungsüberschüssen und Zinssatz von der Inflationsrate beeinflußt jedoch den Effekt einer Inflation auf den Kapitalwert.

Beispiel 22. Gehen wir davon aus, daß bisher eine künftige Inflationsrate von Null angenommen wurde ($r = 0{,}05$). Der Kapitalwert eines Projekts mit einem Anschaffungspreis von 10000, jährlichen Einzahlungsüberschüssen von 4000 und einer Nutzungsdauer von 3 Jahren beträgt daher:

$$K_0 = -10000 + 4000 \cdot 2{,}7232 = 892{,}8\,.$$

Nun ändert sich die Inflationserwartung. Es wird mit einer künftigen Inflationsrate von 6% gerechnet.

a) Der Zinssatz spiegelt die Inflationsrate voll wieder (Fisher-These): $r = (1 + 0{,}05)(1 + 0{,}06) - 1 = 0{,}113$. Es wird auch damit gerechnet, daß die Einzahlungsüberschüsse jährlich um 6% angehoben werden können, also real gleich bleiben:

$$D_1 = 4240,\ D_2 = 4494{,}4 \text{ und } D_3 = 4764{,}06.$$

Der Kapitalwert nach Variante 1 beträgt somit:

$$\begin{aligned} K_0 &= -10000 + 4240 \cdot 1{,}113^{-1} + \\ &\quad + 4494{,}4 \cdot 1{,}113^{-2} + 4764{,}06 \cdot 1{,}113^{-3} \\ &= 893 \end{aligned}$$

Die Kapitalwerterrechnung nach der zweiten Variante ist hier identisch mit der Kapitalwerterrechnung bei einer Inflationsrate von Null (siehe oben). Da die Einzahlungsüberschüsse und der Zinssatz voll die geänderte Inflationsrate reflektieren, bleibt der Kapitalwert unverändert.

b) Können die Einzahlungsüberschüsse z. B. nur um 5 % erhöht werden, wird der Kapitalwert sinken:

Variante 1: $$K_0 = -10000 + 4200 \cdot 1{,}113^{-1} + 4410 \cdot 1{,}113^{-2} + 4630{,}5 \cdot 1{,}113^{-3} = 692$$

Variante 2: $$K_0 = -10000 + \frac{4200}{1{,}06} \cdot 1{,}05^{-1} + \frac{4410}{1{,}06^2} \cdot 1{,}05^{-2} + \frac{4630{,}5}{1{,}06^3} \cdot 1{,}05^{-3} = 692$$

Ein häufiger Fehler der Praxis ist, daß zwar die Einzahlungsüberschüsse auf Basis des Preisniveaus zu $t = 0$ geschätzt, jedoch mittels eines nominellen Zinssatzes diskontiert werden! Dies impliziert eine systematische Unterschätzung des Kapitalwertes von Investitionsprojekten.

Bei der Errechnung des *internen Zinsfußes* kann eine künftige Inflation analog berücksichtigt werden. Entweder man errechnet einen nominellen internen Zinsfuß aus nominellen Zahlungen, oder einen realen internen Zinsfuß aus realen Zahlungen. Ersterer ist mit einer nominellen Mindestrendite, letzterer mit einer realen Mindestrendite zu vergleichen.

4. Die Zurechnung von Zahlungen, insbesondere Steuern, an isolierte Investitionsprojekte

Bei der Zuordnung an Investitionsprojekte gilt der Grundsatz, daß einem Projekt die und nur die Zahlungen zuzurechnen sind, die ohne es nicht entstehen würden. Wenn in einem dreistufigen Produktionsprozeß das Aggregat der letzten Stufe zusammenbricht und ersetzt werden muß, so sind dem Ersatzprojekt sämtliche Erlöse der Produkte und sämtliche Auszahlungen für Rohmaterialien, Hilfsstoffe, Löhne auch der vorgeschalteten Stufen zuzurechnen, denn ohne Kauf des Aggregats für die dritte Stufe könnte auch in den ersten beiden Stufen nicht produziert werden. Dabei wird davon ausgegangen, daß Halbfabrikate nicht abgesetzt werden können.

Ein weiteres Problem: Ein Aggregat, dessen Beschaffung erwogen wird, benötigt Raum, sein Einsatz ist mit Verwaltungsleistungen (Auftragsvorbereitung, Buchführung usw.) verbunden. Sind in der Investitionsrechnung *Raum- und Verwaltungsaufwendungen* als Auszahlungen anzusetzen? Steht langfristig genügend freier Raum zur Verfügung und ist die Verwaltung langfristig unterbeschäftigt, so ist davon Abstand zu nehmen: Durch das Investitionsprojekt entstehen keine zusätzlichen Raum- und Verwaltungskosten. Muß aber – bedingt durch den Kauf dieses und weiterer Aggregate – die räumliche Kapazität und die Kapazität der Verwaltungsabteilung kurz- oder langfristig erweitert werden, so wird man anteilige Raum- und Verwaltungsaufwendungen (ab den Perioden der Erweiterung der Kapazitäten) diesem Aggregat zurechnen müssen.

Ein weiteres Problem ist die Festlegung der Anschaffungsauszahlungen für ein *selbsterstelltes Aggregat*. Sind die Fertigungsstellen, die das Aggregat erstellen, unterbeschäftigt, so wird man nur die den direkten Kosten entsprechenden Auszahlungen ansetzen. Sind die Stellen vollbeschäftigt, wird man auch die Bruttogewinne, die bei anderweitigem Einsatz der Stellen erzielt werden können, den Anschaffungsausgaben zurechnen.

Ein letztes der vielfältigen Probleme sei angeschnitten: Falls der Kauf eines Aggregats zusätzliches *Umlaufvermögen* (Rohstoffläger, Forderungen) bindet, ist der Finanzbedarf dafür sowohl bei den Auszahlungen zu Beginn der Nutzungsdauer als auch bei den Einzahlungen zu Ende der Nutzungsdauer (Freiwerden des Umlaufvermögens!) zu berücksichtigen.

Bei der Zurechnung von Zahlungen an ein Aggregat muß beachtet werden, daß die Erwägung eines einzigen Aggregats bereits eine Auswahl aus einer großen Zahl alternativer Investitionsprojekte notwendig machen kann. Es können für ein Aggregat *unterschiedliche Ausstattungen* (Sondergeräte) und damit Anschaffungsauszahlungen, unterschiedliche Wartungsverfahren und damit Reparatur-, Ausschußkosten und Liquidationspreise (falls die Liquidationspreise von den Wartungsverfahren beeinflußt werden), unterschiedliche Einsatzmöglichkeiten, wie z. B. Intensitäten, gewählt werden. Jede Kombination möglicher Zahlungen ist – streng genommen – ein alternatives Investitionsprojekt. Häufig wird durch die Auswahl einer bestimmten Zahlungsreihe (bestimmte Wartungsverfahren, bestimmte Ausstattung des Aggregats) eine Vorentscheidung getroffen.

Wenn die Kapitalwert- oder Annuitätsmethode angewendet wird und feststeht, daß eines von alternativen Investitionsprojekten jedenfalls gewählt wird, kann die Zahlungsermittlung dadurch vereinfacht werden, daß alle Zahlungen, die die Alternativen in gleicher Weise betreffen, vernachlässigt werden: z. B. Erlöse, Verwaltungs- und Raumaufwendungen usw. Man kann dann auch so vorgehen: Einer Alternative (Basisalternative) werden Zahlungen von Null zugerechnet, allen anderen Alternativen *Differenzzahlungen* (siehe oben). Wie in Abschnitt II.B.3 gezeigt, ist diese Vorgangsweise bei Anwendung des internen Zinsfußes nicht statthaft.

Interessante Fragen wirft die Zuordnung von *Steuerzahlungen* zu Investitionsprojekten auf. Es soll im folgenden nur auf die Quantifizierung von *Gewinnsteuerzahlungen* eingegangen werden und dabei auch untersucht werden, ob die Einbeziehung von Gewinnsteuerzahlungen in Investitionsrechnungen die Zinsfüße i, r und k beeinflußt. Um die Gewinnsteuerzahlungen eines Investitionsprojekts zu ermitteln, ist zu überlegen, wie die Realisierung des Investitionsprojekts den steuerpflichtigen Gewinn ändern würde und welcher Steuersatz auf diesen Differenzgewinn anzuwenden ist. Bei der Ermittlung des steuerpflichtigen Gewinns eines Investitionsprojekts ist zu beachten, daß das Gewinnsteuerrecht nicht an Zahlungen, sondern an periodisierten Zahlungen (Erträgen, Aufwendungen bzw. Betriebsausgaben) ansetzt. Im folgenden sei aber angenommen, daß die Zahlungsüberschüsse Q_t den steuerpflichtigen Gewinnen eines Projekts entsprechen, mit zwei praktisch wichtigen Ausnahmen: Der Anschaffungspreis des Projekts darf steuerlich nicht in $t = 0$ abgesetzt werden, sondern erst anteilig ab $t = 1$ in Form von Abschreibungen, und die Kreditzinsen – nicht aber Kreditaufnahme und -rückzahlungen – sind steuerlich relevant.

Bei progressivem Steuertarif steht der auf die Gewinne eines Projekts anzuwendende Steuersatz erst fest, wenn der Gesamtgewinn und damit das gesamte Investitionsprogramm bekannt ist. Um die damit verbundenen Komplikationen zu vermeiden, wird ein *proportionaler Tarif* unterstellt.

Beispiel 23. Das Projekt 1 in Beispiel 21 wird für steuerliche Zwecke linear über 4 Jahre abgeschrieben. Es sind die Steuerzahlungen und die Zahlungsüberschüsse nach Steuern zu ermitteln. Der Steuersatz (s) ist 0,40.

	$t = 0$	$t = 1$	$t = 2$	$t = 3$	$t = 4$	$t = 5$
Q_t	−50000	20000	20000	20000	20000	20000
$-Y_t$	40000	−10000	−10000	−10000	−10000	
$-Z_t$		− 3200	− 2400	− 1600	− 800	
−Gewinn-steuern		− 1720	− 2040	− 2360	− 2680	− 8000
D_t nach Gewinn-steuern	−10000	5080	5560	6040	6520	12000

Die Gewinnsteuern werden folgendermaßen berechnet:

Q_t	20000	20000	20000	20000	20000
$-Z_t$	− 3200	− 2400	− 1600	− 800	
−Abschreibungen (0,25A)	−12500	−12500	−12500	−12500	
steuerpflichtiger Gewinn	4300	5100	5900	6700	20000
Gewinnsteuern (40%)	1720	2040	2360	2680	8000

Es wird somit angenommen, daß neben den Abschreibungsaufwendungen auch die Fremdkapitalzinsen vom steuerpflichtigen Gewinn abgesetzt werden können.

Es ist noch zu klären, mit welchem *Zinsfuß r* die Zahlungen *nach* Gewinnsteuern abzuzinsen sind. Bei *Personengesellschaften* (Einzelunternehmungen) handelt es sich bei der einbezogenen Gewinnsteuer um die Einkommensteuer der Anteilseigner und die Gewerbeertragsteuer der Unternehmung. Von den errechneten Zahlungen (D_t) sind daher von den Anteilseignern keine Einkommensteuern mehr zu entrichten. Als Zinsfüße sind somit die Alternativrenditen der Anteilseigner *nach* Einkommensteuer (und Gewerbeertragsteuer) zu wählen [$r(1 - s)$]. Wenn an einer Gesellschaft Anteilseigner mit unterschiedlichen (marginalen) Einkommensteuersätzen beteiligt sind, so kann obige Berechnung mit einem durchschnittlichen Steuersatz und einem diesem entsprechenden Nettozinsfuß vorgenommen werden.

Wird obige Rechnung für *Kapitalgesellschaften* angestellt, handelt es sich bei den einbezogenen Gewinnsteuern ebenfalls um die Einkommensteuer und um die Gewerbeertragsteuer, falls Ausschüttung der Gewinne unterstellt wird. Denn infolge der Einführung des Anrechnungsverfahrens durch das KStG 1977 ist die Doppelbelastung für Gewinne von Körperschaften im wesentlichen beseitigt worden. Als Zinsfuß ist daher ebenfalls die Alternativrendite der Anteilseigner *nach* Einkommensteuer und Gewerbesteuer anzusetzen. Bei Existenz einer nicht anrechenbaren Körperschaftsteuer würde in die Investitionsrechnung neben der Gewerbesteuer die Körperschaftssteuer eingehen. Die Zahlungen (D_t) wären dann mit einem Zinsfuß *vor* Einkommensteuer zu diskontieren, da von ihnen noch Einkommensteuer zu leisten wäre.

Die Formel für den Kapitalwert bei expliziter Berücksichtigung von Kreditfinanzierung und Gewinnsteuern (Netto-Netto-Methode – das erste „Netto" steht für die explizite Berücksichtigung der Fremdfinanzierung, das zweite „Netto" für die explizite Berücksichtigung der Steuern) lautet somit:

$$K_0 = -A + Y + \sum_{t=1}^{n} [Q_t - Y_t - Z_t - s(Q_t - Ab_t - Z_t)] [1 + r(1-s)]^{-t} + R(1-s)[1 + r(1-s)]^{-n} \quad (18)$$

Ab = steuerliche Abschreibung

Dabei ist unterstellt, daß, falls $Q_t - Ab_t - Z_t < 0$, anderweitige Gewinne zum steuerlichen Verlustausgleich vorhanden sind, und daß die steuerliche Abschreibungsdauer gleich oder kleiner als die Nutzungsdauer ist, so daß der gesamte Restwert der Gewinnbesteuerung unterliegt.

Können dem Investitionsprojekt nicht direkt Kreditzahlungen zugerechnet werden, wird also hinsichtlich der Fremdfinanzierung die Bruttomethode angewendet (vgl. Abschnitt II.C.1), so läßt sich die Auswirkung der Abzugsfähigkeit der Fremdkapitalzinsen von der Steuerbasis nicht explizit berücksichtigen. In diesem Fall wird angenommen, daß die Einzahlungsüberschüsse (Q_t) minus Abschreibungen zur Gänze steuerpflichtig sind; um die Abzugsfähigkeit der Fremdkapitalzinsen zu berücksichtigen, wird jedoch der

Fremdkapitalzinsfuß von k auf $k(1-s)$ vermindert (Brutto-Netto-Methode). Der Kapitalwert eines Investitionsprojekts nach Steuern kann dann geschrieben werden (der Restwert wird mit Null angenommen):

$$K_0 = -A + \sum_{t=1}^{n} [Q_t - s(Q_t - Ab_t)] (1+i)^{-t} \tag{19}$$

$$\text{wobei } i = (1-a)\,r(1-s) + ak(1-s)$$

Bei der Errechnung des *internen Zinsfußes* sind Steuerzahlungen in gleicher Weise zu berücksichtigen wie bei der Kapitalwertberechnung. Nur muß nicht ein Diskontierungszinssatz, sondern der Vergleichszinssatz im Hinblick auf die Steuereinbeziehung angepaßt werden.

Auch hinsichtlich der Besteuerung kann neben der oben behandelten Nettomethode eine *Bruttomethode* unterschieden werden. Die Bruttomethode ist dadurch charakterisiert, daß Gewinnsteuern *nicht* in den Zahlungsstrom einbezogen werden, dafür aber mit einem Bruttozinsfuß diskontiert wird. Die Erörterungen in Abschnitt A und B können daher als sich der Bruttomethode bedienend charakterisiert werden. Die *Bruttomethode* hat gegenüber der *Nettomethode* den Nachteil, daß die genauen Steuerzahlungstermine, welche infolge der Abschreibungsverfahren stark variiert werden können, nicht berücksichtigt werden. Es kann daher nur mittels der Nettomethode die Auswirkung von Sonderabschreibungen, degressiven Abschreibungen usw. auf den Kapitalwert, den internen Zinsfuß etc., von Investitionsprojekten beurteilt werden.

5. Das optimale Investitionsprogramm bei Kapitalknappheit

Die *strengste Form der Kapitalknappheit* liegt vor, wenn in einem oder mehreren Jahren aufgrund der Entscheidung der Unternehmungsleitung oder aufgrund externer Beschränkungen nur ein bestimmter Betrag an finanziellen Mitteln für Investitionen zur Verfügung steht. Es sei vorerst angenommen, daß die finanziellen Mittel nur zu $t = 0$ beschränkt sind.

Wenn man in dieser Situation die Kapitalwerte der Investitionsprojekte mit dem Zinssatz r oder i errechnete, wäre das optimale Investitionsprogramm nicht realisierbar, es würde zu hohe finanzielle Mittel erfordern. Das günstigste Investitionsprogramm kann hier bei Anwendung des Kapitalwertkriteriums nach der *Methode von Lorie* und *Savage* gefunden werden. Man ordnet den in der ersten Periode investierten Mitteln einen Knappheitspreis zu, der praktisch die Zinskosten des Investitionsprojekts erhöht und damit den Kapitalwert mindert. Die Investitionsprojekte werden dann durch folgenden angepaßten Kapitalwert charakterisiert:

$$K_{0j} - \lambda A_j$$

λ kann dabei als Knappheitspreis für finanzielle Mittel interpretiert werden. Die korrigierten Kapitalwerte $K_{0j} - \lambda A_j$ aller Projekte werden bei genügend hohem λ negativ. Da der Abzugsbetrag λA_j die teueren Aggregate stärker belastet, kann zudem die Wahl zwischen alternativen Projekten von der Höhe von λ abhängen. Bei niedrigem λ kann das kapitalintensivere Verfahren, bei höherem das kapitalextensivere Verfahren vorteilhaft sein.

Um das optimale Investitionsprogramm bei Kapitalbeschränkungen zu finden, wird nun λ von Null ausgehend so lange erhöht, bis erstens so viele Aggregate deshalb wegfallen, weil $(K_{0j} - \lambda A_j)$ negativ wird, und zweitens so viele kapitalextensivere gegenüber kapitalintensiveren Alternativen vorteilhaft werden, daß die finanziellen Mittel zur Realisierung des dann optimalen Investitionsprogramms ausreichen (Lorie, Savage [Rationing Capital]).

Beispiel 24. Das Investitionsbudget einer Unternehmung ist zu $t = 0$ auf 50000 beschränkt, in den nächsten Jahren ist es unbeschränkt. $i = 0{,}10$ (konstant). Zu $t = 0$ stehen folgende Investitionsprojekte zur Auswahl:

		A_j	n_j	Q_{1j}	Q_{tj} ($t=2,3,\ldots$)
Abt. I	*IP* 1	10000	∞	2000	2000
	IP 2	20000	∞	3200	3200
	IP 3	–	∞	–20000	3200
Abt. II	*IP* 4	20000	∞	2600	2600
Abt. III	*IP* 5	30000	∞	4200	4200
	IP 6	40000	∞	5450	5450
Abt. IV	*IP* 7	20000	∞	2200	2200

IP3 unterscheidet sich von *IP2* nur dadurch, daß der Kauf des betreffenden Aggregats um 1 Jahr verschoben wird. Die Anschaffungsauszahlung fällt somit erst zu $t = 1$ an, die laufenden Einzahlungen von 3200 beginnen erst ab $t = 2$. Alle anderen Aggregate können nur zu $t = 0$ gekauft werden. *IP*1, *IP*2 und *IP*3 sind alternative Projekte, ebenso *IP*5 und *IP*6.

$(K_{0j} - \lambda A_j)$ bei					
	$\lambda = 0$	$\lambda = 0{,}05$	$\lambda = 0{,}10$	$\lambda = 0{,}25$	$\lambda = 0{,}26$
IP 1	10000	9500	9000	7500	7400
IP 2	*12000*	*11000*	10000	7000	6800
IP 3	10910	10910	*10910*	*10910*	*10910*
IP 4	*6000*	*5000*	*4000*	*1000*	*800*
IP 5	12000	10500	9000	*4500*	*4200*
IP 6	*14500*	*12500*	*10500*	oder *4500*	4100
IP 7	*2000*	*1000*	0	− 3000	−3200
$\sum_j A_j$	100000	100000	60000	50000 oder 60000	50000

Es zeigt sich, daß vorerst Investitionsprojekt 7 wegfällt und sich die Rangfolge der alternativen Investitionsprojekte 1–3 ändert. Schließlich wird Investitionsprojekt 5 vorteilhafter als Investitionsprojekt 6.

Diese Methode läßt sich auf den Fall erweitern, daß die finanziellen Mittel in *mehreren Perioden* beschränkt sind. Es ist dann für jede dieser Perioden ein λ_t vorzusehen. Falls z. B. die finanziellen Mittel auch in der 2. Periode beschränkt sind, sind λ_1 und λ_2 so lange zu variieren, bis das Investitionsprogramm den finanziellen Nebenbedingungen in den ersten beiden Perioden entspricht. Dabei müssen sämtliche Investitionsprojekte, die in der zweiten Periode unternommen werden können, berücksichtigt werden. Die Rechnung wird erschwert, wenn die Einzahlungsüberschüsse aus den in der ersten Periode beschafften Aggregaten die in der zweiten Periode für die Investitionstätigkeit zur Verfügung stehenden Mittel vergrößern.

Die Lorie-Savage-Methode muß dann nicht zum Optimum führen, wenn bei ihrer Anwendung Reste an finanziellen Mitteln ungenutzt bleiben.

Sehr nahe kommt der Lorie-Savage-Methode folgendes Verfahren: Es werden die Zinsfüße i_t für die Perioden mit Kapitalknappheit so lange erhöht, bis so viele Investitionsprojekte einen negativen Kapitalwert aufweisen bzw. so viele billigere Alternativen vorteilhaft werden, daß das dann optimale Investitionsprogramm durchführbar ist.

Durch Formulierung und Lösung eines linearen Programms läßt sich das optimale Investitionsprogramm bei Kapitalbeschränkungen auch bei komplexen Situationen finden. Die *finanzielle Nebenbedingung* für das Jahr t könnte wie folgt lauten:

Einzahlungs- überschüsse aus den in den Vorjah- ren eventuell realisierten Projekten j (falls sie nicht realisiert werden, ist $X_j = 0$), ($j = 1, \ldots, 6$)	$-$	Anschaf- fungsaus- zahlungen für die im Jahr t eventuell realisierten Projekte j, $j = 7$, $\ldots, 9$	$-$	Dividende des Jahres t	$+$	sonstige für die Investitions- tätigkeit im Jahr t zur Verfügung stehende Mittel	$= 0$

$$Q_{t1} X_1 + \ldots + Q_{t6} X_6 - A_{t7} X_7 - \ldots - A_{t9} X_9 - D_{t'} + U_t = 0$$

X_j = Anzahl der Investitionsprojekte vom Typ J

(Bei der Formulierung wird angenommen, daß keine finanziellen Mittel von $t-1$ nach t und von t nach $t+1$ übertragen werden.) Maximiert wird der Kapitalwert der Auszahlungen an die Anteilseigner,

$$K_0 = \sum_t D_t (1+r)^{-t} .$$

Für die X_j (Anzahl der Investitionsprojekte) wird man Ganzzahligkeit fordern, sie werden häufig einen Maximalwert von 1 annehmen müssen (vgl. Swoboda [Simultane]; Krahnen [Integrierte]).

Bei wenigen in Frage kommenden Investitionsprojekten und Kapitalknappheit über mehrere Perioden kann das optimale Investitionsprogramm auch durch das Durchrechnen sämtlicher möglicher Kombinationen gefunden werden. Da der die Kapitalsituation der einzelnen Jahre adäquat wiedergebende Zinssatz r_t abhängig vom optimalen Investitionsprogramm ist, das aber erst nach Beendigung der Rechnung feststeht, schlägt Heister [Rentabilitätsanalyse] vor, die günstigste Kombination durch einen *Endwertvergleich* aller Investitionskombinationen zu ermitteln. Das Verfahren wird anhand von Beispiel 25 demonstriert.

Beispiel 25. Das Beispiel knüpft an Beispiel 9a an. Statt der Annahme eines Zinsfußes von 0,10 wird jedoch unterstellt, daß zu $t = 0$ eigene Mittel von

300 000 zur Verfügung stehen. Werden Teile der Mittel nicht für Aggregat 1 oder 2 benötigt, können sie bis zu $t = 3$ zu 0,20 angelegt werden. Ab $t = 3$ ist für diese Mittel und alle sonstigen Beträge nur eine Anlage zu 0,10 möglich. Die Einzahlungsüberschüsse zu $t = 1$ und $t = 2$ können bis $t = 3$ nur zu 0,08 investiert werden.

Das Investitionsprojekt 1 besteht nun aus dem einmal wiederholten Kauf des Aggregats 1 um 100 000 und der anderweitigen Anlage von 200 000 zu $t = 0$ und der entsprechenden Reinvestition der Einzahlungsüberschüsse. Als Investitionsprojekt 2 wird der Kauf des Aggregats 2 für 300 000 und die entsprechende Reinvestition der Einzahlungsüberschüsse betrachtet. Untenstehende Berechnung zeigt, daß Investitionsprojekt 1 den größeren Endwert aufweist und daher vorzuziehen ist.

	$t = 0$	$t = 1$	$t = 2$	$t = 3$	$t = 4$	$t = 5$	$t = 6$
IP 1	– 100000	50000	38000	47000	50000	38000	47000
			54000	– 100000	50996	111096	164006
			92000	99360	100996	149096	211006
				46360			
	– 200000	240000	288000	345600	380160	418176	459994
							671000
IP 2	– 300000	87000	76000	74000	62000	57000	94000
			93960	183557	283313	379844	480528
			169960	257557	345313	436844	574528

Die Methode der expliziten Berücksichtigung der Anlagemöglichkeiten aller Zahlungen (Zahlungsdifferenzen) erscheint auf den ersten Blick überzeugend, vor allem, wenn nicht nur die Anlagemöglichkeiten der Unternehmung, sondern auch diejenigen der Anteilseigner berücksichtigt werden. Jedoch wird man bei einer Vielzahl zu beurteilender und teils alternativer Investitionsprojekte nur selten von vornherein sagen können, mit welcher Rendite zusätzliche Einzahlungsüberschüsse im Jahr t angelegt werden können.

Gerade bei Kapitalknappheit könnte naheliegen, den *internen Zinsfuß* als Beurteilungskriterium heranzuziehen. Gegenüber der Lorie-Savage-Methode ergeben sich aber folgende Nachteile. Erstens kann ein Aufschub nicht adäquat beurteilt werden, da er den internen Zinsfuß – bei gleichbleibenden Zahlungen – nicht tangiert. Zweitens ist bei alternativen Projekten stets *ein* Projekt, und zwar das mit dem höheren internen Zinsfuß, unabhängig vom Grad der

Kapitalknappheit vorteilhaft. Um diesen Nachteil auszuschalten, kann das Konzept der Differenzinvestition (vgl. Abschnitt II.B.3) angewendet werden. Und drittens unterstellt man mit der Anwendung des internen Zinsfußes implizit den gleichen Grad der Kapitalknappheit in allen Perioden.

Beispiel 24a. Es wird auf die Daten des Beispiels 24 die Methode des internen Zinsfußes angewendet.

a) ohne Differenzinvestitionen zu bilden

		A_j	n_j	Q_{1j}	$Q_{tj}(t = 2,3\ldots)$	p
Abt. I	$IP1$	10000	∞	2000	2000	0,20
	$IP2$	20000	∞	3200	3200	0,16
	$IP3$	–	∞	−20000	3200	0,16
Abt. II	$IP4$	20000	∞	2600	2600	0,13
Abt. III	$IP5$	30000	∞	4200	4200	0,14
	$IP6$	40000	∞	5450	5450	0,136
Abt. IV	$IP7$	20000	∞	2200	2200	0,11

Es muß erstens eine Vorentscheidung zwischen den alternativen Projekten (1, 2, 3 bzw. 5, 6) getroffen werden. Sie fällt für $IP1$ und $IP5$. Das Investitionsprogramm wäre dann $IP1\,(p = 0{,}20)$, $IP5\,(p = 0{,}14)$ und damit, wie ein Vergleich mit Beispiel 24 zeigt, nicht kapitalwertmaximal.

b) bei Bildung von Differenzinvestitionen

	A_j	Q_{1j}	$Q_{tj}(t = 2,3\ldots)$	p
$IP1$	10000		2000	0,20
$IP2'$ (Diff.investition)	10000		1200	0,12
$IP3$ (Aufschub)	–	−20000	3200	0,16
$IP4$	20000		2600	0,13
$IP5$	30000		4200	0,14
$IP6'$ (Diff.investition)	10000		1250	0,125
$IP7$	20000		2200	0,11

Falls man den Aufschub des 2. Projekts ausschließt, da der interne Zinsfuß (16%) niedriger ist als derjenige des 1. Projekts, so ist die Reihenfolge: $IP1$, $IP5$, $IP4$, $IP6'(IP5 + IP6' = IP6)$, $IP2'$ und $IP7$. Bei einer Begrenzung der finanziellen Mittel auf 50000 könnten nur $IP1$ und $IP6$ gewählt werden (wenn IP4 übersprungen wird). Dieses Programm ist nicht kapitalwertmaximal, wie Beispiel 24 zeigt.

Falls man sich für das um ein Jahr aufgeschobene Projekt 2 entscheidet, kommt man in diesem Fall zum kapitalwertmaximalen Investitionsprogramm: *IP*3, *IP*5, *IP*4. Nur liefert der interne Zinsfuß keine Entscheidungsgrundlage dafür, ob der Aufschub eines Projekts der sofortigen Realisierung eines alternativen Projekts mit *höherem* internen Zinsfuß (in unserem Fall *IP*3 gegenüber *IP*1) vorzuziehen ist.

Eine der Methode des internen Zinsfußes ähnliche Vorgehensweise ist die Reihung nach der Relation K_{0j}/A_j, der Kapitalwertrate. Es bestehen die gleichen Probleme: Ein Aufschub ist bei gleichbleibenden Zahlungen unentscheidbar, da K_{0j}/A_j eines aufgeschobenen Projekts (sowohl K_{0j} als auch A_j auf $t = 0$ bezogen!) gleich ist K_{0j}/A_j des nicht aufgeschobenen Projekts. Alternative Projekte müssen durch die Variante mit den niedrigsten Anschaffungsausgaben und durch Differenzinvestitionen charakterisiert werden. Ferner impliziert auch diese Methode, daß in allen Perioden gleiche Kapitalknappheit herrscht.

Bis jetzt wurde für die *strengste Form* der Kapitalknappheit, die Limitierung der Investitionsmittel auf einen bestimmten Betrag, argumentiert. Eine weniger strenge Form der Kapitalknappheit liegt dem Modell von Dean (Capital Budgeting) zugrunde. Zusätzliche Kredite sind hier zu stets höher verwendenden Zinssätzen zu erlangen. Durch Reihung der Investitionsprojekte nach fallenden internen Zinsfüßen und der Finanzierungsalternativen nach steigenden Kapitalkostensätzen wird versucht, das optimale Investitions- und Finanzierungsprogramm zu ermitteln:

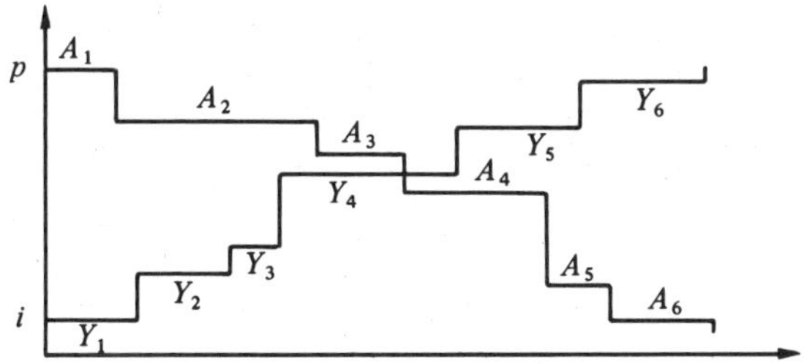

(Y = Kreditbetrag) **Investitions- und Finanzierungsvolumen**

Alle Investitionsprojekte und Finanzierungsmaßnahmen links vom Schnittpunkt der Kurve der internen Renditen und der Kurve der Kapitalkostensätze wären zu realisieren. Gegen die Reihung der Investitionsprojekte nach dem internen Zinsfuß, sind die gleichen Einwendungen wie oben vorzubringen: Nicht-Berücksichtigbarkeit des Aufschubs von Investitionen; Problematik der Behandlung alternativer Projekte; Unterstellung eines gleichen Grades der Kapitalknappheit in allen Perioden. Zu letzterem Gesichtspunkt sei angemerkt, daß es z. B. vorteilhaft sein könnte, Projekt A_3 nicht zu realisieren und den nicht ausgeschöpften Teil des Kredits Y_4 auf das nächste Jahr zwecks Realisierung eines besseren Projekts zu übertragen. Zusätzlich ist anzumerken, daß es oft nicht möglich sein wird, Finanzierungsmaßnahmen unabhängig von der Investitionspolitik und anderen Finanzierungsmaßnahmen Kapitalkostensätze zuzurechnen, vor allem, wenn die Kapitalkostensätze eine Risikoprämie enthalten sollen (siehe Teil III).

6. Die Wahl zwischen alternativen Investitionsterminen

Die bis jetzt untersuchten alternativen Investitionsprojekte bezogen sich meist auf einen Investitionszeitpunkt $t = 0$. Als alternative Investitionsprojekte kann man aber auch die Varianten auffassen, ein bestimmtes Aggregat zu t_x oder zu t_y zu beschaffen. Bei Anwendung der *Kapitalwertmethode (Annuitätenmethode)* gilt: Falls die Zahlungen eines Aggregats und die angewendeten Zinssätze nicht vom Investitionszeitpunkt abhängen, und falls das Aggregat bei Beschaffung zu $t = 0$ einen positiven Kapitalwert aufweist, so ist der Investitionszeitpunkt 0 optimal. So hat das Aggregat in Beispiel 1 bei Realisierung in $t = 0$ einen Kapitalwert von 12171. Bei Realisierung in $t = 1$ hätte es, bezogen auf $t = 0$, einen Kapitalwert von $12171 \cdot 1{,}10^{-1} = 11065$.

Damit ein späterer Investitionszeitpunkt vorteilhaft werden kann, müssen die Zahlungen eine Funktion der Kalenderzeit, nicht nur der Investitionsdauer sein: $D_{tj} = D_j(t, t - v)$, wobei t das Kalenderjahr, v das Anschaffungsjahr und $t - v$ die bisherige Nutzungsdauer des Investitionsprojekts j ist; oder es muß der Zinsfuß eine Funktion der Zeit sein.

Der günstigste Anschaffungszeitpunkt v wird durch Maximierung des auf $t = 0 =$ Entscheidungszeitpunkt bezogenen Kapitalwertes ermittelt:

$$\text{Max: } K_0 = \int_{t=v}^{v+n} D(t, t-v) e^{-rt} dt - Ae^{-rv} \qquad (20)$$

Dabei ist angenommen, daß die konstante Anschaffungsausgabe A nicht zu $D(t, t-v)$ gerechnet wird, und daß im übrigen $D(t, t-v)$ stetig verläuft. Es wird daher auch der Abzinsungsfaktor für kontinuierliche Verzinsung, e^{-rt}, anstelle des Abzinsungsfaktors für diskrete Verzinsung, $(1+r)^{-t}$, angesetzt. (Zur Ableitung der Kapitalwertformel und des Abzinsungsfaktors für kontinuierliche Zahlungsströme und/oder kontinuierliche Verzinsung siehe den Exkurs am Ende von Abschnitt *II.C*). Wenn die Lösung nicht auf analytischem Weg gefunden werden kann, läßt sich der optimale Investitionstermin aus der Durchrechnung aller in Frage kommenden Termine ermitteln (siehe auch letzter Absatz des Beispiels 26). Eine Lösung kann auf analytischem Weg in jenem Sonderfall leicht abgeleitet werden, in dem $D(t, t-v)$ nur eine Funktion von t ist und $n \to \infty$) geht:

$$\text{Max: } K_0 = \int_{t=v}^{\infty} D(t) e^{-rt} dt - Ae^{-rv}$$

$$dK_0/dv = -D(v)e^{-rv} + rAe^{-rv} = 0$$

$$rA = D(v)$$

unter der Voraussetzung, daß die 2. Ableitung negativ ist:

$$d^2 K_0/dv^2 = -r \cdot dK_0/dv - [dD(v)/dv] e^{-rv} < 0 \rightarrow$$

$$dD(v)/dv > 0$$

Der günstigste Anschaffungszeitpunkt ist somit dann erreicht, wenn erstmals gilt: Der Einzahlungsüberschuß des Anschaffungsjahres $[D(v)]$ ist gleich (oder größer) den Zinsen (als die Zinsen) auf den Anschaffungspreis $[rA]$ (*Marglin* [Dynamic Investment Planning 22f.]).

Beispiel 26. Die jährlichen Einzahlungsüberschüsse aus einem Grundstück hängen ausschließlich von der Kalenderzeit ab. 1971 betragen sie 60, die Zunahme pro Jahr ist 15. Ab 1975 ($D_5 = 120$) bleiben sie konstant. Der Investor hat das Recht, das Objekt bis 1980 zu einem beliebigen Zeitpunkt für den fixierten Preis von 1000 zu kaufen. Die Nutzungsdauer des Objektes wird mit (praktisch) unendlich angenommen. $r = 0{,}10$. Zu Beginn welchen Jahres sollte der Gegenstand beschafft werden?

Nach der oben abgeleiteten Regel ist der optimale Beschaffungstermin 1974. Für dieses Jahr gilt erstmals $D(v) = 105 > rA = 100$. Dieses Resultat ist einsichtig. In den Jahren 1971–1973 können durch anderweitige Anlage der Mittel Einzahlungsüberschüsse von jährlich 100 erzielt werden, die höher sind als die Einzahlungen des zu beurteilenden Objektes (60, 75, 90). Zur Probe können die Kapitalwerte einiger Investitionsprojekte (sprich: Anschaffungstermine) ermittelt werden. So wird man jedenfalls vorgehen müssen, wenn obiger Sonderfall ($n \to \infty$, nur kalenderzeitabhängige $D(t)$) nicht vorliegt.

*IP*1: Anschaffungstermin 1971, $K_0 = 60 \cdot 1{,}10^{-1} + 75 \cdot 1{,}10^{-2} + 90 \cdot 1{,}10^{-3} + 105 \cdot 1{,}10^{-4} + (120/0{,}10)1{,}10^{-4} - 1000 = 75$

*IP*2: Anschaffungstermin 1972, $K_0 = 75 \cdot 1{,}10^{-2} + 90 \cdot 1{,}10^{-3} + 105 \cdot 1{,}10^{-4} + (120/0{,}10)1{,}10^{-4} - 1000 \cdot 1{,}10^{-1} = 112$

*IP*4: Anschaffungstermin 1974, $K_0 = 105 \cdot 1{,}10^{-4} + (120/0{,}10)1{,}10^{-4} - 1000 \cdot 1{,}10^{-3} = \mathit{140}$

*IP*5: Anschaffungstermin 1975, $K_0 = (120/0{,}10)1{,}10^{-4} - 1000 \cdot 1{,}10^{-4} = 137$

Die Schwächen des *internen Zinsfußes* zeigen sich auch am Terminproblem: Es kann mittels des internen Zinsfußes nicht beurteilt werden, ob ein *Aufschub* einer Investition vorteilhaft ist. Ein Projekt mit gleichen Zahlungen hat unabhängig vom Realisierungszeitpunkt stets den gleichen internen Zinsfuß.

7. Exkurs: Kapitalwerte und Annuitäten bei unterjährigen bzw. kontinuierlichen Zahlungen und unterjähriger bzw. kontinuierlicher Verzinsung

Da in den Abschnitten II.C.6 und II.D – zwecks analytischer Ableitung von Optima – von kontinuierlichen Einzahlungsüberschüssen und kontinuierlicher Verzinsung ausgegangen wird, werden die für solche Zahlungsströme und Verzinsungen adäquaten Kapitalwert- und Annuitätenformeln in diesem Exkurs abgeleitet.

Zunächst sei davon ausgegangen, daß die Einzahlungsüberschüsse zwar am Jahresende anfallen, aber die Zinsen der Alternativanlage nach $1/m$ *Jahren gutgeschrieben* werden. Der Kapitalwert ist dann:

$$K_0 = D_0 + D_1(1 + r/m)^{-m} + D_2(1 + r/m)^{-2m} + \ldots$$

$$K_0 = \sum_{t=0}^{n} D_t(1 + r/m)^{-mt} \qquad (21)$$

Es sei nun angenommen, m gehe gegen unendlich, die Zinsen werden bei der Alternativanlage den Anteilseignern praktisch jeden Moment gutgeschrieben. Es liegt dann hinsichtlich der Alternativanlage kontinuierliche Verzinsung vor. Um den Kapitalwert bei kontinuierlicher Verzinsung zu errechnen, wird zunächst im Ausdruck $(1 + r/m)^{-mt}$ statt m/r die Hilfsgröße x gesetzt:

$$[(1 + 1/x)^x]^{-rt}$$

Wenn m gegen unendlich geht, so gilt dies auch für x:

$$\lim_{x \to \infty} (1 + 1/x)^x = e \textit{ und } \lim_{x \to \infty} [(1 + 1/x)^x]^{-rt} = e^{-rt}$$

e = Basis des natürlichen Logarithmus

Daher ist bei *kontinuierlicher Verzinsung:*

$$K_0 = \sum_{t=0}^{n} D_t e^{-rt} \tag{22}$$

Die Abzinsungsfaktoren e^{-rt} können ebenfalls aus Tabellen entnommen werden.

Der Annuitätenfaktor ist $e^{rn}(e^r - 1)/(e^{rn} - 1)$.

Die Abzinsungsfaktoren $(1 + r)^{-t}$ und $e^{-r't}$ sind identisch, wenn eine bestimmte Relation von r und r' gegeben ist. Diese Relation ist unabhängig von t:

$$(1 + r)^{-t} = e^{-r't}$$
$$1 + r = e^{r'}$$
$$r' \ln e = \ln(1 + r)$$
$$r' = \ln(1 + r)/\ln e = \ln(1 + r) \qquad (\ln e = 1)$$

Wenn z.B. $r = 0{,}10$, dann gilt $r' = 0{,}09531$. Diese Beziehung ermöglicht es, den Fall kontinuierlicher Verzinsung selbst dann anzuwenden, wenn bei der Alternativanlage die Zinsen jeweils am Jahresende gutgeschrieben werden. Statt ein r von z. B. 0,10 und die Formel

$$\sum_{t=0}^{n} D_t(1 + r)^{-t}$$

kann ein r von 0,09531 und die Formel

$$\sum_{t=0}^{n} D_t e^{-rt}$$

herangezogen werden.

Falls kontinuierliche Zinsgutschrift angenommen wird und r eine Funktion von t ist, gilt:

$$K_0 = \sum_{t=0}^{n} D_t e^{-\int_{t'=0}^{t} r(t')dt'} \tag{23}$$

Bis jetzt wurde die Annahme aufrecht erhalten, daß die Zahlungen D_t aus dem Investitionsprojekt jeweils am Periodenende ($t = 0, 1, \ldots, n$) anfallen. Wird unterstellt, daß Zahlungen jeweils nach $1/m$ Jahren anfallen und wird weiter angenommen, daß auch die Zinsen bei der Alternative zum Satz r/m nach $1/m$ Jahren gutgeschrieben werden, dann gilt:

$$K_0 = D_0 + D_{1/m}(1 + r/m)^{-1} + D_{2/m}(1 + r/m)^{-2} + \ldots$$

Bezeichnet man die Teilperiode (z. B. Monat) mit t' ($t = 0, \ldots, nm$), so ist:

$$K_0 = \sum_{t'=0}^{nm} D_{t'}(1 + r/m)^{-t'} \tag{24}$$

Geht man zur Annahme *kontinuierlich fließender Zahlungen* über, so erhält man bei gleichzeitiger Annahme kontinuierlicher Verzinsung:

$$K_0 = \int_0^n D(t)e^{-rt}\,dt \tag{25}$$

$D(t)$ ist hier eine stetige Funktion von t. Die Zahlungen in einer Teilperiode dt sind $D(t)\,dt$ Währungseinheiten.

Falls $D(t) = D =$ konstant, so ergibt die Integration:

$$K_0 = D\int_0^n e^{-rt}dt = D[-r^{-1}e^{-rt}]_0^n = D[-r^{-1}e^{-rn} + r^{-1}]$$
$$= D(e^{rn} - 1)/(re^{rn}) \tag{26}$$

Die Rentenbarwertfaktoren $(e^{rn} - 1)/re^{rn}$ sind ebenfalls aus Tabellen zu entnehmen.

8. Übungsaufgaben

1. Buber erwägt, einen Druckereibetrieb von Ageb zu erwerben. Buber erwartet, aus der Unternehmung Einzahlungsüberschüsse Q_t von $-100\,000$ ($t = 1$), $40\,000$ ($t = 2$), $50\,000$ ($t = 3$), $70\,000$ ($t = 4$ bis $t \to \infty$) zu erzielen.

Seine Alternativrendite r_B ist 0,10. Ageb erwartet bei Weiterbetrieb der Druckerei jährliche Einzahlungsüberschüsse von 40000 von $t = 1$ bis $\rightarrow \infty$. (Die von Buber erwarteten Einzahlungsüberschüsse sind zu $t = 1$ vor allem wegen der von ihm im Gegensatz zu Ageb geplanten Investitionen niedriger als die von Ageb erwarteten Einzahlungsüberschüsse. Darauf sind auch die übrigen Differenzen zurückführbar.) $r_A = 0{,}09$.

a) Welchen Höchstpreis kann Buber bieten?
b) Welchen Mindestpreis wird Ageb fordern?

Lösungshinweise: Der Höchstpreis, den Buber bieten kann, ist der Kapitalwert der von ihm erwarteten Zahlungen aus der Unternehmung, errechnet unter Zugrundelegung der Alternativrendite. Analog ist der Mindestverkaufspreis des Ageb definiert.

Lösung: a) Höchstpreis von Buber = 505635
b) Mindestpreis von Ageb = 444444

2. Es wird zusätzlich zu Übungsaufgabe 1 angenommen, daß Buber zur Finanzierung des Unternehmungskaufs einen Kredit von 150000 aufnehmen kann, rückzahlbar in fünf Raten zu 30000, $k = 0{,}08$. Trotz höheren Risikos würde r_B weiterhin 0,10 betragen.
Welchen Höchstpreis kann Buber nunmehr bieten?

Lösung: Höchstpreis von Buber = 512890

3. Ein Investitionsprojekt weist folgende Daten auf: $A = 100000$, $Q_t = 50000$ (zu $t = 1, 2, 3$), $n = 3$, $R_3 = 0$. Zur Finanzierung dieses Projektes wird ein Kredit von 60000 aufgenommen, der in 3 Jahresraten von 20000 zurückzuzahlen ist. $k = 0{,}08$, $r = 0{,}10$.

a) Es ist K_t des Projekts zu $t = 0, 0+, 1, 1+, 2, 2+, 3, 3+$ zu ermitteln.
b) Es ist F_t des Projekts zu $t = 0, 0+, 1, 1+, 2, 2+, 3, 3+$ zu ermitteln.
c) Es ist die Kapitalstruktur F_t/K_t des Projekts zu $t = 0, 0+, 1, 1+, 2, 2+, 3$ zu ermitteln.
d) Warum kann in diesem Beispiel der Kapitalwert nicht nach der Formel

$$K_0 = \sum_{t=0}^{n} Q_t(1+i)^{-t}, \; i = \text{konstant, gefunden werden?}$$

Lösungshinweise: zu b): F_{t+} muß hier stets mit dem Nominalbetrag des Kredits zusammenfallen;

zu d): Es ist zu bedenken: Ein für alle Perioden gleicher Mischzinsfuß i kann (bei konstantem k und r) nur gefunden werden, wenn die Kapitalstruktur F_{t+}/K_{t+} in allen Perioden gleich ist.

Lösung:

	$t = 0$	$t = 0+$	$t = 1$	$t = 1+$	$t = 2$	$t = 2+$	$t = 3$	$t = 3+$
a) K_t	26395	66395	73034	47834	52618	25818	28400	0
b) F_t	0	60000	64800	40000	43200	20000	21600	0
c) F_t/K_t	0	0,904	0,887	0,836	0,821	0,775	0,761	

4. Es wird angenommen, das in Übungsaufgabe 3 betrachtete Investitionsprojekt wurde beschafft. Knapp vor $t = 2$ steigt nun der Marktzinsfuß für Kredite mit entsprechenden Konditionen von 0,08 auf 0,09. Der Kreditgeber ist aufgrund des Kreditvertrages nicht berechtigt, den Zinssatz zu erhöhen.

a) Es ist F_t zu $t = 2, 2+, 3$ zu errechnen.

b) Wie ändert sich die Kapitalstruktur F_t/K_t durch diese Zinsfußsteigerung zu $t = 2, 2+, 3$? (r_t und damit K_t bleibe konstant.)

c) Ob der Änderung von k steigt auch r zum gleichen Zeitpunkt auf 0,11. Es sind K_t und M_t zu $t = 2, 2+, 3$ zu errechnen.

Lösungshinweis: zu a): F_{t+} muß nun geringer sein als der jeweilig ausstehende Kreditbetrag.

Lösung

	t = 2	$t = 2+$	t = 3
a) F_t	43016	19816	21600
b) F_t/K_t	0,818	0,768	0,761
c) K_t	52386	25586	28400
M_t	95402	45402	50000

5. An der *AB–OHG* sind die Gesellschafter *A* und *B* mit je 50% beteiligt. Der Gesellschafter *A* schätzt die zukünftigen Einzahlungsüberschüsse (ohne das im folgenden angeführte Investitionsprojekt) der Gesellschaft auf 44000, der Gesellschafter *B* auf 40000. $r_A = 0{,}10$, $r_B = 0{,}09$. Es steht nun ein Investitionsprojekt mit einem durch Eigenfinanzierung aufzubringenden Anschaffungspreis von 50000, $n \to \infty$, zur Diskussion.

Wie hoch müssen die erwarteten jährlichen Einzahlungsüberschüsse des Investitionsprojekts sein,

a) damit beide Gesellschafter an der Realisierung des Projekts interessiert sind,

b) damit beide Gesellschafter an der Realisierung des Projekts nicht interessiert sind?

Dabei ist davon auszugehen, daß beide Gesellschafter gleiche Erwartungen hinsichtlich der Einzahlungsüberschüsse des Projekts hegen.

Lösung: a) $Q_t > 5000$
b) $Q_t < 4500$

6. Im Staat X stehen die Unternehmungen im gesellschaftlichen Eigentum. Die Arbeitnehmer können in gewissen Grenzen entscheiden, inwieweit die Einzahlungsüberschüsse eines Jahres für Investitionen oder Entlohnungen verwendet werden sollen. In dem Betrieb A wird eine Erweiterungsinvestition mit dem Anschaffungspreis von 100000 erwogen. 50000 würde die staatliche Investitionsbank zu einem Zinsfuß von 0,06 zur Verfügung stellen. Der Kredit wäre in fünf gleichen Jahresraten rückzuzahlen. Der Restbetrag ist durch Selbstfinanzierung aufzubringen. Die aus dem Projekt erwarteten jährlichen Einzahlungsüberschüsse abzüglich der Entlohnung für die neu einzustellenden Arbeitskräfte sind 30000, $n = 6$, das Investitionsprojekt soll fortlaufend, nach jeweils 6 Jahren, wiederholt werden.

Welches sind die Schwierigkeiten einer Beurteilung (Kapitalwerterrechnung) dieses Investitionsprojekts?

Lösungshinweise: Bedenken Sie die Möglichkeiten der Quantifizierung des Kalkulationszinsfußes (der Konsumpräferenzen). Bedenken Sie das Problem der Entlohnung zusätzlich eingestellter Arbeitskräfte. Kann die restliche Dienstzeit bis zur Pensionierung Einfluß auf die für einen Arbeitnehmer optimale Alternative haben?

7. Das Investitionsprojekt C weist nach Erhebungen des Investitionsrechners folgende Daten auf: $A = 10000$, $Q_1, \ldots, Q_4 = 5000$, $R = 0$. $r = 0{,}10$. Der Anschaffungspreis umfaßt den Rechnungspreis einschließlich Montage. Es wurde jedoch nicht beachtet, daß die Realisierung des Projekts zusätzliches Umlaufvermögen von 5000 erfordern würde. Von den Q_t sind Reparaturkosten von 1000 pro Jahr abgesetzt. Die Reparaturen werden von der eigenen, langfristig unterbeschäftigten Reparaturabteilung durchgeführt. Die variablen Reparaturkosten sind nur 400 pro Jahr.
Welches ist der Kapitalwert des Investitionsprojekts C?

Lösungshinweis: Der Bedarf an Umlaufvermögen ist sowohl zu A als auch zu R hinzuzurechnen.

Lösung: 6.166

8. Es wird erwogen, für zwei Abteilungen je ein Aggregat (1, 2) vom gleichen Lieferanten zu beschaffen. Die Kapitalwerte der beiden Aggregate sind 2000 bzw. 3000 bei einer Nutzungsdauer von je 5 Jahren. Bei der Kapitalwerterrechnung sind jedoch die Wartungsausgaben noch nicht abgezogen worden. Der Lieferant würde für das Aggregat 1 Wartungskosten von 200 je Jahr, für das Aggregat 2 Wartungskosten von 400 je Jahr fordern. Kauft die Unternehmung beide Aggregate, so wären nur Wartungskosten von insgesamt 500 je Jahr zu leisten. $r = 0{,}10$.

a) Wie groß ist der Kapitalwert des Aggregats 1 (2), wenn feststeht, daß nur höchstens eines der Aggregate beschafft wird?

b) Wie groß ist der Kapitalwert des Aggregats 1 (2), wenn es möglich ist oder sogar feststeht, daß beide Aggregate beschafft werden?

Lösung: a) $K_{01} = 1242$, $K_{02} = 1484$

b) K_{01} und K_{02} läßt sich nicht ermitteln, da eine isolierte Zurechnung der Wartungskosten nicht möglich ist. Der Kapitalwert des beide Anlagen umfassenden Projekts ist 3105.

9. Ein Investitionsprojekt ist durch folgende Daten charakterisiert: $A = 40\,000$,
Einzahlungen zu $t = 1, \dots, 4$: 30000 (in Preisen zu $t = 0$),
Auszahlungen zu $t = 1, \dots, 4$: 13000 (in Preisen zu $t = 0$). Man rechnet, daß die nominellen Erlöse (Einzahlungen) jährlich um 4%, die nominellen Auszahlungen jährlich um 6% zunehmen werden. Die allgemeine Inflationsrate der nächsten fünf Jahre wird auf 6% geschätzt, der reale Zinsfuß beträgt 4%, der nominelle Zinsfuß r beträgt $1{,}04 \cdot 1{,}06 - 1 = 0{,}1024$.

Errechnen Sie den Kapitalwert des Investitionsprojekts

a) auf Basis der nominellen Einzahlungsüberschüsse

b) auf Basis der realen Einzahlungsüberschüsse

Lösung: a) $K_0 = -40\,000 + (31\,200 - 13\,780)\,1{,}1024^{-1} \dots = 16\,765$

b) $K_0 = -40\,000 + (29\,934 - 13\,000)\,1{,}04^{-1} \dots = 16\,765$

10. Ein Investitionsprojekt einer Aktiengesellschaft hat einen Anschaffungspreis von 10000, eine Nutzungsdauer von 3 Jahren und jährliche Einzahlungsüberschüsse von 5000. Das Investitionsprojekt wird voll durch eigene Mittel finanziert. $r = 0{,}20$ vor Gewinnsteuer. $s = 0{,}50$.

Es ist der Kapitalwert des Investitionsprojekts zu errechnen, wobei die Gewinnsteuer

a) nach der (genauen) Nettomethode,

b) nach der (ungenauen) Bruttomethode zu berücksichtigen ist. Für steuerliche Zwecke wird das Aggregat linear abgeschrieben.

Lösungshinweise: zu a): Der jährliche steuerpflichtige Gewinn ist 5000–3333 (Abschreibungsquote); der Zinssatz $r\,(1 - s) = 0{,}10$.

zu b): Die Steuerzahlungen werden nicht explizit in die Auszahlungen einbezogen, es wird dafür mit dem erhöhten Kalkulationszinsfuß $r = 0{,}20$ gerechnet.

Lösung: a) $K_0 = 360$

b) $K_0 = 532$

11. Übungsaufgabe 10 wird folgendermaßen abgewandelt: Für das Investitionsprojekt kann ein Kredit von 2500 aufgenommen werden, der in drei gleichen Jahresraten zu tilgen ist. $k = 0{,}06$.

Es ist der Kapitalwert des Investitionsprojekts zu errechnen, wobei

a) Gewinnsteuerzahlungen und Kreditfinanzierung explizit in die Errechnung des Zahlungsstroms einzubeziehen sind (Netto-Netto-Methode);

b) die Gewinnsteuerzahlungen explizit in die Errechnung des Zahlungsstroms einzubeziehen, die Kreditfinanzierung jedoch im Zinsfuß zu berücksichtigen ist (Brutto-Netto-Methode; a ist mit 0,25 anzunehmen);

c) sowohl Gewinnsteuer wie Kreditfinanzierung im Zinsfuß zu berücksichtigen sind (Brutto-Brutto-Methode).

Lösungshinweis: zu b): Der jährliche steuerpflichtige Gewinn ist mit 5000–3333 anzunehmen; der Zinsfuß ist $0{,}75\, r(1-s) + 0{,}25\, k(1-s)$.

Lösung: a) $K_0 = 660$
b) $K_0 = 690$
c) $K_0 = 1138$

12. Übungsaufgabe 11 wird folgendermaßen abgewandelt. Für das Projekt kann im ersten Jahr eine vorzeitige Abschreibung von 40% (zusätzlich zur Normalabschreibung) verrechnet werden. Dadurch verkürzt sich die steuerliche Abschreibungsdauer entsprechend. Steuerliche Verluste aus dem Projekt können mit anderweitigen Gewinnen verrechnet werden. Wie hoch ist nunmehr der Kapitalwert nach der Nettomethode?

Lösungshinweis: Die steuerlichen Abschreibungen sind nunmehr: 7333; 2667; 0.

Lösung: $K_0 = 952$

13. Die Unternehmung erwägt, in einem Zeitpunkt ab 1970 die Produktion des Gutes Y aufzunehmen. Im Jahre 1970 könnten von Y 2000, im Jahre 1971 3000, ab dem Jahre 1972 3500 Einheiten verkauft werden. Der Verkaufspreis für Y ist 5, die variablen Auszahlungen je Einheit sind 1, die fixen Ausgaben je Jahr (außer Abschreibungen und Zinsen) sind 1000. Das für die Produktion von Y benötigte Aggregat kostet 40000 und hat eine Nutzungsdauer von 5 Jahren. $r = 0{,}10$, $R_5 = 0$. Das Aggregat soll bis gegen unendlich identisch reinvestiert werden. Soll das Aggregat erstmals zu $t = 1970$, zu $t = 1971$ oder zu $t = 1972$ beschafft werden?

Lösungshinweise: Wenn die erste Anlage zum 1. 1. 1970 gekauft wird, so ist ihr Kapitalwert unter Berücksichtigung von Absatzmengen von 2000, 3000, 3500, 3500 und 3500 zu errechnen. Weiter ist zu berücksichtigen, daß zu $t = 1975$, $t = 1980$ usw. Aggregate beschafft werden, die eine jährliche Absatzmenge von 3500 aufweisen.

Lösung: Optimaler Investitionstermin = 1.1.1971
K_0 der unendlichen Kette = 20601

14. Die vier Abteilungsleiter einer Unternehmung haben ihre Investitionsvorschläge eingereicht. Der Investitionsrechner hat daraufhin folgende Zusammenstellung angefertigt.

	A	Q_t	n
Abteilung I			
IP 1 oder alternativ	170000	50000	5
IP 2	110000	35000	5
Abteilung II (*IP* 3)	110000	30000	5
Abteilung III			
IP 4 oder alternativ	375000	120000	5
IP 5	170000	60000	5
Abteilung IV (*IP* 6)	400000	150000	5

Welches ist das optimale Investitionsprogramm, wenn die verfügbaren Mittel in der ersten Periode auf 700000 beschränkt sind? $r = 0{,}10$.

Lösungshinweis: Es ist die Lorie-Savage-Methode anzuwenden.

*Lösung: IP*2, *IP*5, *IP*6

15. Für die Investitionstätigkeit stehen 30000 zur Verfügung. Es liegen folgende Investitionsprojekte vor:

	A	p	n
IP 1 } Alternativen	10000	0,15	∞
IP 2 } Alternativen	20000	0,14	∞
IP 3	10000	0,13	∞
IP 4	10000	0,12	∞

Es wird nur Eigenfinanzierung betrieben, $r = 0{,}10$.

Ermitteln Sie das optimale Investitionsprogramm

a) nach der Lorie-Savage-Methode

b) nach den internen Zinsfüßen (ohne Bildung von Differenzinvestitionen)

c) nach den internen Zinsfüßen (bei Bildung von Differenzinvestitionen)

Lösung: a) und c): *IP*2 und *IP*3 (= kapitalwertmaximales Programm)
b) *IP*1 (Vorentscheidung zwischen *IP*1 und *IP*2), *IP*3 und *IP*4 (nicht kapitalwertmaximal)

16. Es ist der Annuitätenfaktor bei kontinuierlicher Verzinsung (aber diskontinuierlichen Zahlungen) zu ermitteln.

Lösungshinweise: Die Gewinnannuität eines Investitionsprojekts ist die dem Kapitalwert (K_0) zu $t = 0$ äquivalente, sich über die Nutzungsdauer des

Projekts erstreckende Jahresrente. Es gilt daher:

$$K_0 = Ann(e^{-r} + e^{-2r} + e^{-3r} + \ldots + e^{-nr})$$

Lösung: Annuitätenfaktor $= e^{rn}(e^r - 1)/(e^{rn} - 1)$

17. Ein Investitionsprojekt verursacht Anschaffungsausgaben von 2000, die Nutzungsdauer ist 4 Jahre. Die Einzahlungen werden kontinuierlich vereinnahmt, und zwar während der ersten beiden Jahre insgesamt 1000 pro Jahr, während des dritten und vierten Jahres 1500 pro Jahr. Von den Auszahlungen wird angenommen, sie fallen diskontinuierlich jeweils am Jahresende an. Sie betragen 300 pro Jahr. $r = 0{,}10$ (kontinuierliche Verzinsung).
Es ist der Kapitalwert des Investitionsprojekts zu berechnen.

Lösungshinweise: Der Kapitalwert der Einzahlungen und derjenige der Auszahlungen ist gesondert zu errechnen. Bei der Barwerterrechnung für die Einzahlungen ist von der Formel für kontinuierlich fließende Zahlungen Gebrauch zu machen.

Lösung: $K_0 = 1098$

18. Welcher Zinssatz r' bei kontinuierlicher Verzinsung ist äquivalent einem Zinssatz von $r = 0{,}12$ bei diskreter Jahresverzinsung?

Lösungshinweis: $e^{r't} = (1 + 0{,}12)^t$

Lösung: $r' = 0{,}1133$

19. Hodges-Brealey [Rate of Return] begründen in einer Persiflage auf den internen Zinsfuß die ungünstige Wirtschaftslage Großbritanniens wie folgt: Das Steuersystem sieht eine *Vollabschreibung* des Investitionsbetrages bei Anschaffung vor. Rechnet man, daß Steuern mit einem Verzug von einem Jahr anfallen, so ist der Zahlungsstrom einer Investition:

$t=0$	$t=1$	$t=2$	$\ldots t=n$	$t=n+1$
$-A$	D_1	D_2	D_n	
	$+sA$	$-sD_1$	$\ldots -SD_{n-1}$	$-sD_n$
$-A$	$D_1 + sA$	$D_2 - sD_1$	$\ldots D_n - sD_{n-1}$	$-sD_n$

Der Kapitalwert dieses Zahlungsstromes ist Null, falls er mit $r = (s-1)$ abgezinst wird. Daher ist der *interne Zinsfuß dieses Zahlungsstroms* $s-1 < 0$. Falls $s = 0{,}6$ ($r = -0{,}4$, $1 + r = 0{,}6$), gilt z. B.:

$$-A + \frac{D_1}{0{,}6} + \frac{0{,}6A}{0{,}6} + \frac{D_2}{0{,}6^2} - \frac{0{,}6D_1}{(0{,}6)^2} \ldots = 0$$

Das spezielle Steuersystem hat also zur Folge, daß unabhängig von noch so hohen Einzahlungsüberschüssen D_t jede Investition die hohe negative Rendite von $s - 1$ erbringt. Welches ist die Lösung dieses Rätsels?

Des Rätsels Lösung: Obiger Zahlungsstrom hat mehr als einen internen Zinsfuß!

20. Ein IP ist durch folgende Daten charakterisiert: $A_0 = 984$, $n = 3$, $Q_1 = 300$, $Q_2 = 400$, $Q_3 = 500$, $R_3 = 0$, $s = 0{,}50$, lineare steuerliche Abschreibung über 3 Jahre, reine Eigenfinanzierung, r vor Steuern $= 0{,}10$.

a) Ist dieses Projekt für eine steuerpflichtige Einzelunternehmung vorteilhaft, die sich stets in einer Gewinnsituation befindet?

b) Ist dieses Projekt für eine steuerpflichtige Einzelunternehmung vorteilhaft, die sich stets in einer Verlustsituation befindet? (Auch von der Alternativanlage ist keine Steuern zu zahlen.)

c) Wie kann das unterschiedliche Resultat erklärt werden?

Lösungshinweis: Im Fall a) ist mit dem Zinssatz nach Steuern, im Fall b) mit dem Zinssatz vor Steuern zu rechnen.

Lösung: a) $K_0 = 3$

b) $K_0 = -5$

c) Der Grund für den positiven Kapitalwert bei Berücksichtigung von Steuern liegt darin, daß beim bewerteten IP die Steuern erst im zweiten und vor allem dritten Jahr anfallen. Bei der Alternativanlage würden dagegen Steuern bereits ab dem ersten Jahr zu entrichten sein.

9. Weiterführende Literatur

Adelberger, Günther [Fallstudien 1–121, 159–312]. – Betge [Investition 180–244]. – Brealey, Myers [Corporate Finance 73–125]. – Davis, Pointon [Finance 31–58]. – Drukarczyk [Konsumpräferenz 11–21, 33–61]. – Ezzell, Kelly [Inflation]. – Fama, Miller [Finance 108–130]. – Franke, Hax [Finanzwirtschaft 205–236]. – Georgi [Steuern]. – Heister [Rentabilitätsanalyse 1–97]. – Hirshleifer [Investment 46–82]. – Hodges, Brealey [Rate of Return]. – Kruschwitz [Investitionsrechnung 98–149]. Lorie, Savage [Rationing Capital]. – Mellwig [Investition 1–210]. – Marglin [Dynamic Investment Planning 9–57]. – Mehta [Inflation]. – Mellwig [Investition 1–210]. – Mellwig [Sensitivitätsanalyse]. – Moxter [Investitionstheorie]. – Poensgen, Straub [Inflation]. – Ross, Westerfield, Jaffe [Corporate Finance 185–240]. – D. Schneider [Investition 173–238, 379–411]. – D. Schneider [Betriebswirtschaftslehre 326–349]. – Spremann [Investition 345–439]. – Volpert [Kapitalwert]. – Weingartner [Capital Rationing]. – Wilkes [Capital Budgeting].

D. Die optimale Investitionsdauer von Investitionsprojekten

In den Abschnitten II.A, B und C wurde die optimale Nutzungsdauer der Investitionsprojekte als gegeben angenommen. Gegenstand dieses Abschnittes ist die Ermittlung der optimalen Nutzungsdauer vor allem für einzelne Aggregate. Am Rande soll jedoch auch auf die Nutzungsdauer ganzer Unternehmungen eingegangen werden. Wenn die Nutzungsdauer eines umfassenden Investitionsprojekts (z.B. einer Unternehmung) errechnet wird, muß beachtet werden, daß gleichzeitig oder zuvor die optimale Nutzungsdauer der Bestandteile des Investitionsprojekts (Gebäude, Maschinen usw.) zu optimieren ist. Selbst die Nutzungsdauerberechnung von Aggregaten bedingt eine vorhergehende oder gleichzeitige Ermittlung der Nutzungsdauer bestimmter kurzlebiger Teile (z.B. Batterien, Reifen).

Gemäß der hier zugrundegelegten Zielsetzung ist jene Nutzungsdauer eines Projekts optimal, die den Kapitalwert der Unternehmung für die Anteilseigner maximiert. Es wird jedoch auch gezeigt, ob bzw. wie stark die Nutzungsdauern, die den internen Zinsfuß, die Gewinnannuität oder den (isoliert ermittelten) Kapitalwert von Investitionsprojekten maximieren, von der optimalen Nutzungsdauer abweichen.

Die optimale Nutzungsdauer hängt wesentlich davon ab, ob das betreffende Aggregat ersetzt wird und ob ein Ersatz durch identische Aggregate oder infolge des technischen Fortschritts durch nicht identische Aggregate erfolgt. Die Hauptgliederung dieses Kapitels folgt diesen Unterscheidungen.

Die technische Ausgestaltung der Aggregate ist eine wichtige Einflußgröße für die optimale Nutzungsdauer. Doch spielen auch andere Einflußgrößen, wie Intensität der Benutzung, Zinssatz, Grad der Kapitalknappheit, technischer Fortschritt, Wartungsverfahren eine bedeutsame Rolle. Daher gibt es vom Standpunkt des Nutzers eines Aggregats *keine vorbestimmte „technische“* Nutzungsdauer, sondern nur eine *ökonomische* Nutzungsdauer, zumal beinahe alle Aggregate durch wenn auch sehr hohe Instandhaltungsaufwendungen unbeschränkt nutzbar sind.

1. Die optimale Investitionsdauer unter der Voraussetzung, daß das Investitionsprojekt nicht ersetzt wird

In diesem Kapitel wird davon ausgegangen, daß die Investitionsdauer eines Investitionsprojekts den Kapitalwert aller sonstigen Investitionsprojekte nicht beeinflußt. Dies ist der Fall, wenn das Investitionsprojekt keine Nachfolgeinvestitionen hat, die von der Beendigung seiner Nutzungsdauer abhängen. Beispiele für eine solche Situation sind die Aufgabe der Produktion eines Artikels gleichzeitig mit dem Ablauf der Nutzungsdauer des den Artikel produzierenden Aggregats; oder die Liquidierung einer Unternehmung nach Ablauf der Investitionsdauer und die Anlage der Mittel zum Kalkulationszinsfuß.

Unter diesen Annahmen entspricht jene Investitionsdauer, die den Kapitalwert des Investitionsprojekts maximiert, gleichzeitig der Zielsetzung Maximierung des Kapitalwertes der Unternehmung.

a) Die Ermittlung der optimalen Investitionsdauer

Die optimale Investitionsdauer soll zunächst bei Annahme *kontinuierlicher Zahlungen und Verzinsung* ermittelt werden[1]. Im kontinuierlichen Zahlungsstrom sind der Anschaffungspreis und der Restwert *nicht* enthalten. Es gilt:

$$\text{Max: } K_0 = \int_{t=0}^{n} Q_t e^{-it} dt + R_n e^{-in} - A$$

Die optimale Nutzungsdauer ist erreicht, wenn gilt:

$$dK_0/dn = 0 = Q_n e^{-in} + R'_n e^{-in} - i R_n e^{-in}$$

$$Q_n + R'_n - iR_n = 0 \tag{27}$$

$$d^2 K_0/dn^2 < 0$$

(Es wird hier und im folgenden angenommen, daß die Kapitalwertfunktion nur ein Maximum hat. Falls es mehrere Maxima gibt,

---

[1]) Im gesamten Abschnitt II.D soll mit Q_t und einem *Mischzinssatz* von i gerechnet werden. Ebenso könnten die Ableitungen unter Zugrundelegung von r und D_t durchgeführt werden.

muß aus ihnen das absolute Maximum durch Vergleich festgestellt werden).

R'_n ist die Steigung des Restwertes bei Verlängerung von n. Bei maschinellen Anlagen werden die Restwerte im Zeitablauf meist abnehmen, dann ist R'_n *negativ*.

Es kann nun für das oben behandelte einfache Unternehmungsgrößenmodell, das *point-input-point-output-Modell*, die Bedingung für die optimale Investitionsdauer angegeben werden. Es wird davon ausgegangen, daß der Anschaffungspreis fixiert ist und daß ausschließlich zum Ende der Nutzungsdauer der Einzahlungsüberschuß R_n anfällt. R_n ist eine Funktion von n. Q_t (außer A und R_n) ist somit Null. Beispiele für solche Investitionsprojekte finden sich in der Landwirtschaft (optimale Lebensdauer von Tieren), in der Forstwirtschaft (optimale Lebensdauer von Bäumen bzw. Wäldern), bei der Lagerung von Whisky (optimale Lagerdauer) usw. Allerdings werden in diesen Situationen zwischen $t = 0$ und $t = n$ Auszahlungen entstehen, von denen hier abstrahiert wird. Wenn somit in obiger Bedingung für die optimale Investitionsdauer Q_n gleich Null gesetzt wird, so erhält man:

$$R'_n - iR_n = 0$$

$$R'_n/R_n = i$$

Die günstigste Investitionsdauer ist somit dann erreicht, wenn die Zunahme des Verkaufswertes (R'_n ist hier positiv!) bezogen auf den Verkaufswert (= zeitbezogene Grenzrendite) gleich dem Zinsfuß ist. Falls die Grenzrendite kleiner als der Zinsfuß wäre, so wäre ein Abbruch der Nutzungsdauer und die Anlage von R_n zum Kalkulationszinsfuß günstiger. (Es wird daran erinnert, daß nach den Voraussetzungen dieses Kapitels das Investitionsprojekt nicht ersetzt werden soll; der Wald soll z. B. nicht wieder aufgeforstet werden.)

Falls *diskontinuierliche Zahlungen und Verzinsung* unterstellt werden, läßt sich die Bedingung für die optimale Investitionsdauer folgendermaßen interpretieren:

$$Q_n + R'_n - iR_n = 0 \rightarrow$$

$$Q_n - (R_{n-1} - R_n) - iR_{n-1} \geqq 0 \tag{28}$$

Ein Aggregat ist somit zu $t = n$ dann zu ersetzen, wenn letztmals im Jahre n gilt, daß der erwartete Einzahlungsüberschuß Q_n größer ist als die (gleich ist der) Summe aus der Verminderung des Restwertes (Entwertung, $R_{n-1} - R_n$) und den Zinsen auf den Restwert zu $t = n$

– 1. Solange die Einnahmeüberschüsse die Entwertung des Aggregats und die Zinskosten überdecken, so lange entsteht Reingewinn und so lange wird der Kapitalwert des Aggregats durch eine Verlängerung der Investitionsdauer erhöht. Der Ausdruck $Q_n - (R_{n-1} - R_n) - iR_{n-1}$ soll – etwas ungenau – mit *zeitbezogenem Grenzgewinn* bezeichnet werden. Die optimale Investitionsdauer ist somit dann erreicht, wenn der zeitbezogene Grenzgewinn negativ zu werden beginnt.

Beispiel 27. Es soll die optimale Investitionsdauer für folgendes Aggregat ermittelt werden. Das Aggregat soll nach Beendigung der Nutzungsdauer nicht mehr ersetzt werden, da die Produktion, für die es eingesetzt ist, aufgelassen wird: $A = 5000$, $R_1 = 3000$, $R_2 = 2750$, $R_3 = 1860$, $R_4 = 1100$, $R_5 = 500$; $Q_1 = 2000$, $Q_2 = 2000$, $Q_3 = 1500$, $Q_4 = 1000$, $Q_5 = 500$. $i = 0{,}10$.
Im vierten Jahr decken die Einzahlungsüberschüsse (1000) noch die Zinsen auf $R_3 (0{,}10 \cdot 1860 = 186)$ und die Restwertminderung im vierten Jahr $(R_3 - R_4 = 760)$. Für das fünfte Jahr gilt erstmals, daß die Einzahlungsüberschüsse (500) kleiner sind als die Restwertminderung und die Zinsen $(600 + 110)$. Die optimale Investitionsdauer ist daher 4 Jahre.

b) *Der Einfluß von Datenänderungen auf die optimale Investitionsdauer*

Aus der Bedingung $Q_n - (R_{n-1} - R_n) - iR_{n-1} \geqq 0$ kann abgelesen werden, welche Daten die Investitionsdauer beeinflussen. Die Einzahlungsüberschüsse (Q_t) werden meist – konstante Produktmengen vorausgesetzt – im Zeitablauf abnehmen, z. B. infolge steigender Reparatur- und Ausschußkosten. Die jährliche Entwertung eines Aggregats $(R_{t-1} - R_t)$ kann sehr unterschiedlich verlaufen. Häufig wird man davon ausgehen können, daß die Entwertung im Zeitablauf abnimmt, also in den ersten Jahren der Nutzungsdauer höher ist als in den späteren Perioden. Hat das Aggregat den Schrottwert erreicht, so ist $R_{t-1} - R_t$ Null. Da R_t im Zeitablauf in der Regel abnimmt, gilt dies auch für iR_t. Die Abnahme der Entwertung und der Zinskosten wirkt somit ersatzhemmend, die Abnahme der Einzahlungsüberschüsse ersatzfördernd. Aus obiger Bedingung läßt sich auch ableiten, daß eine Senkung des Zinssatzes, eine Minderung des Restwertabfalls und eine Erhöhung der Einzahlungsüberschüsse nutzungsdauerverlängernd wirkt.

Eine Änderung der Wartungsverfahren, z. B. eine Generalreparatur, kann sowohl Q_t als auch R_t ändern und daher zu einer Anpassung der Nutzungsdauer führen.

2. Die optimale Investitionsdauer unter der Voraussetzung, daß das Investitionsprojekt durch identische Investitionsprojekte ersetzt wird

In diesem Fall kann die Nutzungsdauer eines Aggregats nicht isoliert errechnet werden. Es ist die *zeitliche Verbundenheit* zu beachten. Eine Änderung der Nutzungsdauer des zu $t = 0$ zu realisierenden Aggregats beeinflußt den Investitionstermin und damit den Kapitalwert der nachfolgenden Aggregate. Es soll primär davon ausgegangen werden, daß das betrachtete Aggregat eine *unendliche Anzahl von Malen* durch identische Aggregate ersetzt wird. Identisch bedeutet nicht unbedingt, daß die Aggregate technisch identisch sind. Wesentlich ist, daß die durch sie bewirkten Zahlungen identisch sind. Da für jedes Aggregat der Folge gleiche Zahlungen gelten und jedem Aggregat eine unendliche Reihe gleicher Aggregate nachfolgt, muß die optimale Nutzungsdauer aller Aggregate der Folge gleich sein.

a) *Die Ermittlung der optimalen Investitionsdauer*

Der zu maximierende Kapitalwert einer unendlichen Folge identischer Aggregate bei *kontinuierlichen Zahlungen und kontinuierlicher Verzinsung* ist:

$$K_0 = \left[\int_{t=0}^{n} Q_t e^{-it}\,dt + R_n e^{-in} - A\right]\left[1 + e^{-in} + e^{-2in} + \ldots\right]$$

$$K_0 = \left[\int_{t=0}^{n} Q_t e^{-it}\,dt + R_n e^{-in} - A\right]\left[1/(1 - e^{-in})\right]$$

Wenn man die Ableitung von K_0 nach n vornimmt und Null setzt, erhält man:

$$\begin{aligned} dK_0/dn = {} & [Q_n e^{-in} + R'_n e^{-in} - iR_n e^{-in}]\,[1/(1 - e^{-in})] \\ & + \left[\int_{t=0}^{n} Q_t e^{-it}\,dt + R_n e^{-in} - A\right]\left[-ie^{-in}/(1 - e^{-in})^2\right] = 0 \end{aligned}$$

$$Q_n + R'_n - iR_n + \left[\int_{t=0}^{n} Q_t e^{-it}\,dt + R_n e^{-in} - A\right]\left[-i/(1 - e^{-in})\right] = 0$$

$$Q_n + R'_n - iR_n - \left[\int_{t=0}^{n} Q_t e^{-it}\,dt + R_n e^{-in} - A\right]\left[ie^{in}/(e^{in} - 1)\right] = 0 \quad (29)$$

Die optimale Investitionsdauer ist somit dann erreicht, wenn die Einzahlungsüberschüsse gerade noch die Entwertung, die Zinsen auf den Restwert und die Zinsen auf den Kapitalwert sämtlicher Nachfolgeinvestitionen decken. Der Kapitalwert sämtlicher Nachfolgeinvestitionen ist ja – wie oben abgeleitet –:

$$\left[\int_{t=0}^{n} \mathrm{Q}_t \mathrm{e}^{-it} \mathrm{dt} + R_n e^{-in} - A\right]\left[1/(1-e^{-in})\right] =$$

$$\left[\int_{t=0}^{n} Q_t e^{-it} dt + R_n e^{-in} - A\right]\left[e^{in}/(e^{in}-1)\right]$$

Das gleiche Ergebnis erhält man, wenn man die Gewinnannuität eines Investitionsprojekts maximiert. Die Ausgangsformel (der Kapitalwert der Folge) würde nur mit dem konstanten Faktor i multipliziert werden, der bei der Differenzierung und der Null-Setzung der 1. Ableitung wegfallen würde:

$$\text{Max: } Ann = \left[\int_{t=0}^{n} Q_t e^{-it} + R_n e^{-in} - A\right]\left[ie^{in}/(e^{in}-1)\right]$$

Für das *point-input-point-output-Modell* kann die Bedingung für die optimale Investitionsdauer vereinfacht werden ($Q_t = 0!$):

$$R'_n - iR_n - [R_n e^{-in} - A]\,[ie^{in}/(e^{in}-1)] = 0$$

$$R'_n = [R_n - A]\,[ie^{in}/(e^{in}-1)]$$

Wenn *diskontinuierliche Zahlungen und Verzinsung* unterstellt werden, läßt sich die Bedingung für die optimale Investitionsdauer im allgemeinen Fall schreiben:

$$Q_n - (R_{n-1} - R_n) - iR_{n-1} - \left[\sum_{t=1}^{n} Q_t(1+i)^{-t} + R_n(1+i)^{-n} - A\right]\{i(1+i)^n/[(1+i)^n - 1]\} \geqq 0 \quad (30)$$

Die optimale Investitionsdauer ist somit erreicht, wenn die Einzahlungsüberschüsse einer Anlage im Jahre n letztmals die Entwertungs- und Zinskosten der Anlage und zusätzlich den durch eine Neuanlage durchschnittlich zu erzielenden Gewinn (oder: zusätzlich die Zinsen auf den Kapitalwert aller Nachfolgeinvestitionen) decken. Diese Bedingung läßt sich auch folgendermaßen ausdrükken: Die optimale Nutzungsdauer ist erreicht, wenn der *zeitbezogene Grenzgewinn* des Aggregats letztmals größer ist als der *durchschnittliche Gewinn* einer Neuanlage bei optimaler Nutzungsdauer:

$$Q_n - (R_{n-1} - R_n) - iR_{n-1} \geqq \left[\sum_{t=1}^{n} Q_t(1+i)^{-t} \right.$$

$$\left. + R_n(1+i)^{-n} - A \right] \left\{ i(1+i)^n / [(1+i)^n - 1] \right\}$$

Ermittelt wird n, indem die Gewinnannuitäten oder die Kapitalwerte der unendlichen Folgen für unterschiedliche Nutzungsdauern errechnet werden, um das Maximum festzustellen. Auf diese Weise ist auch leicht das absolute Maximum bei Vorliegen mehrerer relativer Maxima zu finden – falls die für obige Ableitungen getroffene Annahme, daß nur ein Maximum existiert, nicht zutrifft. Sind die Einzahlungen konstant, können sie eliminiert werden. Die Nutzungsdauer mit der minimalen Kostenannuität ist dann optimal:

Beispiel 28. Für die Daten von Beispiel 27 ist die optimale Investitionsdauer unter der Annahme zu ermitteln, daß das Aggregat eine unendliche Anzahl von Malen durch eine identische Anlage ersetzt wird.

1	2	3	4	5
n	$Q_t(1+i)^{-t}$	$\sum_{t=1}^{n} Q_t(1+i)^{-t}$	A	$R_n(1+i)^{-n}$
1	1818	1818	5 000	2727
2	1653	3471	5 000	2273
3	1127	4598	5 000	1397
4	683	5 281	5 000	751
5	310	5 591	5 000	310

6	7	8
zeitbezogener Grenzgewinn $[Q_n - (R_{n-1} - R_n) - iR_{n-1}]$	Kapitalwert eines Aggregats $(3 - 4 + 5)$	Annuitätenfaktor
− 500	− 455	1,1000
1450	744	0,5762
335	995	0,4021
54	*1032*	0,3155
− 210	901	0,2638

9	10	11
Gewinnannuität (7 · 8)	Kapitalwert einer unendlichen Folge identischer Aggregate (Spalte 9/*i*)	interner Zinsfuß
–501	–5010	0%
429	*4290*	19,5 %
400	4000	*20,0%*
326	3260	19,3%
238	2380	18,0%

Die Rechnung zeigt, daß der Kapitalwert der unendlichen Folge von Aggregaten bzw. die Gewinnannuität bei einer Nutzungsdauer von *2 Jahren* maximiert wird (Spalte 9 und 10). Die optimale Nutzungsdauer ist somit 2 Jahre. Es ist weiter ersichtlich, daß das Maximum des Kapitalwertes eines einzelnen Aggregats erst nach vier Jahren erreicht würde (Spalte 7). Das Maximum des internen Zinsfußes stellt sich bei einer Nutzungsdauer von 3 Jahren ein.

Bei den hier vorausgesetzten Zahlungsverläufen (abnehmende zeitbezogene Grenzgewinne, positiver Kapitalwert) gilt generell: Nutzungsdauer, die den (isolierten) Kapitalwert maximiert $\geqq$ Nutzungsdauer, die den internen Zinsfuß maximiert $\geqq$ Nutzungsdauer, die den Kapitalwert einer unendlichen Folge identischer Projekte bzw. die Annuität maximiert.

Diese Feststellung kann anhand von Beispiel 28 folgendermaßen plausibel gemacht werden:

Obwohl der durchschnittliche Gewinn bei einer Nutzungsdauer von 3 Jahren geringer ist als bei einer Nutzungsdauer von 2 Jahren, kann der interne Zinsfuß höher sein, weil das durchschnittliche Kapital, auf das sich der interne Zinsfuß bezieht, ebenfalls abnimmt. Auch ist einsichtig, daß die Nutzungsdauer, die den isolierten Kapitalwert maximiert, in der Regel eher länger sein wird als diejenige, die den internen Zinsfuß maximiert. Ein noch so geringfügiger zeitbezogener Grenzgewinn erhöht den Kapitalwert, er kann aber den internen Zinsfuß bereits senken.

Aus Beispiel 28 ist auch ersichtlich, daß die optimale Investitionsdauer durch das Jahr beendet wird, für das letztmals gilt: Der zeitbezogene Gewinn ist höher als die (gleich der) Gewinnannuität.

Der Grenzgewinn des 2. Jahres beträgt 1450 (gemäß Spalte 6), die Gewinnannuität 429 (gemäß Spalte 9). Der Grenzgewinn des 3. Jahres ist dagegen 335. Es ist nicht lohnend, das Aggregat im 3. Jahr beizubehalten und einen zusätzlichen Gewinn von 335 zu erzielen, weil mittels eines neuen Aggregats, das jeweils 2 Jahre genutzt wird, durchschnittlich ein Gewinn von 429 realisiert werden kann.

Wie auch aus Beispiel 28 ersichtlich, bedarf es einer beträchtlichen Abnahme der Einzahlungsüberschüsse bzw. Zunahme der Betriebskosten, damit es vorteilhaft ist, die Nutzungsdauer eines Aggregats zu beenden. Stepan [Anlagenersatz] hat hervorgehoben, daß maschinelle Anlagen oft aus Teilsystemen bestehen, die einzeln ausgetauscht werden können. Infolge des fortlaufenden Austausches dieser Teilsysteme werden die durchschnittlichen Betriebskosten ab einem bestimmten Zeitpunkt nicht mehr ansteigen. Die optimale Nutzungsdauer kann dann bei einem Zeitpunkt liegen, in dessen Nähe – mehr oder minder zufällig – überdurchschnittlich viele Teilsysteme ausgewechselt werden müßten: Es wird ersetzt, damit diese Instandhaltungen unterlassen werden können (vgl. auch Kistner, Luhmer, Stepan [Nutzungsdauer]).

Natürlich können in die Nutzungsdauerberechnung auch Kreditfinanzierung und Besteuerung explizit einbezogen werden. Diese demonstriert Beispiel 28a.

Beispiel 28a. Die Daten des Beispiels 28 werden folgendermaßen abgeändert bzw. ergänzt: Zu $t = 0$ wird ein Kredit von 3000, $k = 0{,}08$, aufgenommen, der in drei gleichen Jahresraten zu tilgen ist. Ist die Nutzungsdauer geringer als 3 Jahre, ist der ausstehende Kredit bei Beendigung der Nutzungsdauer rückzuzahlen (vgl. Spalte 6 der untenstehenden Berechnung). Der Steuerberechnung (Spalte 3) wird ein Steuersatz von 0,5 und eine steuerliche Abschreibungsdauer von 4 Jahren zugrundegelegt. Bei Beendigung der Nutzungsdauer muß die Differenz zwischen Restwert und Buchwert (= Anschaffungspreis minus bisherige Abschreibung) versteuert werden (vgl. Spalte 5). Der Kapitalwert errechnet sich dann wie folgt (Spalte 7):

$$K_0 = -A + Y + \sum_{t=1}^{n} (Q_t - Y_t - Z_t - S_t)\,[1 + r(1-s)]^{-t} \qquad (17a)$$

$$+ \left[R_n - s\left(R_n - A + \sum_{t=1}^{n} Ab_t\right) - Y + \sum_{t=1}^{n} Y_t\right][1 + r(1-s)]^{-n}$$

Zu beachten ist, daß der Zinssatz r zu einem Zinssatz nach Steuern reduziert wird.

1	2	3	4
n	$D_t = Q_t - Y_t - Z_t$	$-S_t = -s(Q_t - Z_t - Ab_t)$	$-A + Y$
1	760	−255	−2000
2	840	−295	−2000
3	420	− 85	−2000
4	1000	125	−2000
5	500	−250	−2000

5	6	7	8
$R_n - s(R_n - A + \sum_{t=1}^{n} Ab_t)$	$-Y + \sum_{t=1}^{n} Y_t$	K_0	Ann
3375	−2000	−210	−220
2625	−1000	449	242
1555	–	608	223
550	–	643	181
250	–	582	134

Da bei Annahme unendlich häufiger Reinvestition die optimale Investitionsdauer durch Maximierung der Gewinnannuität gefunden werden kann, läßt sich die *approximative Annuitätsmethode* als Näherungsmethode auch auf dieses Problem anwenden.

Beispiel 28b. Die optimale Investitionsdauer des in Beispiel 28 beschriebenen Aggregats ist mittels der approximativen Annuitätsmethode, Zinsformel b), zu ermitteln:

n	$\sum_{t=1}^{n} Q_t/n$	$-(A-R_n)/n$	$-i\,[A\,(n+1)+R_n\,(n-1)]/2n$	approximative Gewinnannuität
1	2000	− 2000	− 500	− 500
2	2000	− 1125	− 444	*431*
3	1833	− 1047	− 395	391
4	1625	− 975	− 354	296
5	1400	− 900	− 320	180

Auch die Näherungsmethode weist $n = 2$ als optimal aus.

Bis jetzt wurde davon ausgegangen, daß das Aggregat unendlich häufig reinvestiert werden soll. In diesem Fall muß die Investitionsdauer aller einander folgenden Anlagen gleich sein. Denn für jede Anlage der Kette gelten gleiche Voraussetzungen: Sie hat identische Zahlungen und ihr folgt eine unendliche Kette von identischen Anlagen. Unterstellt man aber, daß das zu $t = 0$ zu beschaffende Aggregat nur *eine endliche Anzahl von Malen* reinvestiert wird, so verlängert sich die optimale Nutzungsdauer der Aggregate mit zunehmendem Investitionszeitpunkt.

Dies soll am Fall der *einmaligen Reinvestition* demonstriert werden. Die optimale Investitionsdauer der zweiten Anlage n_2 kann leicht errechnet werden. Da dieser Anlage kein Aggregat mehr nachfolgt, läßt sie sich aus der Bedingung: $Q_n + R'_n - iR_n = 0$ ermitteln. Da die Nutzungsdauer des zweiten Aggregats feststeht, läßt sich auch der Kapitalwert ermitteln (K_2 = Kapitalwert des zweiten Aggregats bezogen auf den Investitionszeitpunkt des zweiten Aggregats). Um die Nutzungsdauer des ersten Aggregats zu ermitteln, ist der Kapitalwert der aus zwei Anlagen bestehenden Folge zu formulieren, die erste Ableitung nach n_1 zu bilden und gleich Null zu setzen:

$$K_0 = \int_{t=0}^{n_1} Q_t e^{-it} dt + R_{n_1} e^{-in_1} - A + K_2 e^{-in_1}$$

$$dK_0/dn_1 = Q_{n_1} + R'_{n_1} - iR_{n_1} - iK_2 = 0 \tag{31}$$

Die optimale Investitionsdauer der ersten Anlage ist somit erreicht, wenn die Einnahmenüberschüsse letztmals die Restwertminderung, die Zinsen auf den Restwert und die Zinsen auf den Kapitalwert der Folgeanlage decken. n_1 ist daher tendenziell kleiner als n_2. Analog ist für eine Kette von mehr als 2 Aggregaten vorzugehen. Zuerst ist die Nutzungsdauer für das letzte Aggregat zu optimieren; darauf aufbauend, die Nutzungsdauer für das vorletzte Aggregat etc., bis zurück zum ersten Aggregat.

b) Der Einfluß von Datenänderungen auf die optimale Investitionsdauer

Die Auswirkungen von Datenänderungen auf die optimale Investitionsdauer sind bei Maximierung des Kapitalwertes einer unendlichen Folge identischer Aggregate nicht mehr so leicht festzustellen wie bei Maximierung des Kapitalwertes eines Aggregats. Es soll im folgenden der Einfluß von Zins- und Restwertänderungen untersucht werden. Eine Erhöhung des *Zinssatzes* erhöht in Formel (29) den Ausdruck iR_n und mindert insofern die optimale Nutzungsdauer. Andererseits wird der Ausdruck

$$\left[\int_{t=0}^{n} Q_t e^{-it} dt + R_n e^{-in} - A\right]\left[ie^{in}/(e^{in} - 1)\right]$$

geringer, woraus sich ein Effekt zur Verlängerung der Nutzungsdauer ergibt. Letzterer Effekt ist stärker, wie folgende Überlegung klar macht: Die optimale Nutzungsdauer ist dann erreicht, wenn der Grenzgewinn gleich dem Durchschnittsgewinn des Investitionsprojekts ist. Die Zinsbelastung des Durchschnittsgewinns ist aber in der Regel höher als diejenige des Grenzgewinns, da das durchschnittlich gebundene Kapital größer ist als der Restwert. Eine Zinssatzerhöhung mindert daher den Durchschnittsgewinn stärker als den Grenzgewinn; als Saldo ergibt sich ein nutzungsdauererhöhender Effekt. Eine Erhöhung des Zinssatzes bewirkt also in zweifacher Weise eine Minderung der Kapitalintensität der Produktion: Es werden eher kapitalextensivere Alternativen gewählt und die Nutzungsdauer der Aggregate wird verlängert.

Beispiel 28c. Beispiel 28 wird durch Annahme eines Zinssatzes von 0,18 anstelle von 0,10 variiert.

1	2	3	4	5
n	$Q_t(1+i)^{-t}$	$\sum_{t=1}^{n} Q_t(1+i)^{-t}$	A	$R_n(1+i)^{-n}$
1	1695	1695	5000	2543
2	1436	3131	5000	1975
3	913	4044	5000	1132
4	516	4560	5000	567
5	219	4779	5000	219

6	7	8	9
zeitbezogener Grenzgewinn $Q_n - (R_{n-1} - R_n) - iR_{n-1}$	Kapitalwert eines Aggregats (3 – 4 + 5)	Annuitätenfaktor	Gewinnannuität
– 900	–762	1,1800	–899
1210	106	0,6377	68
115	*176*	0,4599	*81*
– 95	127	0,3717	47
– 298	– 2	0,3198	– 0,6

Das Beispiel zeigt, daß sich einerseits die die Gewinnannuität maximierende Nutzungsdauer auf drei Jahre verlängert, andererseits die den Kapitalwert maximierende Nutzungsdauer verkürzt (siehe früher).

Um den Einfluß des *Restwertes* (Liquidationspreis minus Steuern, Abbruchkosten usw.) auf die Nutzungsdauer festzustellen, sei ein gedankliches Experiment vorgenommen. Es wird gezeigt, daß die Restwerte jedes Aggregats möglicherweise so verlaufen können, daß jede in Frage kommende Nutzungsdauer gleich günstig ist.

Beispiel 28d. Es soll nachgewiesen werden, daß bei $R_1 = 3900$, $R_2 = 2690$, $R_3 = 1860$, $R_4 = 1446$ und $R_5 = 1491$ Nutzungsdauern von 1, ..., 5 Jahren zu der gleichen Gewinnannuität von 400 führen (= Gewinnannuität bei $n = 3$ in Beispiel 28a). Ansonsten entsprechen die Daten dem Beispiel 28a.

1	2	3	4	5
n	$Q_t (1 + i)^{-t}$	$\sum_{t=1}^{n} Q_t (1 + i)^{-t}$	A	$R_n (1 + i)^{-n}$
1	1818	1818	5000	3545
2	1653	3471	5000	2223
3	1217	4598	5000	1397
4	683	5281	5000	988
5	310	5591	5000	926

6	7	8	9
zeitbezogener Grenzgewinn $Q_n - (R_{n-1} - R_n) - iR_{n-1}$	Kapitalwert eines Aggregats (3 – 4 + 5)	Annuitätenfaktor	Gewinnannuität
400	363	1,1000	400
400	694	0,5762	400
400	995	0,4021	400
400	1269	0,3155	400
400	1517	0,2638	400

Daraus ist ersichtlich, daß der Verlauf der Restwerte den optimalen Ersatztermin wesentlich beeinflussen kann. Ist etwa R_4 in Beispiel 28d höher als 1446, so ist $n = 4$ optimal. Ist dagegen R_1 höher als 3900, ist $n = 1$ vorzuziehen. Empirische Erhebungen zeigen, daß der optimale Ersatztermin meist erst erreicht wird, wenn der Restwert sich dem Schrottwert stark angenähert hat. Das heißt: Die Restwerte von relativ neuen Anlagen sind nicht attraktiv genug, um eine Ersatzinvestition zu veranlassen. Gründe dafür sind die Abbruchs-, Transport- und Wiedermontagekosten alter Aggregate sowie Probleme, die mit der Qualitätsbeurteilung gebrauchter Aggregate verbunden sind.

3. Die optimale Investitionsdauer unter der Voraussetzung, daß das Investitionsprojekt durch ein infolge des technischen Fortschritts verändertes Projekt ersetzt wird

Die Auswirkungen des technischen Fortschritts auf die optimale Investitionsdauer sollen anhand sehr vereinfachter Annahmen studiert werden. Es wird unterstellt, daß infolge des technischen Fortschritts jedes Jahr verbesserte Anlagen angeboten werden. Der Anschaffungspreis, der Restwert und die mittels der Anlage produzierten Mengen ändern sich durch den technischen Fortschritt nicht. Die laufenden Auszahlungen verringern sich jedoch um einen *konstanten Betrag pro Jahr* (g). Eine im Jahr 1980 konstruierte Anlage erfordert daher in jedem Jahr ihrer Nutzungsdauer um g Geldeinheiten geringere Auszahlungen als ein im Jahr 1979 erstelltes Aggregat. Bei der Nutzungsdauerermittlung wird von einer unendlichen Folge von jeweils verbesserten Aggregaten ausgegangen. (Es wird davon abgesehen, daß eine konstante Auszahlungsminderung von g bei einer unendlichen Folge von Aggregaten ab einem bestimmten Zeitpunkt zu negativen Auszahlungen führen muß!) Hinsichtlich der Absatzpreise wird zunächst angenommen, daß durch den technischen Fortschritt die jährlichen Erlöse um g Geldeinheiten sinken – der technische Fortschritt kommt somit unmittelbar den Kunden zugute. Es läßt sich nun zeigen, daß bei Gültigkeit dieser Annahmen eine unendliche Kette von – im Hinblick auf die Zahlungen – identischen Investitionsprojekten vorliegt und der technische Fortschritt eine Tendenz zur *Verkürzung der Nutzungsdauer* auslöst. Es soll dies im folgenden Beispiel demonstriert werden.

Beispiel 29. Es sei von einer Situation ohne technischen Fortschritt ausgegangen. Die Einzahlungen des Aggregats 1 ohne Restwert (EQ_t) sind 7000 pro Jahr, die Auszahlungen ohne Anschaffungsauszahlungen (AQ_t) sind $5000 + 200\,t$; $A = 3000$; $R_1, \ldots, R_7 = 1500, 1000, 600, 300, 100, 100, 100$; $i = 0{,}10$. Die optimale Investitionsdauer – unendliche Folge identischer Investitionsprojekte vorausgesetzt – ist dann 6 Jahre (vgl. folgende Tabelle).

1	2	3	4	5
n	EQ_t	AQ_t	$Q_t\,(1+i)^{-t}$	$\sum_{t=1}^{n} Q_t\,(1+i)^{-t}$
1	7000	5200	1636	1636
2	7000	5400	1322	2958
3	7000	5600	1052	4010
4	7000	5800	820	4830
5	7000	6000	621	5451
6	7000	6200	452	5903
7	7000	6400	308	6211

6	7	8	9	10
A	$R_n\,(1+i)^{-n}$	zeitbezogener Grenzgewinn	Kapitalwert (5 – 6 + 7)	Annuität
3000	1364	0	0	0
3000	826	950	784	452
3000	451	900	1461	587
3000	205	840	2035	642
3000	62	770	2513	663
3000	56	790	2959	*679*
3000	51	590	3262	670

Nun sei angenommen, daß ab $t = 1$ jedes Jahr verbesserte Aggregate auf den Markt gelangen. Die jährlichen Auszahlungen eines zu t produzierten Aggregats sind um $g = 50$ geringer als diejenigen eines zu $t - 1$ produzierten Aggregats. Ein zu $t = 1$ beschafftes Aggregat resultiert daher in Auszahlungen von 5150, 5350, 5550 usw., während ein zu $t = 4$ beschafftes Aggregat Auszahlungen von 5000, 5200, 5400 usw. verursacht. Der konstante technische Fortschritt bewirkt Preisminderungen, so daß die Erlöse im ersten Jahr

7000, im zweiten Jahr 6950, im dritten Jahr 6900 usw. betragen. Es kann nun demonstriert werden, daß jedes der in Zukunft beschafften Objekte gleiche Zahlungen verursacht:

Zahlungen im t-ten Jahr der Nutzungsdauer in Abhängigkeit vom Beschaffungstermin des Projekts			
t-tes Jahr der Nutzungsdauer	Beschaffungstermine des Projekts z.B.		
	$t = 0$	$t = 4$	$t = 10$
1. Jahr der Nutzungsdauer	7000 – 5200 = 1800	6800 – 5000 = 1800	6500 – 4700 = 1800
2. Jahr der Nutzungsdauer	6950 – 5400 = 1550	6750 – 5200 = 1550	6450 – 4900 = 1550
3. Jahr der Nutzungsdauer	6900 – 5600 = 1300	6700 – 5400 = 1300	6400 – 5100 = 1300
usw.			

Da sämtliche einander folgende Projekte identisch sind, läßt sich die optimale Investitionsdauer nach dem in Abschnitt II.D.2 besprochenen Verfahren der Annuitätsmaximierung errechnen (siehe folgende Tabelle). Da die Zahlungen bei technischem Fortschritt rascher abnehmen als ohne technischen Fortschritt (1800, 1550, 1300 usw. gegenüber 1800, 1600, 1400 usw.), bewirkt der technische Fortschritt eine Tendenz zur Verkürzung der optimalen Investitionsdauer, hier von 6 auf 4 Jahre:

1	2	3	4	5
n	Q_t	$Q_t\,(1+i)^{-t}$	$\sum_{t=1}^{n} Q_t\,(1+i)^{-t}$	A
1	1800	1636	1636	3000
2	1550	1281	2917	3000
3	1300	977	3894	3000
4	1050	717	4611	3000
5	800	497	5108	3000

6	7	8	9
$R_n\ (1+i)^{-n}$	zeitbezogener Grenzgewinn	Kapitalwert	Annuität
1364	0	0	0
826	900	743	428
451	800	1345	541
205	690	1816	*573*
62	570	2170	572

Wenn angenommen wird, daß die Einzahlungen infolge des technischen Fortschritts nicht oder nur in einem geringen Ausmaß gemindert werden, weisen die einander folgenden Aggregate der Kette nicht mehr identische Zahlungsströme auf. Das Instrumentarium von Abschnitt II.D.2 kann daher nicht angewendet werden. In diesem Fall führt folgende Erwägung zur Lösung: Da die Einzahlungen – ganz gleich, wie sie verlaufen – nicht von der Nutzungsdauer der Aggregate, sondern nur von der Kalenderzeit abhängen, brauchen sie bei der Ermittlung der optimalen Investitionsdauer überhaupt nicht berücksichtigt zu werden. Es interessieren daher nur die Auszahlungen, sie sind für das zu $t = 0$ angeschaffte Aggregat in Beispiel 29 z. B. 5200, 5400, 5600 usw. Nun muß aber zusätzlich der Einfluß des technischen Fortschritts berücksichtigt werden, der bewirkt, daß in jedem Jahr Anlagen zur Verfügung stehen, die um g niedrigere Auszahlungen verursachen. Wenn man eine vorhandene Anlage nicht ersetzt, verzichtet man auf die Realisierung dieser Kostenersparnis. Diese mögliche Kostenersparnis ist daher als „*opportunity cost*" den obigen Auszahlungen zuzurechnen. Es ergeben sich dann angepaßte Auszahlungen von 5200, 5450 (Verlust infolge Nichtausnutzung des technischen Fortschritts = 50), 5700 (Verlust infolge Nichtausnutzung des technischen Fortschritts = 100) usw. Die in dieser Weise angepaßten Zahlungen einer zu $t =$ 4 beschafften Anlage sind 5000, 5250, 5500 usw., für eine zu $t =$ 10 beschaffte Anlage gilt: 4700, 4950, 5200 usw. Nun folgt eine von Terborgh eingeführte Überlegung: Die optimale Nutzungsdauer einer Anlage wird nicht verändert, wenn man von den Zahlungen eines jeden Jahres einen gleichen Betrag abzieht, denn es gilt z. B.: Die Annuität der Zahlungsreihe von 5200, 5450, 5700 ist gleich 5200 plus der Annuität der Zahlungsreihe von 0, 250, 500. Es werden daher von den Zahlungen der zu $t = 0$ investierten Anlage

5200, von den Zahlungen der zu $t = 4$ investierten Anlagen 5000, von den Zahlungen der zu $t = 10$ investierten Anlage 4700, also jeweils der Betrag der Zahlungen des 1. Jahres subtrahiert. Wir erhalten dann völlig identische Differenzzahlungen für alle einander folgenden Anlagen von 0, 250, 500, 750 usw., die – zusammen mit Anschaffungsauszahlungen und Restwert – zur Ermittlung der optimalen Nutzungsdauer herangezogen werden können. (Es ist dies ein von Terborgh entwickeltes Verfahren; Terborgh nennt den *gesamten* Steigerungsbetrag der Kosten pro Jahr g – in diesem Fall 250; Terborgh [Equipment Policy]).

Beispiel 29a. Zur Kontrolle wird gezeigt, daß die Ermittlung der optimalen Nutzungsdauer mittels obiger Differenzzahlungen zum gleichen Ergebnis wie Beispiel 29 führt (optimale Nutzungsdauer = 4 Jahre).

1	2	3	4	5	6	7
n	Mehrbetrag der laufenden Auszahlungen des Aggregats über die Auszahlungen eines neuen Aggregats, das dem jeweils neuesten technischen Entwicklungsstand entspricht	Summe der diskontierten Werte in Spalte 2	A	$R_n (1+i)^{-n}$	K_0 Diff (5–4–3)	*Ann* zu K_0 Diff
1	0	0	3000	1364	– 1636	– 1800
2	250	207	3000	826	– 2381	– 1371
3	500	583	3000	451	– 3132	– 1259
4	750	1095	3000	205	– 3890	– *1227*
5	1000	1716	3000	62	– 4654	– 1228

Es kann festgestellt werden, daß die Differenzen zwischen den Annuitäten verschiedener Nutzungsdauern in dieser und der Tabelle von Beispiel 29 gleich sind.

Die Ergebnisse von und die Erläuterungen zu Beispiel 29 zeigen, daß ein den obigen Annahmen entsprechender technischer Fortschritt *nutzungsdauerverkürzend* wirkt. Dies gilt unabhängig von den Preiswirkungen des technischen Fortschritts!

Um vermehrte Einsichten in die (möglichen) Wirkungen des technischen Fortschritts auf die Investitionsdauer zu gewinnen, müßten auch Effekte des technischen Fortschritts auf die Anschaffungspreise und Restwerte der Anlagen einbezogen, es müßten andere Verläufe von g studiert werden und man müßte beachten, daß der technische Fortschritt häufig die Kapazität der Aggregate und damit Produktmengen, Auszahlungen und Einzahlungen erhöht bzw. Grenzkosten und Absatzpreise mindert.

Eine effiziente Methode, um die Auswirkungen des technischen Fortschritts (und anderer Datenänderungen) auf die optimale Nutzungsdauer zu studieren, ist die *Dynamische Programmierung*. In der Rekursionsformel werden jeweils die Beibehaltung der vorhandenen Anlage und die Beschaffung des jeweils günstigsten Aggregats einander gegenübergestellt: Eine solche Rekursionsformel lautet zum Beispiel:

$$f_t(t') = \text{Max}\begin{Bmatrix} [Q_{t+1,t'} + f_{t+1}(t')]\,(1+i)^{-1} \\ -A_t + R_t(t') + [Q_{t+1,t} + f_{t+1}(t)]\,(1+i)^{-1} \end{Bmatrix}$$

$t = 0, \ldots,$ Planungshorizont

$f(t')$ ist der maximale Kapitalwert aller Zahlungen von t bis zum Ende des Planungshorizonts, wenn man zu t eine zu t', z. B. zu $t' = 0$, beschaffte Anlage besitzt. Man steht daher zu t vor der Wahl, das vorhandene Aggregat beizubehalten oder zu ersetzen. $f_t(t')$ setzt voraus, daß zu t und in allen künftigen Zeitpunkten die jeweils optimale Entscheidung getroffen wird.

In der ersten Zeile der geschwungenen Klammer steht der maximale Kapitalwert der Zahlungen von t bis zum Planungshorizont, wenn die vorhandene Anlage (zunächst) noch ein Jahr beibehalten wird. Diese Zahlungen bestehen aus $Q_{t+1,t'}$, d. h. den Einzahlungsüberschüssen einer zu t' beschafften Anlage am Ende des Jahres t (somit zu $t+1$), und dem Barwert der Folgezahlungen bis zum Planungshorizont, wenn man das Jahr $t+1$ ebenfalls mit einer zu t' gekauften Anlage beginnt und in Zukunft die optimale Ersatzpolitik durchführt. Die zweite Zeile steht für den Ersatz der vorhandenen Anlage. A_t ist der Anschaffungspreis der zu t erhältlichen, günstigsten Anlage, $R_t(t')$ der Restwert, den man zu t für eine zu t' beschaffte Anlage erhält, $Q_{t+1,t}$ sind die Einzahlungsüberschüsse einer zu t beschafften Anlage im ersten Jahr. (Näheres zur Anwendung der Dynamischen Programmierung auf diese Problemstellung und bezüglich alternativer Formulierungen siehe z. B. bei Swoboda [Ersatzinvestitionen]).

4. Übungsaufgaben

1. Ein Investitionsprojekt weist einen Anschaffungspreis von 1000 auf. Der Liquidationserlös ist 800 zu $t = 1$, 1100 zu $t = 2$, 1390 zu $t = 3$, 1670 zu $t = 4$, 1940 zu $t = 5$, 2200 zu $t = 6$, 2450 zu $t = 7$,2690 zu $t = 8$, 2920 zu $t = 9$. Jährliche Ein- und Auszahlungen fallen nicht an. Das Investitionsprojekt soll nicht ersetzt werden.

a) Es ist die optimale Investitionsdauer zu errechnen, unter der Voraussetzung, daß der Anschaffungspreis voll aus Eigenmitteln aufgebracht wird. $r = 0{,}10$, diskontinuierliche Verzinsung.

b) Es ist die optimale Investitionsdauer zu errechnen, unter der Voraussetzung, daß der Anschaffungspreis voll kreditiert wird. Die Schuld von 1000 braucht erst bei Liquidation des Projekts rückgezahlt zu werden. $k = 0{,}04$, $r = 0{,}10$.

Lösungshinweis: zu b): Es ist mit einem Anschaffungspreis von Null, jährlichen Auszahlungen für Zinsen von 40, und einem um 1000 verminderten Liquidationspreis zu rechnen.

Lösung: a) $n = 7$
b) $n = 9$

2. Es ist für das in Übungsaufgabe 1a) betrachtete point-input-point-output-Modell – unter der Annahme, daß die angegebenen Endwerte Punkte einer stetigen Kurve sind – in ein Koordinatenschema einzuzeichnen: Der Endwert (R_n), der diskontierte Endwert $[R_n(1 + r)^{-n}]$, die Differenz zwischen diskontiertem Endwert und Anschaffungspreis. Auf der Abszisse der Skizze ist n, auf der Ordinate sind Geldeinheiten aufzutragen. Die sich graphisch ergebende kapitalwertmaximale Investitionsdauer muß mit obiger rechnerisch ermittelten optimalen Investitionsdauer übereinstimmen.

3. Der Anschaffungspreis eines voll eigenfinanzierten Aggregats ist 39 000, $r = 0{,}10$. Die jährl. Einzahlungsüberschüsse ergeben sich aus folgenden Daten: Der Preis der mittels des Aggregats gefertigten Produkte ist 9 je Einheit. Die Auszahlungen hängen von der bisher gefertigten Produktmenge ab. Die Auszahlungen je Einheit sind für die ersten 6000 erzeugten Produkte 4, für weitere 3000 Einheiten 4,50, für weitere 3000 Einheiten 5, für weitere 1000 Einheiten 5,80, für weitere 1000 Einheiten 5,90, für weitere 1000 Einheiten 6 und für weitere 3000 Einheiten 8,50. Die maximale Erzeugungsmenge während der gesamten Investitionsdauer ist somit 18 000 Einheiten. Der Restwert ist eine Funktion sowohl der Zeit als auch der Produktmenge. Er mindert sich – bei einer Produktmenge von Null – im 1. Jahr um 7000, im 2. Jahr um 5000, im 3. Jahr um 3000, vom 4. Jahr ab um jährlich 2000. Er mindert sich zusätzlich um 1 Geldeinheit je erzeugte Produkteinheit, bis er – 1000 erreicht (Abbruchkosten).

Es ist die optimale Investitionsdauer zu berechnen,

a) unter den Voraussetzungen, daß das Aggregat eine unendliche Anzahl von Malen identisch reinvestiert wird und daß jährlich 2000 Einheiten erzeugt werden,

b) unter der Voraussetzung, daß das Aggregat nicht mehr ersetzt wird und jährlich 2000 Einheiten erzeugt werden.

Lösungshinweise: zu a) und b): Die jährlichen Einzahlungsüberschüsse des Aggregats ergeben sich aus (Preis – Produktkosten) mal Absatzmenge. Die Produktkosten sind dabei eine Funktion der bisher erzeugten Produktmenge.

Lösung: a) $n = 7$
b) $n = 9$

4. Es ist für die in Übungsaufgabe 3 betrachtete Anlage die optimale Investitionsdauer zu errechnen,

a) unter der Voraussetzung, daß das Aggregat eine unendliche Anzahl von Malen identisch reinvestiert wird und daß jährlich 3000 Einheiten erzeugt werden,

b) unter der Voraussetzung, daß das Aggregat nicht mehr ersetzt wird und jährlich 3000 Einheiten produziert werden.

Lösung: a) $n = 4$
b) $n = 5$

5. Die Angaben zu Übungsaufgabe 3 werden abgewandelt. Es wird nun unterstellt, für die Anschaffung des Aggregats könnte ein Kredit von 25 000 aufgenommen werden, der jährlich mit 5000 rückzuzahlen ist. Falls die Nutzungsdauer kürzer als 5 Jahre ist, ist der restliche Kreditbetrag am Ende der Nutzungsdauer rückzuzahlen. $k = 0{,}06$, $r = 0{,}10$.

Es ist die optimale Investitionsdauer unter der Voraussetzung zu berechnen, daß das Aggregat eine unendliche Anzahl von Malen identisch reinvestiert wird und daß jährlich 2000 Einheiten produziert werden.

Lösungshinweis: Die jährlichen Einzahlungsüberschüsse ergeben sich nun aus Produkteinnahmen, minus Auszahlungen für die Produkterstellung, minus Kreditrückzahlungen, minus Zinsaufwendungen.

Lösung: $n = 6$

6. A tauscht stets nach zweijähriger Nutzungsdauer seinen PKW gegen einen neuen ein. Es wird im folgenden angenommen, daß die Ersatzprojekte identische Aggregate sind und daß unendlich häufig reinvestiert wird. Der Anschaffungspreis eines PKWs ist 10 000, die Reparaturkosten sind bei der gegebenen Fahrleistung 700 ($t = 1$), 1000 ($t = 2$), 1600 ($t = 3$), 1600 ($t = 4$), 2000 ($t = 5$), 2000 ($t = 6$). Die bei Eintausch gegen einen neuen PKW erzielbaren Liquidationspreise sind 7500, 7000, 6000, 5000, 3000, 1000 nach einer Nutzungsdauer von 1, 2 usw. Jahren. Die anderen Auszahlungen interessieren für die Nutzungsdauerberechnung nicht, da sie von der Nutzungsdauer annahmegemäß nicht abhängen.

Handelt *A* optimal

a) wenn er mit Zinskosten von 0,10 rechnet,

b) wenn er mit Zinskosten von 0,30 rechnet (hoher Grad der Kapitalknappheit)?

Lösung: a) nein: $n = 4$ ($Ann = -3263$)
b) nein: $n = 4$ ($Ann = -4924$)

7. Die Übungsaufgabe 6 wird folgendermaßen abgewandelt. *A* repariert den PKW selbst. Er setzt die Kosten für seinen Zeitverbrauch sehr gering an und kommt daher zu Reparaturkosten, die nur 25% der obigen Ansätze betragen. Der Grad seiner Kapitalknappheit ist hoch, er rechnet mit einem Zinssatz von 0,30.
Welches ist die für ihn optimale Investitionsdauer des PKWs?

Lösung: $n = 6$ Jahre ($Ann = -4024$)

8. Ein Investitionsprojekt mit einem Anschaffungspreis von 1000 und einer maximalen Nutzungsdauer von 4 Jahren ist durch folgende Daten charakterisiert: $R_1 = 800$, $R_2 = 600$, $R_3 = 400$, $R_4 = 200$; $Q_1 = 500$, $Q_2 = 500$, $Q_3 = 400$, $Q_4 = 280$. $r = 0{,}10$. Durch eine Generalreparatur zum Ende des 2. Jahres könnte die maximale Nutzungsdauer auf 5 Jahre ausgedehnt werden. Die Kosten der Generalreparatur wären 200, sie würde zu folgenden Datenänderungen führen: R_2 (nach Generalreparatur) $= 750$, $R_3 = 600$, $R_4 = 400$, $R_5 = 200$; Q_2 würde um die Kosten der Generalreparatur auf 300 verringert werden, $Q_3 = 500$, $Q_4 = 450$, $Q_5 = 400$.

Soll das Aggregat generalrepariert werden bzw. welches ist die optimale Investitionsdauer mit oder ohne Generalreparatur, falls

a) das Aggregat eine unendliche Anzahl von Malen identisch reinvestiert wird,

b) das Aggregat nicht mehr reinvestiert wird?

Lösungshinweise: Es ist erstens die optimale Investitionsdauer ohne Generalreparatur zu ermitteln. Dann ist durch Korrektur der Zahlungen anzunehmen, die Generalreparatur werde durchgeführt, und es ist die optimale Investitionsdauer für diesen Fall zu errechnen. Die Variante mit der höchsten Gewinnannuität (Frage a)) bzw. mit dem höchsten Kapitalwert (Frage b)) gibt das Optimum wieder.

Lösung: a) n ohne Generalreparatur $= 2$, $Ann = 210$
$n =$ mit Generalreparatur $= 3$, $Ann = 213$
Die Generalreparatur ist daher günstiger.

b) n ohne Generalreparatur = 4, $K_0 = 496$
n = mit Generalreparatur = 5, $K_0 = 758$
Die Generalreparatur ist daher günstiger.

9. Wie groß ist die optimale Investitionsdauer des in Übungsaufgabe 8 betrachteten Aggregats (ohne Generalreparatur), wenn es nur einmal reinvestiert wird?

Lösung: n (des ersten Aggregats) = 3

10. Es ist Übungsaufgabe 5 unter folgenden zusätzlichen Annahmen zu lösen: $s = 0{,}50$, steuerliche Abschreibungsdauer 5 Jahre.

Lösung: $n = 6$, Annuität = 1004.

11. Ein Weinhändler besitzt 1000 l Wein, Sorte A, Jahrgang 1964. Der gegenwärtige Verkaufspreis (Ende 1970) ist 2,–. Ende 1971 könnte pro l 2,10, Ende 1972 2,40, Ende 1973 2,80 und Ende 1974 3,– erzielt werden. Die Lagerung verursacht Lager-, Versicherungs- und sonstige Kosten (außer Zinskosten) von 0,10 pro l und Jahr. $r = 0{,}06$.

a) Zu welchem Termin sollte der Wein verkauft werden, wenn genügend freie Faßkapazität vorhanden ist, so daß die Lagerung dieser Sorte sonstige Einlagerungen nicht behindert?

b) Zu welchem Termin sollte der Wein verkauft werden, wenn die Faßkapazität knapp ist und man bei einem Verkauf der Sorte A die Weinsorte B jeweils für ein Jahr einlagern könnte? Der Anschaffungspreis der Sorte B ist pro l 1,50, der Verkaufspreis 1,80. Die Lagerkosten wären auch hier 0,10 pro l und Jahr.

Lösungshinweis: zu b): In diesem Fall ist die Einlagerung der Sorte A nur insoweit interessant, als neben den Zins- und sonstigen Kosten auch der Gewinn erzielt wird, der durch die Einlagerung der Sorte B entstehen würde. Dieser Gewinn ist pro l $0{,}30 - 0{,}10$ (Lagerkosten) $- 1{,}50 \cdot 0{,}06$ (Zinskosten) $= 0{,}11$.

Lösung: a) optimaler Verkaufstermin = Ende 1973
b) optimaler Verkaufstermin = Ende 1970

12. Übungsaufgabe 3 ist unter folgender zusätzlicher Annahme zu lösen: Ein kontinuierlicher technischer Fortschritt bewirkt, daß die im Jahr t auf den Markt gebrachten Anlagen in allen Jahren der Nutzungsdauer um 0,20 niedrigere Produktkosten verursachen als die im Jahr $t-1$ erstmals angebotenen Aggregate. Ein zu $t = 1$ beschafftes neues Aggregat verursacht daher Auszahlungen je Einheit von 3,80 für die ersten 6000 Einheiten, von 4,30 für weitere 3000 Einheiten usw. Als Folge des technischen Fortschritts sinkt der Einheitspreis von 9 im ersten Jahr auf 8,80 im zweiten Jahr, auf 8,60 im dritten Jahr usw. (jährliche Preisminderung 0,20).

Welches ist die optimale Nutzungsdauer des Aggregats bei Einbeziehung der Wirkungen des technischen Fortschritts, wenn das Aggregat eine unendliche Anzahl von Malen durch ein jeweils verbessertes Aggregat ersetzt werden soll?

Lösung: $n = 6$

5. Weiterführende Literatur

Boulding [Economic Analysis 672–689]. – Drexl [Nutzungsdauer]. – Elton-Gruber [Equal Life]. – Findlay, Williams [Unequal Lives]. – Gibbons [Durability]. – Hax [Investitionstheorie]. – Howe, McCabe [Replacement]. – Kistner, Luhmer, Stepan [Nutzungsdauer]. – Kruschwitz [Investitionsrechnung 150–175]. – Moxter [Nutzungsdauer]. – Rosenberg [Nutzungsdauer]. – E. Schneider [Wirtschaftlichkeitsrechnung 78–94]. – Swoboda [Ersatzinvestitionen]. – Swoboda [Restwertverlauf]. – Stepan [Anlagenersatz]. – Stöber [Nutzungsdauer]. – Taylor [Managerial Economy 163–190]. – Terborgh [Equipment Policy]. – Zechner [Ketteneffekt].

E. Der optimale Ersatztermin von Aggregaten

1. Die Ermittlung des optimalen Ersatztermins

Auch dieses Kapitel handelt über die Investitionsdauer. Während sich jedoch die im Abschnitt II.D angestellten Erwägungen zur Investitionsdauer auf die Zeit *vor* Realisierung des Investitionsprojekts beziehen – die optimale Investitionsdauer muß zwecks Ermittlung des Kapitalwertes abgeschätzt werden – beschäftigt sich dieses Kapitel mit der Entscheidung, vorhandene Aggregate durch neue zu ersetzen. Die gemäß der Methoden von Abschnitt II.D ermittelte Investitionsdauer zeigt nur dann notwendig den optimalen Ersatztermin an, wenn die erwarteten Daten, mit denen man bei der Ermittlung der optimalen Investitionsdauer rechnete, tatsächlich eintreffen. In diesem Kapitel wird also davon ausgegangen, daß die tatsächlich durch ein Investitionsprojekt verursachten Zahlungen nicht mit den erwarteten Zahlungen übereinstimmen müssen, bzw. daß unvorhergesehen neue Aggregate auf den Markt gebracht werden können.

Falls vorhandene Aggregate durch technisch verbesserte bzw. kapitalintensivere Aggregate ersetzt werden, spricht man von *Rationalisierungs-* oder *Modernisierungsinvestitionen*, andernfalls von *„reinen" Ersatzinvestitionen*.

Wie in Abschnitt II.D soll in diesem Abschnitt vor allem auf Aggregate abgestellt werden. Eine *projektmäßige Isolierung* ist bei Entscheidungen über Ersatztermine leichter möglich als bei Erweiterungsinvestitionen, da die Auswirkungen auf sonstige Investitionsprojekte in der Regel geringfügig bzw. leicht quantifizierbar sind.

Die *zeitliche Verbundenheit* der Aggregate mit ihren Nachfolgern muß jedoch beachtet werden. Z. B. sind folgende alternative Folgen von Aggregaten einander gegenüberzustellen und mittels des Kapitalwertes zu bewerten:

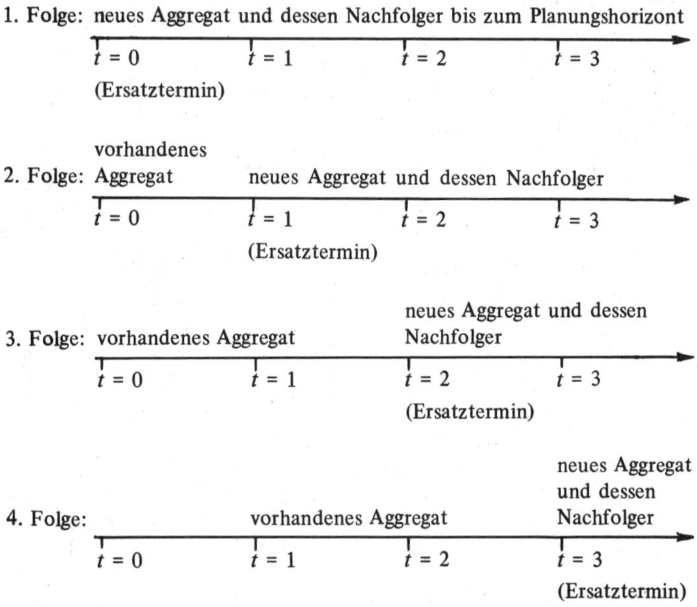

Für den Beispielfall wird die maximale Nutzungsdauer des vorhandenen Projekts mit 3 Jahren angenommen, es bestehen somit keine weiteren Alternativen.

Wenn nun unterstellt wird, daß das neue Aggregat und dessen Nachfolger identische Projekte sind, so braucht nur die Periode von $t = 0$ bis $t = 3$ betrachtet werden, denn ab $t = 3$ entstehen bei jeder Alternative gleiche Gewinnannuitäten. Um dies zu erreichen, wird zunächst angenommen, daß die Produktmenge, die mittels der untersuchten Aggregate erzeugt wird, nicht von der Kalenderzeit (jedoch eventuell vom Anlagetyp und vom Alter der Anlagen) abhängt. Weiters wird ein technischer Fortschritt in der Zukunft ausgeschlossen. Die Alternativen können nun folgendermaßen charakterisiert werden:

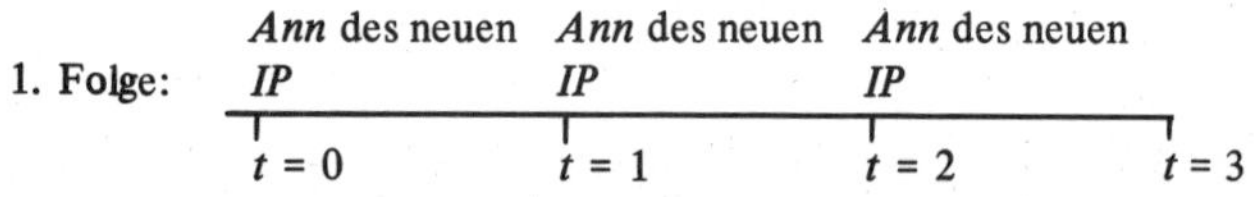

2. Folge:

Grenzgewinn des vorhandenen *IP* im 1. Jahr	*Ann* des neuen *IP*	*Ann* des neuen *IP*	
$t = 0$	$t = 1$	$t = 2$	$t = 3$

3. Folge:

Grenzgewinn des vorhandenen *IP* im 1. Jahr oder *Ann* des vorhandenen *IP* bei einer Restnutzungsdauer von 2 Jahren	Grenzgewinn des vorhandenen *IP* im 2. Jahr oder *Ann* des vorhandenen *IP* bei einer Restnutzungsdauer von 2 Jahren	*Ann* des neuen *IP*	
$t = 0$	$t = 1$	$t = 2$	$t = 3$

4. Folge:

Grenzgewinn des vorhandenen *IP* im 1. Jahr oder *Ann* des vorhandenen *IP* bei einer Restnutzungsdauer von 3 Jahren	Grenzgewinn des vorhandenen *IP* im 2. Jahr oder *Ann* des vorhandenen *IP* bei einer Restnutzungsdauer von 3 Jahren	Grenzgewinn des vorhandenen *IP* im 3. Jahr oder *Ann* des vorhandenen *IP* bei einer Restnutzungsdauer von 3 Jahren	
$t = 0$	$t = 1$	$t = 2$	$t = 3$

Um den optimalen Ersatztermin festzustellen, ist der Kapitalwert dieser vier Folgen von Annuitäten festzustellen und zu vergleichen.

Die Anzahl von Alternativen kann aber weiter herabgesetzt werden, wenn angenommen wird, daß die *Grenzgewinne* der vorhandenen Anlage *fallende Tendenz* haben, und zwar auf die ersten beiden Alternativen:

1. Folge:

Ann des neuen *IP*	
$t = 0$	$t = 1$

2. Folge:	Grenzgewinn des vorhandenen *IP* im 1. Jahr
	$t = 0$ ——— $t = 1$

Dies kann wie folgt begründet werden: Ist der Grenzgewinn des vorhandenen Aggregats im 1. Jahr niedriger als die Gewinnannuität des neuen Aggregats, wird sofort ersetzt. Da der Grenzgewinn des vorhandenen Aggregats im Jahr 2 usw. noch niedriger liegt, kann sich aus der Betrachtung einer längeren Periode kein anderes Resultat ergeben. Ist der Grenzgewinn des vorhandenen Aggregats jedoch höher als die Gewinnannuität des neuen Aggregats, so ist die Entscheidung, das Aggregat zumindest noch ein Jahr weiterzubehalten, jedenfalls richtig. Zu $t = 1$ kann dann erneut untersucht werden, ob eine weitere Verlängerung der Investitionsdauer vorteilhaft ist.

Wenn die *Grenzgewinne* der vorhandenen Anlage dagegen *steigen*, kann dieser vereinfachte Vergleich des Grenzgewinns des vorhandenen Aggregats im 1. Jahr mit dem Durchschnittsgewinn der Neuanlage zu Fehlentscheidungen führen: Der Grenzgewinn des 1. Jahres kann niedriger sein als die Gewinnannuität der Neuanlage, was einen Ersatz hervorrufen würde. Die Entscheidung kann aber dann ungünstig sein, wenn der Grenzgewinn der vorhandenen Anlage im 2. Jahr höher wäre als die Gewinnannuität der Neuanlage.

Es kann festgehalten werden: Bei *fallenden Grenzgewinnen* des vorhandenen Aggregats und bei Gültigkeit der übrigen Prämissen genügt es, *den Grenzgewinn des vorhandenen Aggregats* im nächsten Jahr mit der *Gewinnannuität des günstigsten neuen Aggregats* zu vergleichen, um über Ersatz oder Beibehaltung des vorhandenen Aggregats zu entscheiden. Die Ermittlung der Gewinnannuität eines neuen Aggregats wurde bereits ausführlich gezeigt. Es wird im folgenden vorausgesetzt, daß das günstigste neue Aggregat *vor* der Entscheidung über den Ersatztermin festgestellt werden kann. (Dies ist allerdings insbesondere bei Kapitalknappheit nicht immer möglich!) Der zeitbezogene Grenzgewinn des vorhandenen Aggregats im Jahr t ergibt sich – wie im vorhergehenden Kapitel erarbeitet wurde – aus den Einzahlungsüberschüssen in t, der Minderung des Restwertes zwischen $t-1$ und t und den Zinskosten für die Zeit zwischen $t-1$ und t: $Q_t - (R_{t-1} - R_t) - iR_{t-1}$.

Beispiel 30. Ein neues Aggregat weist folgende Daten auf: $A = 50000$, n (optimal) $= 5$, $R_5 = 10000$, Q_t (ohne A und R) $= 15000$ für $t = 1, \ldots, 5$. Das eventuell zu ersetzende Aggregat hat einen Restwert zu $t = 0$ von 2000. Am Ende des nächsten Jahres wird der Restwert 1500 betragen. Die im nächsten Jahr erwarteten Einzahlungsüberschüsse sind 4000. Die Grenzgewinne haben fallende Tendenz. $i = 0{,}10$.
Die Gewinnannuität des neuen Aggregats beträgt:

$$\left[\sum_{t=1}^{n} 15000(1+i)^{-t} + 10000(1+i)^{-n} - 50000\right].$$
$$\{i(1+i)^n/[(1+i)^n - 1]\} = 3448$$

Der zeitbezogene Grenzgewinn des vorhandenen Aggregats im nächsten Jahr ist:

$$4000 - (2000 - 1500) - 0{,}10 \cdot 2000 = 3300$$

Ein Ersatz ist daher angezeigt.

Wie das Beispiel zeigt, sind die *Entwertungs- und Zinskosten* einer Neuanlage zumeist höher als diejenigen einer Altanlage. Eine gebrauchte Anlage, die nur mehr zum Schrottwert veräußert werden kann, verursacht keine Entwertungskosten und nur geringfügige Zinskosten. Aus der Sicht der Entwertungs- und Zinskosten sind alte Anlagen daher neuen Anlagen vorzuziehen. Neuanlagen verursachen dagegen in der Regel niedrigere *laufende Kosten* (Reparaturkosten, Personalkosten, Energiekosten) und eventuell höhere *Einnahmen* (durch bessere Qualität der Produkte und/oder geringeren Ausschuß). Ein Ersatz ist daher dann angezeigt, wenn der Mehrbetrag der Einnahmenüberschüsse aus Neuanlagen ihre zusätzlichen Entwertungs- und Zinskosten überkompensiert.

Der *Restwert*, der zur Berechnung des Grenzgewinns einer vorhandenen Anlage (und des Durchschnittgewinns von Neuanlagen) heranzuziehen ist, ist der Liquidationspreis minus Liquidationskosten der Anlage. Er ist weder mit dem kalkulatorischen Restwert der Kostenrechnung noch mit dem Buchwert zu verwechseln. Kalkulatorische Restwerte sowie Buchwerte sind das Resultat kalkulatorischer bzw. handels- und steuerrechtlicher Abschreibungsverfahren und für eine auf Zahlungen aufbauende Investitionsrechnung ohne Bedeutung. Für Investitionsüberlegungen interessiert ausschließlich, welche Beträge bei Veräußerung des vorhandenen

Aggregats zu $t = 0$ bzw. zu $t = 1$ erzielt werden könnten. Die Differenz dieser Beträge ist der „Verlust", der durch die Beibehaltung des Aggregats in Kauf genommen wird. Er ist zu ergänzen durch Zinsaufwendungen auf den Restwert zu $t = 0$; denn dieser Betrag könnte zu $t = 0$ zinsbringend angelegt werden.

Die Höhe des Buchwertes ist allerdings dann von Interesse, wenn in die Ersatzterminberechnung Steuern einbezogen werden, da die Differenz zwischen Restwert und Buchwert bei Ausscheiden des Aggregats steuerpflichtig ist. Auch kann der Buchwert dadurch die Investitionsentscheidung beeinflussen, daß er bei Ersatzinvestitionen ausgebucht werden muß und daher den Bilanzausweis verändert. Unternehmungen mit ungünstiger Ertragslage könnten daher vor einer an sich gewinnbringenden Ersatzinvestition zurückschrecken, wenn sie durch diese gezwungen werden, einen hohen Buchwert vorhandener Aggregate (bei niedrigerem Restwert) auszubuchen und damit den Bilanzgewinn weiter zu verringern. Diese Erwägung ist allerdings mit der hier zugrundeliegenden Zielsetzung der Unternehmung nicht vereinbar.

Das Konzept der *Differenzzahlungen* kann selbstverständlich auch hinsichtlich des Vergleiches des vorhandenen Aggregats mit der Neuanlage verwendet werden. Alle Daten, die für beide Varianten (Beibehaltung oder Ersatz) gleich sind, brauchen in den Vergleich nicht einbezogen zu werden (Raumkosten, Erlöse, Verwaltungskosten usw.).

Wenn nun im Gegensatz zu den bisherigen Annahmen unterstellt wird, daß die Grenzgewinne der vorhandenen Anlage noch *steigende Tendenz* zeigen, müssen mehrere Ersatztermine untersucht werden.

Beispiel 31. Die Grenzgewinne des vorhandenen Aggregats sind für die Jahre 1, 2, 3 und 4: 600, 800, 730 bzw. 600. Das günstigste neue Objekt weist eine

Grenz- bzw. Durchschnittsgewinne bei unterschiedlichen Ersatzterminen:				
	$t = 1$	$t = 2$	$t = 3$	$t = 4$
Folge 1 (Ersatz $t = 0$)	650	650	650	650
Folge 2 (Ersatz $t = 1$)	600	650	650	650
Folge 3 (Ersatz $t = 2$)	600	800	650	650
Folge 4 (Ersatz $t = 3$)	600	800	730	650
Folge 5 (Ersatz $t = 4$)	600	800	730	600

Gewinnannuität von 650 auf. Zu Beginn welchen Jahres ist das vorhandene Objekt zu ersetzen?
Folge 4, der Ersatz zu $t = 3$ ist somit die günstigste Alternative, wie man durch Berechnung des Kapitalwertes der Folgen eindeutig zeigen kann. Man sieht, bei einem Vergleich nur der Alternativen 1 und 2 wäre eine falsche Entscheidung, nämlich der sofortige Ersatz, getroffen worden.

Steigende Gewinne von gebrauchten Anlagen ergeben sich häufig nach *Generalreparaturen*. Wenn Generalreparaturen in Frage kommen, ist zwischen drei Möglichkeiten zu wählen: sofortiger Ersatz des vorhandenen Objekts, Beibehaltung des vorhandenen Objekts ohne Generalreparatur und Beibehaltung des vorhandenen Objekts für eine noch zu errechnende Zeit nach der Generalreparatur (siehe Übungsbeispiele).

Zinssatz- und *Restwertänderungen* beeinflussen den optimalen Ersatztermin in analoger Weise wie die optimale Investitionsdauer bei identischer Reinvestition. Zinssatzerhöhungen belasten die Gewinnannuität der Neuanlage stärker als den Grenzgewinn der vorhandenen Anlage und wirken daher ersatzverzögernd. Eine proportionale Erhöhung aller Restwerte erhöht die Restwertminderung und die Zinskosten der Altanlagen und mindert daher deren Gewinn; sie erhöht gleichzeitig den Gewinn der Neuanlage. Sie wirkt daher ersatzfördernd.

Auch hier kann die Frage gestellt werden: Bei welchem Restwert der vorhandenen Anlage zu $t = 0$ ist man zwischen Weiterbetrieb des Aggregats und Ersatz indifferent? Es ist dies der Restwert, bei dem die Gewinnannuität der vorhandenen Anlage und die Gewinnannuität der Neuanlage gleich sind. Dabei ist eine bestimmte Restnutzungsdauer für die vorhandene Anlage zu unterstellen (Index der Altanlage: 1, die für sie angenommene Restnutzungsdauer ist n_1):

$$\left[\sum_{t=1}^{n_1} Q_{t1}(1+i)^{-t} + R_{n_1 1}(1+i)^{-n_1} - R_{01}\right] \cdot$$

$$\{i(1+i)^{n_1}/[(1+i)^{n_1}-1]\}$$

= Gewinnannuität der Altanlage = Gewinnannuität der vergleichbaren Neuanlage.

Beispiel 32. Die Gewinnannuität des neuen Aggregats ist 650. Ein vorhandenes, dem gleichen Zweck dienendes Aggregat könnte noch 2 Jahre genutzt werden und wird nach dieser Periode noch einen Restwert von 200 aufweisen. Q_{11} und Q_{21} sind 800 und 700. $i = 0{,}10$. Welchen Restwert muß das vorhandene Aggregat zu $t = 0$ haben, damit man zwischen Ersatz und Weiterbetrieb indifferent ist?

$$(800 \cdot 1{,}10^{-1} + 700 \cdot 1{,}10^{-2} + 200 \cdot 1{,}10^{-2} - R_{01})0{,}57619 = 650$$
$$R_{01} = 343$$

Bei einem Restwert von 342 wäre man zwischen den Alternativen indifferent, bei einem höheren Restwert würde man ersetzen.

Solche kritische Restwerte sind auch dann ermittelbar, wenn man sowohl der Neuanlage als auch der Altanlage keine Einzahlungen, sondern nur Auszahlungen zurechnen könnte (E. Schneider [Wirtschaftlichkeitsrechnung 110 ff.]).

Besondere Probleme für Ersatzinvestitionen entstehen, wenn die *Leistungsmenge* eines Investitionsprojekts *von der Zeit abhängt*. Dann kann nämlich die hier vorgenommene zeitliche Isolierung nicht mehr ohne Fehlermöglichkeiten vorgenommen werden. So bezieht sich der Grenzgewinn der vorhandenen Anlage im nächsten Jahr auf die Produktmenge des nächsten Jahres, der Durchschnittsgewinn der neuen Anlage aber auf die (durchschnittliche) Produktmenge während der optimalen Investitionsdauer der Neuanlage. Sie sind insofern unvergleichbar.

Man wird in dieser Situation oft nicht umhin können, unterschiedliche Folgen von Ersatzterminen der vorhandenen Anlage und der Nachfolgeinvestitionen bis zum Planungshorizont zu bilden und zu bewerten. Zu einer ungefähr richtigen Beurteilung kann man in dieser Situation dann gelangen, wenn statt der durchschnittlichen Gewinne (Grenzgewinne) je Periode die durchschnittlichen Gewinne (Grenzgewinne) *je Leistungseinheit* verglichen werden.

Beispiel 33. Eine Unternehmung benötigt einen LKW für Auslieferungen. Man rechnet in den Jahren 1969, 1970, 1971 und 1972 mit einer Fahrleistung von 40 000, 50 000, 60 000 und 70 000 km. Der vorhandene LKW würde, falls man ihn im Jahr 1969 behielte, für die verlangte Fahrleistung (40 000 km) Kosten von 0,80 je km (laufende Auszahlungen, Restwertabnahme, Zinskosten) erfordern. Ein neuer LKW mit einer optimalen Investitionsdauer von 4 Jahren würde im Durchschnitt Kosten von 0,90 pro km verursachen. Die Einnahmen je km sind 1,20.

Wenn man den Grenzgewinn des vorhandenen LKWs pro Jahr ($40\,000 \cdot 1{,}20 - 40\,000 \cdot 0{,}80 = 16\,000$) mit dem Durchschnittsgewinn des neuen LKWs [55 000 (durchschnittliche km-Leistung) $\cdot$ 1,20 $-$ 55 000 $\cdot$ 0,90] = 16 500 vergleicht, würde man einen Ersatz befürworten. Ein solcher Vergleich ist unzulässig, da für die vorhandene Anlage mit einer km-Leistung von 40 000, für die neue Anlage mit einer solchen von 55 000 gerechnet wird. Ein auf einen Kilometer bezogener Kostenvergleich zeigt, daß der vorhandene LKW weiterbetrieben werden soll: Die von ihm verursachten Kosten je km sind geringer.

2. Der Einfluß des künftigen technischen Fortschritts auf den Ersatztermin

Durch die einleitenden Annahmen wurde auch der zukünftige technische Fortschritt ausgeschlossen. Wird er einbezogen, so ergibt sich, daß zu unterschiedlichen Ersatzterminen unterschiedliche neue Aggregate beschafft werden und deshalb eine zeitliche Isolierung nicht erfolgen kann. Ein *zukünftiger technischer Fortschritt* resultiert in einer Tendenz zur Verzögerung der Ersatzinvestition, da ein Zuwarten es ermöglicht, etwa im nächsten Jahr eine technisch verbesserte Anlage zu beschaffen. Wenn – wie in Abschnitt II.D.3 – angenommen wird, der technische Fortschritt bewirkt, daß die in t konstruierten Aggregate pro Jahr um g geringere laufende Auszahlungen erfordern als die in $t-1$ konstruierten Aggregate, so kann der zukünftige technische Fortschritt folgendermaßen berücksichtigt werden: Bei der Berechnung des Kapitalwertes und auch der optimalen Nutzungsdauer der *Neuanlage* sind den Auszahlungen des t-ten Nutzungsjahres $(t-1)g$ Geldeinheiten als opportunity costs hinzuzurechnen (vgl. früher). Dadurch vermindert sich die Gewinnannuität der Neuanlage, es ergibt sich die festgestellte Tendenz zur Verkürzung der optimalen Nutzungsdauer der Neuanlage und die Tendenz zur Verzögerung der Ersatzinvestition.

Aus der Aussage, daß der *zukünftige* technische Fortschritt die Ersatzinvestitionen eher verzögert, darf nicht geschlossen werden, daß der technische Fortschritt überhaupt eine ersatzhemmende Wirkung hat. Der Ersatz wird ja andererseits dadurch beschleunigt, daß die Neuanlagen, die den vorhandenen Anlagen gegenübergestellt werden, infolge des *technischen Fortschritts in der Vergangenheit* günstiger sind. Der in der Vergangenheit bereits eingetretene technische Fortschritt wirkt also *ersatzfördernd.* Aus Abschnitt II.D.3 ist ersichtlich, daß bei den dort gemachten Annahmen die nutzungsdauerverkürzende Wirkung des technischen Fortschritts überwiegen muß; denn insgesamt ergab sich eine Tendenz zur Verkürzung der Investitionsdauer. (Der technische Fortschritt der Vergangenheit wirkt allerdings insoweit nicht ersatzfördernd, als sich durch technische Neuentwicklungen auch die Kosten der vorhandenen Anlage mindern; diese werden dann verringert, wenn der Eintritt des technischen Fortschritts den Restwert der vorhandenen Anlagen senkt und daher zu verminderten (zukünftigen!) Entwertungs- und Zinskosten für Altanlagen führt.)

Insbesondere Terborgh hat den Einfluß des technischen Fortschritts auf den Ersatztermin von Aggregaten untersucht und Formblätter und Tabellen als Hilfsmittel für Investitionsentscheidungen entwickelt, die den zukünftigen technischen Fortschritt berücksichtigen. Die von Terborgh entwickelte MAPI-Methode wurde in drei Varianten vorgetragen (Terborgh [Equipment Policy]; Terborgh [Investitionspolitik]; Terborgh [Investment Management]). In der *dritten MAPI-Methode* wird folgende *Rendite nach Steuern* als Maß für die Dringlichkeit eines Investitionsprojekts berechnet:

$$\text{Rendite nach Steuern} = \frac{a + b - c - d}{x}$$

a = durchschnittliche jährliche Einsparungen an Betriebskosten und Mehrerlöse eines neuen Aggregats gegenüber dem vorhandenen Aggregat während der Vergleichsperiode. Vergleichsperiode ist – wie in dieser Publikation – bei fallenden Grenzgewinnen der vorhandenen Anlage ein Jahr.

b = durchschnittlich vermiedene Entwertungskosten der vorhandenen Anlage während der Vergleichsperiode.

c = durchschnittliche Entwertungskosten des neuen Aggregats während der Vergleichsperiode. Sie werden aus Tabellen abgelesen, die dem Einfluß des technischen Fortschritts und dem steuerlich zulässigen Abschreibungsverfahren Rechnung tragen.

d = durchschnittliche zusätzliche Gewinnsteuern während der Vergleichsperiode. Sie hängen ebenfalls vom Abschreibungsverfahren ab.

x = durchschnittliches, in dem neuen Aggregat zusätzlich gebundenes Kapital in der Vergleichsperiode. Das in dem neuen Aggregat zusätzlich gebundene Kapital ist zu Beginn der Vergleichsperiode gleich dem Anschaffungspreis des neuen Aggregats minus dem Liquidationspreis der vorhandenen Anlage. Am Ende der Vergleichsperiode ergibt sich das in dem neuen Aggregat zusätzlich gebundene Kapital aus dem Restnutzungswert des neuen Aggregats minus dem Liquidationswert der alten Anlage zu diesem Zeitpunkt. Der Restnutzungswert des neuen Aggregats ist aus Tabellen abzulesen. Er ist vom technischen Fortschritt und vom Abschreibungsverfahren beeinflußt. Das durchschnittliche zusätzlich gebundene Kapital ist nun das arithmetische Mittel aus dem zu Beginn und zum Ende der Vergleichsperiode gebundenen Kapital (Terborgh [Investment Management 81ff.]).

3. Übungsaufgaben

1. Ein vorhandenes Aggregat ist durch folgende Daten charakterisiert: $R_0 = 5000$, $R_1 = 2000$, Buchwert (zu $t = 0$) = 10000, Buchwert (zu $t = 1$) = 4000, $Q_1 = 6000$. Das vorhandene Aggregat könnte durch folgendes neues Aggregat ersetzt werden: $A = 30000$; $Q_t(t = 1, 2, \ldots, 5) = 12000$, 11000, 11000, 9000, 7000; $R_t(t = 1, 2, \ldots, 5) = 20000$, 15000, 10000, 5000, 1000. $r = 0{,}08$.
Ist das vorhandene Aggregat durch das neue Aggregat zu ersetzen?

Lösungshinweis: Vor Lösung der Aufgabe ist die optimale Investitionsdauer für das neue Aggregat zu ermitteln.

Lösung: Grenzgewinn des vorhandenen Aggregats = 2600
Annuität des neuen Aggregats bei der optimalen Investitionsdauer von 4 Jahren = 2888
Daher ist zu ersetzen.

2. Es sind die Prämissen zu formulieren, die es erlauben, den Ersatztermin so (einfach) wie in Übungsaufgabe 1 zu bestimmen.

3. die Gewinnannuität eines neuen Aggregats, das ein vorhandenes Aggregat ersetzen könnte, ist 3448. Das vorhandene Aggregat weist Einzahlungsüberschüsse im nächsten Jahr von 4000 auf. Am Ende des nächsten Jahres kann es nur mehr zum Schrottwert von 1500 veräußert werden. Die maximale Restnutzungsdauer des vorhandenen Aggregats ist 1 Jahr. $i = 0{,}10$.

a) Welches ist der kritische Restwert zum Entscheidungszeitpunkt, bei dem es gleichgültig ist, ob ersetzt wird oder nicht?

b) Soll ersetzt werden, wenn der tatsächliche Restwert niedriger ist als der kritische Restwert?

Lösung: a) $R_0 = 1865{,}50$
b) nein

4. Ein Vertreter einer Maschinenfabrik möchte A zum Kauf eines neuen Bohraggregats zum 1. 1. 1990 bewegen. Das vorhandene Aggregat könnte maximal noch 3 Jahre eingesetzt werden. Es würde Personal-, Energie-, Reparatur- und Ausschußkosten von 25000 im Jahr 1990, von 34000 im Jahr 1991 und von 43000 im Jahr 1992 verursachen. Es wäre 1990 nur mehr zum Schrottwert von 5000 zu veräußern. Das neue Aggregat hat einen Anschaffungspreis von 100000, eine Nutzungsdauer von 10 Jahren, einen

Schrottwert von 5000. Sein Einsatz erfordert Personal-, Energie-, Reparatur- und Ausschußkosten von durchschnittlich 20000 pro Jahr. Der Vertreter argumentiert nun folgendermaßen: Ein Ersatz ist vorteilhaft, da das vorhandene Aggregat durchschnittliche Kosten von (25000 + 34000 + 43000)/3 = 34000, das neue Aggregat jedoch nur Abschreibungskosten von (100000 − 5000) / 10 = 9500 und sonstige laufende Kosten von 20000, zusammen also durchschnittliche Kosten von 29500 pro Jahr erfordert. Außerdem verweist er darauf, daß die neue Anlage eine um 10% höhere Kapazität aufweist. Die Mehrkapazität würde ab 1992 benötigt werden.

a) Welche zwei Fehler enthält die Argumentation des Vertreters?
b) Zu welchem Zeitpunkt sollte die Ersatzinvestition erfolgen?

Lösungshinweise: Der Vertreter unterstellte eine Nutzungsdauer für das vorhandene Aggregat von 3 Jahren. Ist dies berechtigt? Sind Zinskosten berücksichtigt ($i = 0{,}10$)?

Lösung: b) günstigster Ersatztermin = 1. 1. 1992

5. Die Bundesbahn erwägt, eine Nebenbahn aufzulassen und eventuell durch eine Autobuslinie zu ersetzen. Der damit beauftragte Sachbearbeiter stellt folgende Rechnung auf:

	Bahnbetrieb	Autobusbetrieb
Abschreibungen und Zinskosten für sachliche Anlagen (die Zinskosten sind beim Bahnbetrieb von den gegenwärtigen Buchwerten, beim Autobusbetrieb von den erforderlichen Anschaffungspreisen berechnet)	800000	150000
Kosten des Bahnhofpersonals	650000	
Kosten des Zugförderungspersonals	300000	
Personalkosten für den Autobusbetrieb		200000
Sonstige Kosten (Energie, Reparaturkosten usw.)	120000	140000
Summe der jährlichen Kosten	1870000	490000
Einnahmen aus dem Personenverkehr	280000	340000
Einnahmen aus dem Güterverkehr	220000	
jährlicher Verlust	1370000	150000

Die Einnahmen aus dem Personenverkehr sind beim Autobusbetrieb vor allem wegen höherer Tarife für Arbeiter- und Schülerwochenkarten höher.

a) Ist der Vergleich richtig durchgeführt worden?

b) Ist der Bahnbetrieb durch den Autobusbetrieb zu ersetzen?

c) Welche anderen Alternativen sind denkbar?

Lösungshinweise: zu a): Ist es richtig, Abschreibungs- und Zinskosten, berechnet von Buchwerten, zu den Kosten des Bahnbetriebs zu rechnen, wenn bei Einstellung des Betriebes die Anlagen abgebrochen werden müssen und die Abbruchskosten etwa den Liquidationserlösen bzw. den Vorteilen anderweitiger Nutzung der Gegenstände entsprechen? Es ist auch die Einsatzfähigkeit des Personals an anderen Dienststellen zu beachten. Sollte bedacht werden, welche Zubringerleistungen die Nebenbahn für Hauptstrecken erbringt?

6. Eine Aktiengesellschaft hat vor 3 Jahren eine Produktionsanlage für 1000000 beschafft, die infolge der in der Zwischenzeit eingetretenen, überraschenden technischen Entwicklung einen Restwert = Schrottwert von 50000 hat. Der Buchwert der Produktionsanlage ist 700000. Da schon die Personalkosten die Erlöse aus den durch die Anlage produzierten Produkten übersteigen, wird der Ersatz der Produktionsanlage durch eine Neuanlage erwogen, deren Gewinnannuität vom Investitionsrechner mit 100000 errechnet wurde. Die Bilanz der Unternehmung weist einen geringfügigen Verlust aus, verursacht u.a. durch obige Fehlinvestition.
Sollte die Unternehmung die Rationalisierungsinvestition vornehmen?

7. *A* besitzt einen gebrauchten PKW, den er für 500 veräußern könnte. Der Veräußerungspreis bei einer Desinvestition nach einem Jahr wäre 400. *A* rechnet mit Reparaturkosten von 1000 während des nächsten Jahres.

Sollte *A* den PKW gegen ein neues, gleich großes Fahrzeug tauschen, daß bei einer Nutzungsdauer von 5 Jahren einen Anschaffungspreis von 4000, einen Liquidationspreis von 500 und durchschnittliche Reparaturkosten von 300 aufweist? $i = 0{,}10$. Alle sonstigen Auszahlungen sind beim neuen und vorhandenen PKW identisch.

Lösung: Ein Ersatz ist nicht vorteilhaft.

8. Ein schon einige Jahre altes Aggregat hat einen Restwert von 1000, der Restwert nach einem Jahr wird 500 betragen. Die Einzahlungsüberschüsse aus diesem Aggregat im nächsten Jahr sind 2000. $i = 0{,}10$. Es wird erwogen, eine Generalreparatur des alten Aggregats durchzuführen oder das Aggregat durch eine neue Anlage mit einer Gewinnannuität von 1800 zu ersetzen. Die Generalreparatur würde 1000 erfordern, sie würde den Restwert nach einem Jahr auf 1200 und den Restwert nach zwei Jahren auf 500 erhöhen (maximale Nutzungsdauer = 2 Jahre). Die Einzahlungsüberschüsse während der nächsten zwei Jahre würden auf 2500 je Jahr erhöht werden.

Welche der Alternativen – sofortiger Ersatz, Generalreparatur und Ersatz nach einem bzw. zwei Jahren – ist günstiger?

Lösungshinweis: Bei der Annuitätsberechnung für die generalreparierte Anlage ist als Anschaffungspreis der gegenwärtige Restwert plus die Kosten der Generalreparatur anzunehmen.

Lösung: Der sofortige Ersatz ist vorteilhaft.

9. Ein schon einige Jahre vorhandenes Aggregat (1) kann nur mehr zum Schrottwert von 1000 veräußert werden. Es würde im nächsten Jahr Einzahlungsüberschüsse von 1500 erbringen. Das Aggregat könnte durch eine neue Maschine (2) ersetzt werden, die folgende Daten aufweist: $A = 10000$, $Q_t = 4000$, $n = 5$ Jahre, $R_n = 1000$. Würde man mit dem Ersatz noch 1 Jahr warten, könnte eine noch in Entwicklung befindliche Anlage (3) mit folgenden Daten beschafft werden: $A = 11000$, $Q_t = 5500$, $n = 5$ Jahre, $R_n = 1000$. $i = 0{,}10$. Ein weiterer technischer Fortschritt wird ausgeschlossen. Falls Aggregat 2 gewählt wird, würde man es nach fünf Jahren durch Aggregat 3 ersetzen; im folgenden würde Aggregat 3 identisch reinvestiert werden. Falls man das vorhandene Aggregat für ein weiteres Jahr beibehält und danach durch Aggregat 3 ersetzt, würde Aggregat 3 fortlaufend identisch reinvestiert werden.
Zu welchem Zeitpunkt soll das vorhandene Aggregat ersetzt werden?

Lösungshinweis: Es ist der Kapitalwert der beiden zur Wahl stehenden Ketten bis $t \to \infty$ zu errechnen.

Lösung: Ein Ersatz nach einem Jahr ist vorteilhafter (K_0 der Kette = 26382, gegenüber einem K_0 der Kette bei sofortigem Ersatz von 22933).

10. Übungsaufgabe 1 ist unter Einbeziehung einer Gewinnsteuer ($s = 0{,}50$) zu lösen. r ist entsprechend auf 0,04 zu reduzieren. Das neue Aggregat wird über fünf Jahre steuerlich abgeschrieben. Abschreibung des vorhandenen Aggregats im nächsten Jahr: 6000 (= Differenz der Buchwerte).

Lösungshinweis: Es ist zu beachten, daß auch beim vorhandenen Aggregat die Differenz zwischen Restwert und Buchwert zur Steuerbasis zählt.

Lösung: Grenzgewinn des vorhandenen Aggregats nach Steuern = 1200
Annuität des neuen Aggregats bei der optimalen Investitionsdauer von vier Jahren = 1427.
Daher ist zu ersetzen.

4. Weiterführende Literatur

Grant, Ireson [Engineering Economy 364–406]. – Hastings [Repair Limit]. – Jacob [Ersatzproblem]. – Kleineidam, Seutter [Ersatzzeitpunkt]. – Moxter [Nutzungsdauer]. – E. Schneider [Wirtschaftlichkeitsrechnung 94–115]. – Seelbach [Ersatztheorie]. – Stapleton, Hemmings, Scholefield [Optimal Life]. – Swoboda [Ersatzinvestitionen]. – Taylor [Managerial Economy 191–217]. – Terborgh [Investment Management].

F. Die Messung und die Berücksichtigung des Investitionsrisikos

Risiko für die Kapitalgeber entsteht dann, wenn die Zahlungen zwischen ihnen und der Unternehmung zu zukünftigen Zeitpunkten nicht mit Sicherheit feststehen, sondern unterschiedliche Größen annehmen können. Etwas unpräzise läßt sich sagen: Das Risiko ist umso größer, je stärker die möglichen Zahlungen um ihren Erwartungswert schwanken und je größer die Wahrscheinlichkeit ist, daß extreme Werte eintreffen. Dies demonstrieren folgende Vergleiche. Die Zahlungen an Person A im Jahre t können mit je 0,333 Wahrscheinlichkeit 2, 3 oder 4, diejenigen an Person B 1, 3 oder 5 betragen. Die Zahlungen an beide Personen haben einen mathematischen Erwartungswert von 3: $0{,}333 \cdot 2 + 0{,}333 \cdot 3 + 0{,}333 \cdot 4 = 3$ und $0{,}333 \cdot 1 + 0{,}333 \cdot 3 + 0{,}333 \cdot 5 = 3$. Die Unsicherheit ist aber für B größer. Ein weiterer Vergleich: Die Zahlungen an Person A im Jahre t können mit je 0,333 Wahrscheinlichkeit 2, 3 oder 4, diejenigen an Person B 2, 3 oder 4, aber mit Wahrscheinlichkeiten von 0,45, 0,10 und 0,45, betragen. Der Erwartungswert ist auch hier für beide Personen 3. Dennoch ist das Risiko im Sinne von Unsicherheit für B größer, weil die extremen Werte mit größerer Wahrscheinlichkeit eintreten.

Risiko wird in dieser Arbeit somit im Sinne von *Unsicherheit über zukünftige Zahlungen* aufgefaßt. Manche Autoren sprechen von Risiko nur dann, wenn sie daran denken, daß die tatsächlichen Zahlungen geringer als der Erwartungswert, in den obigen Beispielen geringer als 3, sein können. Die Möglichkeit, daß die Zahlungen größer als der Erwartungswert sind, bezeichnen sie als Chance. Dieser Differenzierung wird hier nicht gefolgt.

Unter *Investitionsrisiko* wird das Risiko verstanden, das die Anteilseigner bei ausschließlicher Eigenfinanzierung tragen. Bei teilweiser Fremdfinanzierung tragen sie zusätzlich das Kapitalstrukturrisiko, das erst in Abschnitt III.A.1 eingeführt wird. Das Investitionsrisiko hängt nicht nur von der Art der eingesetzten Aggregate, sondern auch vom Finanzvermögen und vom Umlaufvermögen ab. Dennoch soll im folgenden primär auf das Investitionsrisiko aus Aggregaten abgestellt werden.

1. Sensitivitätsanalysen

Ein erstes Mittel, um in das Risiko aus Investitionsprojekten Einblick zu gewinnen, sind Sensitivitätsanalysen. Zunächst wird der Kapitalwert (der interne Zinsfuß etc.) auf Basis der erwarteten Zahlungen ermittelt. Im nächsten Schritt wird gefragt, wie sich der Kapitalwert (der interne Zinsfuß etc.) oder auch die Wahl zwischen zwei Alternativen ändert, falls bestimmte Istdaten (z. B. Absatzmengen, Absatzpreise, Anschaffungsauszahlungen, Restwert etc.) von den Plandaten abweichen. Solche Sensitivitätsanalysen wurden bereits in den vorangegangenen Abschnitten mehrfach durchgeführt; so zu z. B. als gefragt wurde, wie der Kapitalwert, oder die relative Vorteilhaftigkeit eines kapitalintensiven gegenüber einem kapitalextensiven Aggregats, oder die optimale Nutzungsdauer sich ändert, falls der Zinssatz sich erhöht. Können sich die analysierten Daten relativ stark ändern, ohne daß etwa der Kapitalwert in den negativen Bereich gelangt oder sich die Rangfolge von Investitionsprojekten verschiebt, sind also die Resultate in Hinblick auf Datenänderungen nicht sensitiv, ist das Investitionsrisiko gering (siehe Übungsbeispiel 1).

Eine besondere Ausprägung der Sensitivitätsanalyse ist die Ermittlung *kritischer Werte*. Hier wird z. B. gefragt, um wieviel die jährliche Absatzmenge höchstens abnehmen darf, damit der Kapitalwert im positiven Bereich bleibt; oder damit ein bestimmtes Investitionsprojekt günstiger als seine Alternative bleibt. Die in Abschnitt II.D. ermittelten hypothetischen Restwerte – bei denen jede in Frage kommende Nutzungsdauer gleich optimal ist – sind ebenfalls solche kritischen Werte.

Auch die Amortisationsdauer kann als ein solcher kritischer Wert interpretiert werden: Ist die Nutzungsdauer des Projekts mindestens solange wie die Amortisationsdauer, so wird c. p. zumindest der Anschaffungspreis wieder hereingespielt.

2. Die Ermittlung von Wahrscheinlichkeitsverteilungen für Investitionskriterien

Während bei Sensitivitätsanalysen keine Aussagen über die Wahrscheinlichkeiten von Abweichungen der Istdaten von den erwarteten Daten getroffen werden müssen, benötigt man für die Ermittlung von Wahrscheinlichkeitsverteilungen von Kapitalwerten, internen Zinsfüßen etc. Vorstellungen über die möglichen aus einem Investititonsprojekt resultierenden Ein- und Auszahlungen und deren Wahrscheinlichkeit. Die Zahlungen aus einem Investitionsprojekt zu $t = 1$ bis n können nun von sehr vielen Ereignissen abhängen. Sie werden durch die konjunkturelle Entwicklung, die Wirtschaftspolitik des Staates, technische Entwicklungen, Naturkatastrophen, Wandlungen in den Bedürfnissen der Kunden, Material- und Bedienungsfehler usw. beeinflußt. Eine bestimmte mögliche Abfolge von Ereignissen von $t = 0$ bis zum Planungshorizont sei *Ereignisfolge* genannt. Es wird im folgenden angenommen, der Investor könne die ihm bei einer bestimmten Ereignisfolge zufließenden Zahlungen quantifizieren und jeder möglichen Ereignisfolge eine Wahrscheinlichkeit zuordnen. Beispiel 34 zeigt, wie unter dieser Voraussetzung die Wahrscheinlichkeitsverteilung der Kapitalwerte und auch der erwartete Kapitalwert eines Investitionsprojekts ermittelt werden kann.

Beispiel 34. Die Unternehmung stehe vor der Wahl, $IP1$, $IP2$ oder eine Kombination von $IP1$ und $IP2$ zu realisieren. Es können vier Ereignisfolgen $f, f = 1, \ldots, 4$, eintreten. Die Wahrscheinlichkeiten W_f, mit denen die Ereignisfolgen eintreten, und die ihnen entsprechenden Zahlungen sind aus untenstehender Tabelle ersichtlich:

Die Tabelle kann etwa wie folgt interpretiert werden. In der ersten Periode kann eine günstige konjunkturelle Entwicklung eintreten, die z. B. bei Wahl von $IP1$ zu Zahlungen von 80 führt, oder eine ungünstige wirtschaftliche Lage, die nur Zahlungen von 60 verursacht. Die Wahrscheinlichkeiten, mit denen diese beiden Entwicklungen eintreten, werden auf 0,60 bzw. 0,40 geschätzt. Welche Ereignisse mit welchen Wahrscheinlichkeiten in Periode 2 sich ergeben können, hängt davon ab, welche konjunkturelle Entwicklung sich in Periode 1 vollzogen hat usw. Jede mögliche Kombination von Ereignissen ist eine Ereignisfolge. So ist die Ereignisfolge 1 jene Kombination von Ereignissen, die hinsichtlich $IP1$ Zahlungen von 80 zu $t = 1$ und von 80 zu $t = 2$ mit sich bringt. Falls $IP2$ gewählt wird, ist Ereignisfolge 1 mit Zahlungen von 140 und 200 verbunden. Diese Ereignisfolge 1 tritt mit einer Wahrscheinlichkeit von 0,42 auf. Denn für die Realisierung dieser Ereignisfolge sind zwei Einzelereignisse notwendig: der Eintritt einer bestimmten Situation zu $t = 1 (W = 0{,}60)$ und einer bestimmten Situation zu $t = 2 (W = 0{,}70)$. Die Wahrscheinlichkeit des kombinierten Ereignisses, der Ereignisfolge, ist daher $0{,}60 \cdot 0{,}70 = 0{,}42$. Je mehr unterschiedliche Ereignisse pro Jahr eintreten können, die die Q_{tj} beeinflussen, und je größer n ist, desto verzweigter wird eine solche Darstellung.

Der *Kapitalwert* (K_{0fj}) *des Projekts j* bei einer bestimmten Ereignisfolge f ist:

	$-A_j$		Q_{1j}		Q_{2j}		w_f
IP 1	− 100	$W = 0{,}60$	80	$W = 0{,}70$	80		0,42
				$W = 0{,}30$	60		0,18
		$W = 0{,}40$	60	$W = 0{,}60$	70		0,24
				$W = 0{,}40$	50		0,16
						Summe	1,00
IP 2	− 200	$W = 0{,}60$	140	$W = 0{,}70$	200		0,42
				$W = 0{,}30$	160		0,18
		$W = 0{,}40$	80	$W = 0{,}60$	60		0,24
				$W = 0{,}40$	100		0,16
						Summe	1,00

$$K_{0fj} = -A_j + \sum_{t=1}^{n} Q_{tfj}(1+z)^{-t} \qquad (32)$$

z ist ein Zinsfuß für risikolose Anlagen; man will ja erst einen Überblick über das Risiko gewinnen, daher wird (noch) keine Risikoprämie im Zinssatz berücksichtigt. z sei in diesem Fall 0,08. Die Kapitalwerte der Investitionsprojekte bei unterschiedlichen Ereignisfolgen sind:

	Kapitalwerte bei Ereignisfolge			
	1	2	3	4
IP 1	$-100 + 80 \cdot 1{,}08^{-1} + 80 \cdot 1{,}08^{-2} = 43$	25	16	− 2
IP 2	101	67	− 75	− 40

Je nach Ereignisfolge ergeben sich somit unterschiedliche Kapitalwerte. Der *erwartete Kapitalwert* (K_{0j}) *des Projekts j* kann nun durch Summierung der Produkte aus möglichen Kapitalwerten mal Wahrscheinlichkeiten ermittelt werden:

$$K_{0j} = \sum_f W_f K_{0fj} \qquad (33)$$

$$K_{01} = 0{,}42 \cdot 43 + 0{,}18 \cdot 25 + 0{,}24 \cdot 16 + 0{,}16 \cdot (-2) = 26$$
$$K_{02} = 0{,}42 \cdot 101 + 0{,}18 \cdot 67 + 0{,}24 \cdot (-75) + 0{,}16 \cdot (-40) = 30$$

Der *erwartete Kapitalwert* (K_{0I}) *des Investitionsprogramms*, bestehend aus je einem *IP* 1 und *IP* 2, ist:

$$K_{0I} = \sum_j K_{0j} X_j = \sum_j \sum_f W_f K_{0fj} X_j \qquad (34)$$

X_j = Anzahl der *IP* des Typs j

$$K_{0I} = 56$$

Dabei ist vorausgesetzt, daß *keine* zahlungsmäßigen Interdependenzen zwischen den Projekten bestehen.

Bei sehr vielen Zuständen, d. h. wenn viele Parameter zahlreiche Werte annehmen können, ist die analytische Ermittlung einer Wahrscheinlichkeitsverteilung, wie sie in Beispiel 34 gezeigt wurde, recht aufwendig. In diesem Falle bietet sich die *(Monte Carlo) Simulation* als „Generator der Wahrscheinlichkeitsverteilung" an. Die unbedingten oder bedingten Wahrscheinlichkeitsverteilungen der einzelnen Parameter werden in Zufallszahlen abgebildet. Wenn

z. B., wie in Beispiel 34 für *IP* 1, Q_1 = 80 mit W = 0,60 bzw. Q_1 = 60 mit W = 0,40, so können dem ersten Fall zweistellige Zufallszahlen von 0,00–0,59 und dem zweiten Fall zweistellige Zufallszahlen von 0,60–0,99 zugeordnet werden. Q_2 ist – falls Q_1 = 80 war – 80 (mit W = 0,70) oder 60 (mit W = 0,30). Dem entsprechen Zufallszahlen von 0,00–0,69 bzw. 0,70–0,99 etc. Wenn man nun alle Wahrscheinlichkeitverteilungen der unsicheren Parameter in Zufallszahlen abgebildet hat, läßt man durch einen Zufallszahlengenerator soviele Zufallszahlen generieren, als unsichere Parameter zu berücksichtigen sind. Im obigen Beispiel sind dies zwei Zufallszahlen (für die Einzahlungsüberschüsse des ersten bzw. zweiten Jahres). Im nächsten Schritt kann nun festgestellt werden, welche Parameter diesen Zufallszahlen entsprechen und es kann der Kapitalwert für diese Parameter berechnet werden. Wenn z. B. die Zufallszahlen 0,80 und 0,75 gezogen werden, so entspricht dies Einzahlungsüberschüssen von 60 im ersten und 50 im zweiten Jahr: Die erste Zufallszahl von 80 liegt nämlich im Bereich 0,60–0,99 und entspricht daher einem Q_1 von 60 (siehe oben); falls aber Q_1 = 60, ergeben sich mit W = 0,60 Einzahlungsüberschüsse von 70 im zweiten Jahr – die zugeordneten Zufallszahlen sind 0,00–0,59 – und mit W = 0,40 Einzahlungsüberschüsse von 50 im zweiten Jahr – die zugeordneten Zufallszahlen sind 0,60–0,99; daher entspricht die zweite Zufallszahl von 0,75 einem Q_2 von 50. Der Kapitalwert aus dieser „Ziehung" ist daher – 2.

Dieser Vorgang wird sooft wiederholt – in praktischen Fällen mehrere tausend Male – bis aus den ermittelten Kapitalwerten eine Wahrscheinlichkeitsverteilung errechnet werden kann, die einer analytisch berechneten mit hoher Wahrscheinlichkeit entspricht (siehe auch Übungsbeispiel 2).

3. Zur Risikomessung durch Varianz bzw. Standardabweichung

Um den nutzenmindernden Effekt des Risikos zu erläutern, sei zunächst an Hand einer einperiodigen Finanzinvestition in die Nutzentheorie, speziell in das Bernouilli-Konzept des erwarteten Nutzens, eingeführt. *A* habe zu t =0 100 Geldeinheiten (GE) zur Verfügung, die für den Konsum zu t = 1 bestimmt sind. Ihm stehen folgende Anlagemöglichkeiten bis zu t = 1 offen: Anlage auf einem Sparkonto mit einer sicheren Rendite von 0,05 oder Kauf von Aktien, die, unter Berücksichtigung der Dividenden und der Kursentwicklung, mit $W = 0{,}50$ eine Rendite von $-0{,}10$ und mit gleicher Wahrscheinlichkeit eine Rendite von 0,20 erbringen werden. Welche Investition ist die günstigere?

Bei Anlage auf einem Sparkonto können mit Sicherheit 105 GE, bei Kauf von Aktien im günstigen Fall 120 GE, im ungünstigen Fall 90 GE für den Konsum aufgewendet werden. Der erwartete Konsum beträgt auch im Fall des Aktienkaufs $0{,}50 \cdot 120 + 0{,}50 \cdot 90 = 105$ GE. Sind deshalb die beiden Alternativen gleichwertig? Dies muß und wird in der Regel nicht der Fall sein. Die *Nutzentheorie* geht von alters her von der einsichtigen Überlegung aus, daß Individuen ihr Geld so konsumieren, daß sie zunächst die Güter mit hohem Nutzen pro GE kaufen und dann erst auf Güter mit niedrigerem Nutzen pro GE übergehen (= Gesetz vom abnehmenden Grenznutzen). Wenn dies so ist, so wird der Durchschnittsnutzen aus dem Konsum der ersten 90 GE größer sein als der zusätzliche Nutzen aus den nächsten 15 Geldeinheiten (falls 105 GE statt 90 GE für den Konsum ausgegeben werden); und letzterer Nutzen wird höher sein als der Zusatznutzen, der erzielt wird, wenn der Konsumbetrag von 105 GE auf 120 GE aufgestockt wird.

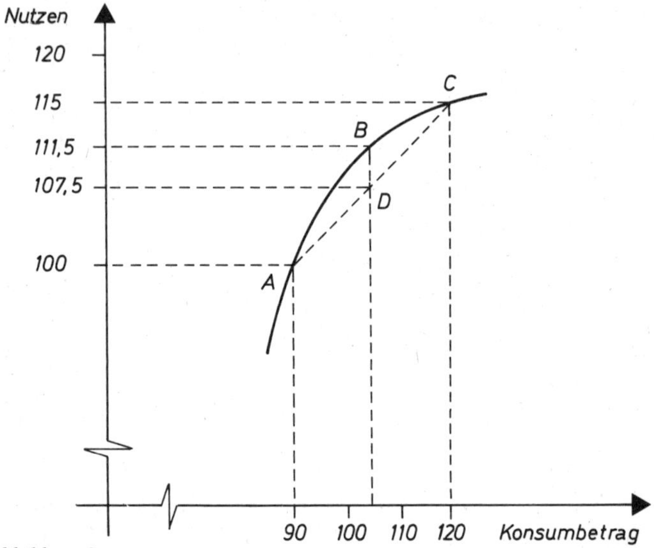

Abbildung 3

Ein dieser Hypothese vom abnehmenden Grenznutzen entsprechender Nutzenverlauf ist in nebenstehender Abbildung wiedergegeben, wobei die Werte in der Abbildung auf das zu behandelnde Zahlenbeispiel bezogen sind.

In der der Abbildung zugrundegelegten Situation beträgt der Nutzen aus Konsumbeträgen von 90, 105 bzw. 120 GE 100, 111,5 bzw. 115 Nutzeneinheiten. Dabei ist eine optimale Verteilung der jeweiligen Konsumbeträge auf Konsumgüter vorausgesetzt. Es ist ersichtlich, daß zusätzliche Konsumbeträge einen immer geringer werdenden Nutzenbeitrag bewirken; so erbringen die ersten 90 GE einen durchschnittlichen Nutzen von 100/90, weitere 15 GE aber nur einen durchschnittlichen Nutzen von 11,5/15.

Sind allen in Frage kommenden Konsumbeträgen Nutzeneinheiten zugeordnet worden, kann im zweiten Schritt der *mathematische Erwartungswert* des Nutzens der zu vergleichenden Alternativen errechnet werden. Der Erwartungswert des Nutzens aus der Anlage auf einem Sparkonto beträgt gemäß Abbildung 111,50, dieser Nutzen wird mit Sicherheit eintreten. Der Erwartungswert des Nutzens ($E[U]$) der unsicheren Investition in Aktien ergibt sich aus der Summierung der mit den jeweiligen Eintrittswahrscheinlichkeiten gewichteten möglichen Nutzen: $E[U(IP2)] = 0{,}50 \cdot 100 + 0{,}50 \cdot 115 = 107{,}50$ (in der Abbildung Punkt D, der die Strecke AC halbiert).

Wiewohl somit beide Alternativen den gleichen Erwartungswert, nämlich 105 GE, aufweisen, ist der erwartete Nutzen der sicheren Alternative mit 111,50 Nutzeneinheiten bedeutend größer als der erwartete Nutzen der unsicheren Alternative (107,5 Nutzeneinheiten).

Es zeigt sich somit, daß die Annahme eines abnehmenden Grenznutzens *Risikoaversion* impliziert: Risikoaverse Investoren schätzen riskante Investitionen geringer als risikolose Investitionen mit gleichem Erwartungswert bzw. ziehen riskante Investitionen nur dann risikolosen vor, wenn der Erwartungswert (z. B. erwartete Kapitalwert, erwartete Rendite) entsprechend höher ist, also eine Risikoprämie enthält. Daß die Menschen im allgemeinen risikoavers sind, ist auch aus folgender Erwägung ersichtlich: Wären sie überwiegend risikofreudig, so könnte ihr Nutzen durch kostenlose Spiele bzw. Wetten beliebig vermehrt werden. Es würde etwa bei Risikofreudigkeit nutzensteigernd wirken, wenn jeweils gewürfelt wird, ob ein Beamter in einem Monat mit jeweils gleicher Wahrscheinlichkeit ein doppeltes Gehalt oder überhaupt keine Bezahlung erhält etc. Solche Wetten sind aber kaum festzustellen. Im

Gegenteil, ein erheblicher Bestandteil der menschlichen Aktivitäten besteht aus oft kostspieligen Versuchen, Risiko zu mindern, z. B. durch den Abschluß von Versicherungen, bei denen – infolge der Kosten der Versicherungsgesellschaften – der erwartete Ertrag im Durchschnitt unter den erwarteten Versicherungsprämien liegt.

Wie läßt sich nun das Risiko aus einem Investitionsprojekt, d. h. die Nutzenminderung infolge der Unsicherheit der Zahlungsströme, messen? Die wohl gebräuchlichsten Risikomaße sind die Varianz bzw. die Standardabweichung (= Wurzel aus der Varianz). Sie sind dann ein vollständiges Risikomaß, wenn die Nutzenfunktion des betreffenden Investors quadratisch ist: $U(D) = aD - bD^2$ (D ist eine beliebe Zahlung bzw. ein Konsumbetrag; a und b sind positive Koeffizienten), da ja auch die Varianz bzw. Standardabweichung eine Funktion von D^2 ist (zur näheren Begründung vgl. z. B. Swoboda [Finanzierung 70 ff.]). Eine quadratische Nutzenfunktion entspricht der These des abnehmenden Grenznutzens, also dem in Abbildung 3 gezeigten Verlauf. Allerdings weist sie die Schwäche auf, daß der Nutzen ab einer bestimmten Steigerung von D abnehmen kann, das heißt der Grenznutzen negativ sein kann. Um stets positiven Grenznutzen aus einem zusätzlichen Konsum zu erhalten, muß der Gültigkeitsbereich einer quadratischen Nutzenfunktion auf $U'(D) = a - 2bD > 0$ bzw. $D < a/2b$ eingeschränkt werden.

Enthält die Nutzenfunktion auch Glieder dritter und weiterer Potenz, reicht, außer in Sonderfällen, die Varianz bzw. Standardabweichung nicht als Risikomaß aus. Es wäre dann z. B. auch die Schiefe der Wahrscheinlichkeitsverteilung, die von D^3 abhängt, in das Risikomaß aufzunehmen. Bei symmetrischen Verteilungen, wie z. B. der Normalverteilung, ist die Schiefe allerdings Null. Da bei einer Normalverteilung die Schiefe Null ist und außerdem alle höheren Momente, die nicht wegfallen, eine Funktion der Standardabweichung sind, reicht bei einer Normalverteilung die Varianz bzw. Standardabweichung als Risikomaß, selbst wenn die Nutzenfunktion nicht quadratisch ist.

Im folgenden sollen – das Beispiel 34 fortsetzend – die Varianzen bzw. die Standardabweichungen des Kapitalwertes der beiden Investitionsprojekte bzw. einer Kombination aus den beiden Projekten berechnet werden.

(Hinsichtlich der Varianzberechnung von internen Zinsfüßen siehe eines der Übungsbeispiele.)

Beispiel 35: Es sind die Varianzen bzw. die Standardabweichungen des Kapitalwertes der beiden Investitionsprojekte aus Beispiel 34 bzw. einer Kombination aus den beiden Projekten zu berechnen.

Die *Varianz* (V_j) *des Kapitalwertes* des IPj ist definiert durch:

$$V_j = \sigma_j^2 = \sum_f W_f (K_{0fj} - K_{0j})^2 \qquad (35)$$

$$V_1 = 0{,}42 \cdot 17^2 + 0{,}18 \cdot (-1)^2 + 0{,}24 \cdot (-10)^2 + 0{,}16 \cdot (-28)^2 = 271$$

$$V_2 = 5794$$

Die *Standardabweichung* (σ_j) ist die Wurzel aus der Varianz:

$$\sigma_1 = \sqrt{V_1} = 16{,}5$$

$$\sigma_2 = \sqrt{V_2} = 76{,}1$$

Neben den isolierten Varianzen der Investitionprojekte interessiert die *Varianz* (V_I) *eines Investitionsprogramms aus* $IP1$ und $IP2$:

$$V_I = \sum_f W_f (K_{0fI} - K_{0I})^2 \qquad (36)$$

Falls V_I eines aus je einer Anlage 1 und 2 bestehenden Investitionsprogramms errechnet wird, ist K_{0fI} der Kapitalwert von $IP1$ und $IP2$ bei Eintritt von Situation f. So ist $K_{01I} = 43 + 101 = 144$. $K_{01I} - K_{0I}$ ist dann 144 $- (26 + 30) = 88$. V_I ist daher:

$$V_I = 0{,}42 \cdot 88^2 + 0{,}18 \cdot 36^2 + 0{,}24 \cdot (-115)^2 + 0{,}16 \cdot (-98)^2 = 8196$$

V_I ist in diesem Fall größer als $V_1 + V_2$.

Die Varianz eines aus n Projekten zusammengesetzten Investitionsprogramms läßt sich auch folgendermaßen schreiben:

$$\begin{aligned} V_I = {} & \sigma_1^2 + \varrho_{12}\sigma_1\sigma_2 + \varrho_{13}\sigma_1\sigma_3 + \ldots\ldots + \varrho_{1n}\sigma_1\sigma_n \\ & + \varrho_{21}\sigma_2\sigma_1 + \sigma_2^2 + \varrho_{23}\sigma_2\sigma_3 + \ldots\ldots + \varrho_{2n}\sigma_2\sigma_n \\ & + \ldots\ldots \qquad\qquad \ldots\ldots \\ & + \varrho_{n1}\sigma_n\sigma_1 + \varrho_{n2}\sigma_n\sigma_2 + \varrho_{n3}\sigma_n\sigma_3 + \ldots\ldots + \sigma_n^2 \end{aligned}$$

$$V_I = \sum_j \sigma_j^2 + \sum_j \sum_h \varrho_{jh}\sigma_j\sigma_h \qquad (j \neq h) \qquad (37)$$

$\varrho_{jh} = \varrho_{hj}$ ist der *Korrelationskoeffizient* zwischen Projekt j und Projekt h. Es gilt: $-1 \leq \varrho_{jh} \leq 1$. Der Korrelationskoeffizient ist ein Maß für die lineare Abhängigkeit zwischen den Investitionsprojekten j und h. Sind sämtliche

Projekte eines Programms unabhängig, so sind sämtliche Korrelationskoeffizienten 0. Dann ist:

$$V_I = \sum_j \sigma_j^2$$

Sind zwei Projekte *positiv korreliert* (z. B. dadurch, daß beide Projekte in Aufschwungperioden höhere Einzahlungen erbringen als in Abschwungperioden), so ist $\varrho_{jh} > 0$.

In diesem Beispiel ist $\varrho_{12} = 0{,}85$, es liegt somit eine starke positive Korrelation der Projekte vor. Der Korrelationskoeffizient kann in diesem Fall, in dem V_I mit 8196 bereits bekannt ist, aus Formel (37) folgendermaßen errechnet werden:

$$V_I = \sigma_1^2 + 2\varrho_{12}\sigma_1\sigma_2 + \sigma_2^2$$
$$V_I = 271 + 2\varrho_{12} \cdot 16{,}5 \cdot 76{,}1 + 5794 = 8196$$
$$\varrho_{12} = 0{,}85$$

Sind zwei Projekte *negativ korreliert* (höhere Zahlungen eines Projekts bei einer Ereignisfolge sind mit eher niedrigeren Zahlungen des anderen Projekts verbunden), so ist $\varrho_{jh} < 0$.

Der Ausdruck $\varrho_{jh}\sigma_j\sigma_h$ heißt auch Kovarianz zwischen Projekt j und h. Bei positiver (negativer) Korrelation der Investitionsprojekte ist die Varianz des Kapitalwertes des Investitionsprogramms somit größer (kleiner) als die Summe der Varianzen des Kapitalwertes der einzelnen Projekte.

Beispiel 35 lehrt, daß der Risikobeitrag eines Projekts nicht nur aus der Varianz des Kapitalwertes des Projekts, sondern auch aus den Kovarianzen des Kapitalwertes dieses Projekts mit allen übrigen vorhandenen oder noch zu beschaffenden Investitionsprojekten besteht. Wenn man nun zusätzlich in Erwägung zieht, daß die Anteilseigner der Unternehmung Portefeuilles aus Aktien halten, so ist nur jener Teil des Risikobeitrags eines Projekts bzw. des Risikos einer Unternehmung wirklich relevant, der nicht durch die Zusammensetzung des Portefeuilles eliminiert (diversifiziert) werden kann. Um dies zu verdeutlichen, sei folgende Überlegung angestellt: Unternehmung A wie Unternehmung B haben, isoliert gesehen, ein riskantes Investitionsprogramm, daß zu jährlichen Einzahlungsüberschüssen von 10 oder von 1000 führen kann. Wenn jedoch die Einzahlungsüberschüsse der beiden Unternehmungen vollständig negativ miteinander korreliert sind, ist ein Portefeuille, daß aus Beteiligungen an beiden Unternehmungen von z. B. je 10 % besteht, völlig risikolos. Der Investor würde dann ein sicheres Einkommen von jährlich 10 % von (10 + 1000) = 101 erzielen. Nur würde das Haupteinkommen das eine Mal von Unternehmung A, das andere Mal von der Unternehmung B resultieren. Dies impliziert, daß es sich bei den Investitionsprojekten der Unternehmung A und B aus der Sicht des Kapitalmarktes um vollständig risikolose Projekte handelt.

Die Schlußfolgerung, daß nur das nicht durch ein Portefeuille diversifizierbare Investitionsrisiko relevant ist, ist dem unabhängig voneinander von Sharpe [Equilibrium], Lintner [Security Prices] und Mossin [Equilibrium] entwickelten *Capital Asset Pricing-Modell* zu verdanken. Man spricht in diesem Zusammenhang von einem *Separationstheorem* bzw. von Wertaddivität: Da das Risiko eines Investitionsprojekts durch seine eigene Varianz plus/minus die Kovarianzen mit dem Marktportefeuille gegeben ist, ist es unabhängig davon, welche Unternehmung dieses Investitionsprojekt tätigt bzw. welche anderen Investitionsprojekte die betreffende Unternehmung sonst tätigt (siehe dazu im einzelnen z. B. Franke, Hax [Finanzwirtschaft 271 ff.]). Die Gültigkeit des Separationstheorems hängt natürlich entscheidend von den Diversifikationsmöglichkeiten der Investoren ab. Bei Unternehmungen, deren Anteilseigner einen Großteil ihres Kapitals in der Unternehmung investiert haben, die somit kein diversifiziertes Portefeuille halten (können), ist das Separationstheorem nur sehr beschränkt anwendbar.

Auf welche Weise kann nun das Investitionsrisiko bei Investitionsentscheidungen auf Basis der Kapitalwertmethode berücksichtigt werden? Es sei zunächst für den Fall argumentiert, daß das Capital Asset Pricing-Modell nicht gilt. Dann kann der Investitionsbeurteilung einerseits der Kapitalwert, berechnet auf Basis eines risikolosen Zinsfußes, minus einer Risikoprämie zugrundegelegt werden. Die Risikoprämie ergibt sich aus dem Risikobeitrag des Projekts (= Varianz plus/minus Kovarianzen mit den übrigen Projekten der Unternehmung) mal einem Risikopreis, dessen Quantifizierung allerdings problematisch ist. Zweitens kann – und dies ist das übliche Vorgehen, das auch in diesem Buch bisher angewendet wurde – zum risikolosen Zinsfuß eine Risikoprämie addiert werden, die vom Risikobeitrag des Investitionsprojekts abhängt. Wieder ist die Quantifizierung des Risikozuschlags zum Zinsfuß problematisch. Da sie weitgehend arbiträr ist, sollte der Risikozuschlag auf Vorstandsebene festgelegt werden. Die am Kapitalmarkt feststellbaren Risikoprämien (Durchschnittsrenditen von Aktien minus Rendite risikoloser Anleihen) können allerdings einen Anhaltspunkt liefern. Mittels dieses korrigierten Zinssatzes wird dann der Kapitalwert berechnet. Dieser Vorgangsweise entspricht, daß der Diskontierungssatz, den eine Unternehmung anwendet, vom relativen Risikobeitrag eines Investitionsprojekts (= Risikobeitrag je GE Anschaffungspreis) abhängt, daß somit für unterschiedlich riskante Gruppen von Investitionsprojekten mit unterschiedlichen Risikoprämien und damit Diskontierungssätzen gerechnet wird.

Gilt das Capital Asset Pricing-Modell, so wurde in der Literatur gezeigt, daß der adäquate Diskontierungssatz für ein Investitionsprojekt sich aus dem risikolosen Zinssatz plus einer Risikoprämie zusammensetzt, die eine eindeutige Funktion der Kovarianz der Rendite des Investitionsprojekts und der Rendite des sogenannten Marktportefeuilles (= Portefeuille aus sämtlichen riskanten Papieren der Volkswirtschaft) ist.

4. Die Berücksichtigung von sequentiellen Entscheidungen (einer flexiblen Planung) bei der Investitionsbeurteilung

Bis jetzt wurde, so wie in Beispiel 34, davon ausgegangen, daß die Zahlungen aus einem Investitionsprojekt rein zustandsabhängig sind, daß sie somit nicht mehr durch spätere Entscheidungen beeinflußt werden können. Nun sind aber, falls ein Investitionsprojekt zu $t = 0$ realisiert wird, in späteren Perioden häufig weitere Entscheidungen zu treffen, die vom jeweiligen Zustand abhängen. So können bei Eintritt ungünstiger Absatzmengen zusätzliche Werbemaßnahmen getroffen werden; ungünstige Absatzmengen können dazu führen, daß die Nutzungsdauer des Projekts früher beendet wird etc. Eine richtige Investitionsbeurteilung erfordert, daß solche sequentielle, zustandsabhängige Entscheidungsmöglichkeiten – auch als flexible Planung bezeichnet – von vorneherein in Betracht gezogen werden. Warum dies notwendig ist und wie dies geschehen kann, sei an Beispiel 36 gezeigt. (Es sei erwähnt, daß die in Beispiel 36 gezeigte Vorgangsweise, sequentielle künftige Entscheidungsmöglichkeiten zu berücksichtigen, der Grundidee der dynamischen Programmierung entspricht.)

Beispiel 36: Eine Unternehmung steht vor der Wahl, Aggregat A oder Aggregat B zu beschaffen. Die Anschaffungsauszahlung und die Einzahlungsüberschüsse aus beiden Aggregaten in Abhängigkeit von den Umweltzuständen sind aus untenstehenden Ereignisbäumen ersichtlich.

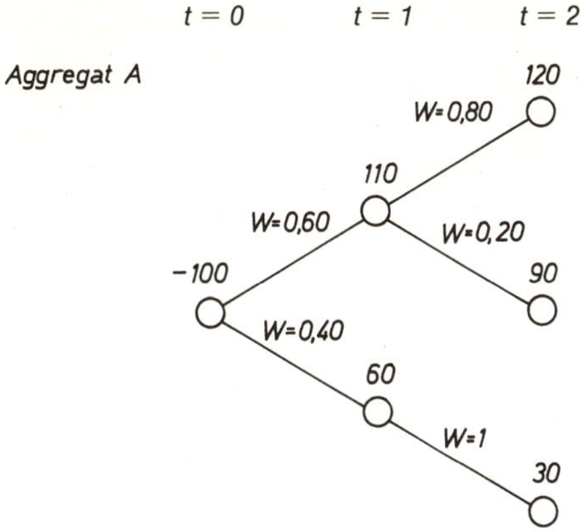

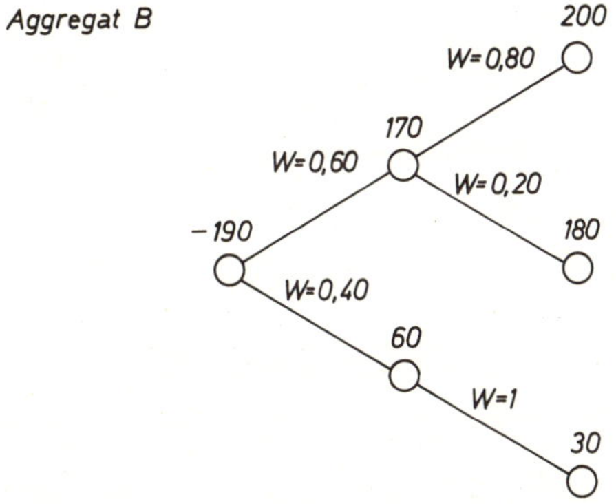

Aggregat A kann zu $t = 1$ um einen Restwert von 20, Aggregat B zu $t = 1$ um einen Restwert von 80 verkauft werden. Der Restwert zu $t = 2$ ist generell Null. $r = 0{,}04$; es ist Risikoneutralität anzunehmen. Die Projekte haben keinen Nachfolger.

Würde man beide Projekte – unabhängig von dem zu $t = 1$ eintretenden Zustand – jedenfalls bis zu $t = 2$ behalten, wäre Aggregat A vorzuziehen:

$$\begin{aligned} K_{0A} &= -100 + (0{,}60 \cdot 110 + 0{,}40 \cdot 60)\,1{,}04^{-1} \\ &\quad + (0{,}48 \cdot 120 + 0{,}12 \cdot 90 + 0{,}40 \cdot 30)\,1{,}04^{-2} \\ &= 60{,}9 \end{aligned}$$

$$K_{0B} = 51$$

Nun ist aber zu berücksichtigen, daß die Aggregate auch zu $t = 1$ desinvestiert werden könnten. Dies ist bei Aggregat A in keinem Zustand optimal. Selbst im ungünstigen Zustand ($Q_1 = 60$) ist der Weiterbetrieb vorteilhaft, da der zu $t = 1$ erzielbare Restwert nur 20, die sicheren Einzahlungsüberschüsse zu $t = 2$ jedoch 30 betragen. Aggregat B sollte jedoch liquidiert werden, falls zu $t = 1$ der ungünstige Zustand eintritt. Der erzielbare Restwert zu $t = 1$ beträgt 80, während bei Weiterbetrieb nur Einzahlungsüberschüsse von 30 realisiert werden könnten. Der zeitbezogene Grenzgewinn ist daher negativ [30–(80–0)–0,04 · 80] = –53,20. Falls der günstige Zustand eintritt ($Q_1 = 170$), sollte Aggregat natürlich bis zu $t = 2$ weitergeführt werden.

Rechnet man unter Berücksichtigung dieser sequentiellen, zustandsabhängigen Nutzungsdauerentscheidung die Kapitalwerte neu, stellt sich das Aggregat B als vorteilhaft heraus.

$$K_{0A} = 60{,}9$$

$$\begin{aligned} K_{0B} &= -190 + (0{,}60 \cdot 170 + 0{,}40 \cdot 60)\,1{,}04^{-1} + 0{,}40 \cdot 80 \cdot 1{,}04^{-1} \\ &\quad + (0{,}48 \cdot 200 + 0{,}12 \cdot 180)\,1{,}04^{-2} \\ &= 70{,}7 \end{aligned}$$

5. Übungsaufgaben

1. Es ist folgendes Investitionsprojekt zur Erzeugung von Produkt X zu bewerten:

$A = 100\,000$, geplante Absatzmenge von Produkt X pro Jahr: 2000, geplanter Absatzpreis: 40, laufende variable Auszahlungen pro Einheit: 15 (davon 1/3 Personal- und 1/4 Materialkosten), laufende fixe Auszahlungen pro Jahr: 15000, $R_5 = 10000$, $r = 0{,}10$.

a) Ermitteln Sie den geplanten Kapitalwert.

b) Wie verändert sich der Kapitalwert, wenn
   aa) die jährliche Absatzmenge nur 1000 beträgt?
   bb) die Personalkosten um 10% höher sind als geplant?
   cc) die Materialpreise um 20% steigen?
   dd) die Absatzpreise um 5% und die Personalkosten um 10% höher sind als geplant?

c) Um wieviel darf die Absatzmenge sinken, damit der Kapitalwert nicht negativ wird?

Lösung: a) $K_0 = 38\,885$
b) aa) $K_0 = -55\,883$ (Kapitalwertänderung: – 94768)
bb) $K_0 = 35\,095$ (Kapitalwertänderung: – 3790)

cc) $K_0 = 33\,199$ (Kapitalwertänderung: -5686)
dd) $K_0 = 50\,256$ (Kapitalwertänderung: 11 371)
c) Die Absatzmenge darf um max. 410 Stück sinken

2. Der Anschaffungspreis eines Projekts kann mit gleicher Wahrscheinlichkeit 100 oder 110 betragen.

Q_1 kann folgende Werte annehmen: 80 ($W = 0{,}60$), 70 ($W = 0{,}30$) und 50 ($W = 0{,}10$). Im ersten Fall beträgt Q_2 90 ($W = 0{,}60$) oder 70 ($W = 0{,}40$). Im zweiten Fall beträgt Q_2 80 ($W = 0{,}50$) oder 70 ($W = 0{,}50$). Und im dritten Fall beträgt Q_2 70 ($W = 0{,}70$) oder 60 ($W = 0{,}30$).

Der Restwert zu $t = 2$ kann unabhängig von den Einzahlungsüberschüssen zu $t = 1$ und zu $t = 2$ entweder 10 ($W = 0{,}80$) oder 0 ($W = 0{,}20$) betragen. Der Kalkulationszinssatz r beträgt 10 %.

Ermitteln Sie mittels der Monte Carlo Simulation eine Wahrscheinlichkeitsverteilung des Kapitalwertes. Dabei sind 20 Durchgänge zu rechnen. In den untenstehenden Zufallszahlen betrifft die erste Spalte die Anschaffungskosten, die zweite Spalte Q_1, die dritte Spalte Q_2 und die vierte Spalte R_2.

1	0.49	0.15	0.60	0.87
2	0.08	0.46	0.35	0.60
3	0.47	0.70	0.40	0.49
4	0.77	0.44	0.76	0.32
5	0.79	0.17	0.58	0.84
6	0.67	0.01	0.64	0.08
7	0.21	0.23	0.99	0.04
8	0.41	0.42	0.58	0.58
9	0.78	0.87	0.30	0.45
10	0.42	0.65	0.95	0.70
11	0.02	0.27	0.98	0.96
12	0.22	0.05	0.87	0.31
13	0.92	0.60	0.74	0.77
14	0.58	0.92	0.43	0.59
15	0.65	0.03	0.14	0.83
16	0.44	0.28	0.34	0.99
17	0.26	0.66	0.65	0.73
18	0.67	0.65	0.78	0.70
19	0.01	0.64	0.87	0.29
20	0.65	0.86	0.63	0.68

Lösungshinweis: Der erste der 20 Durchläufe führt zu folgendem Kapitalwert: $K_0 = -100 + 80 \cdot 1{,}1^1 + 70 \cdot 1{,}1^{-2} + 0 = 30{,}58$

3. Die Unternehmung erwägt die Realisierung von *IP* 1. Die Zahlungen, die möglicherweise bei Realisierung von *IP* 1 entstehen können, sind aus folgender Tabelle ersichtlich:

$-A_1$	Q_{11}	Q_{21}	Q_{31}	Q_{41}

$$-1200 \quad \overset{W=0,30}{\nearrow} 400 \quad \overset{W=1}{\longrightarrow} 400 \quad \overset{W=1}{\longrightarrow} 400 \quad \overset{W=0,80}{\nearrow}\underset{W=0,20}{\searrow}\begin{matrix}500\\450\end{matrix}$$

$$\underset{W=0,70}{\searrow} 300 \quad \overset{W=1}{\longrightarrow} 300 \quad \overset{W=1}{\longrightarrow} 300 \quad \overset{W=0,80}{\nearrow}\underset{W=0,20}{\searrow}\begin{matrix}400\\350\end{matrix}$$

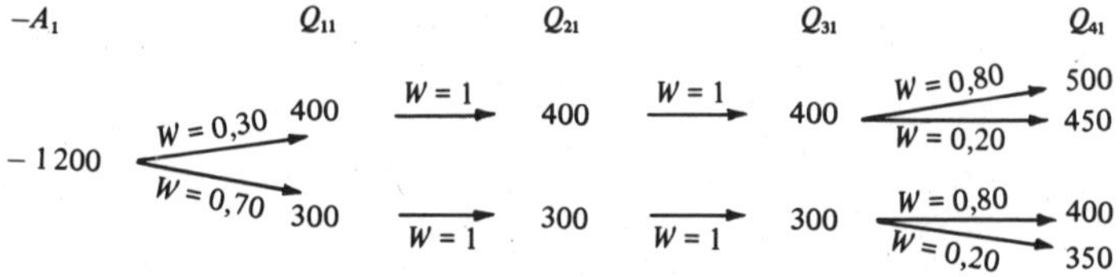

a) Welche ökonomisch realistische Situation könnte mit einem solchen Verlauf der möglichen Zahlungen verbunden sein?

b) Es ist der erwartete Kapitalwert (K_{01}) zu ermitteln ($z = 0,04$).

c) Es ist die Varianz des Kapitalwertes zu ermitteln.

d) Es ist die Standardabweichung des Kapitalwertes zu ermitteln.

e) Es ist die Standardabweichung des Kapitalwertes je Geldeinheit eingesetztes Kapital zu ermitteln.

Lösung: b) 75

c) 27 963

d) 167

e) 0,14

4. a) Es ist für das in Übungsaufgabe 3 betrachtete Projekt der erwartete interne Zinsfuß zu ermitteln.

b) Es ist die Varianz des internen Zinsfußes zu ermitteln.

c) Es ist die Standardabweichung des internen Zinsfußes zu ermitteln.

Lösungshinweise: zu a), b) und c): Die Aufgabe kann so gelöst werden, daß zuvor sämtliche vier möglichen internen Zinsfüße ermittelt werden.

Lösung: a) $p = 0,064$

b) Varianz von $p = 0,003$

c) Standardabweichung von $p = 0,055$

5. Die in Übungsaufgabe 3 betrachtete Unternehmung erwägt nicht nur die Durchführung von $IP1$, sondern auch die Realisierung von $IP2$ bzw. einer Kombination je einer Einheit von $IP1$ und $IP2$. $IP2$ weist einen Anschaffungspreis von 1500, einen erwarteten Kapitalwert von 200 und eine Varianz des Kapitalwertes von 6200 auf. Die Nutzungsdauer von $IP2$ ist ebenfalls 4 Jahre.

a) Es wird angenommen, der Korrelationskoeffizient zwischen $IP1$ und $IP2$ ist Null.

aa) Es ist der erwartete Kapitalwert einer Kombination aus $IP1$ und $IP2$ zu ermitteln.

bb) Es ist die Varianz des Kapitalwertes der Kombination zu ermitteln.

cc) Es ist die Standardabweichung des Kapitalwertes der Kombination zu ermitteln.

dd) Es ist die Standardabweichung des Kapitalwertes der Kombination je Geldeinheit des eingesetzten Kapitals zu ermitteln.

ee) Ist die Kombination aus $IP1$ und $IP2$ risikoreicher, risikoärmer als oder ebenso riskant wie die Realisierung nur von $IP1$ oder nur von $IP2$?

b) Es sind die Fragen aa) bis ee) zu beantworten, unter der Annahme, daß der Korrelationskoeffizient zwischen $IP1$ und $IP2$ $-0,5$ ist.

Lösung: a) aa) 275
bb) 34163
cc) 185
dd) 0,07
b) aa) 275
bb) 20995
cc) 145
dd) 0,05

6. Am Jahresende der Jahre 1, 2, 3, 4, 5 und 6 wurden folgende Kurse für eine *A*-Aktie notiert: 200, 250, 210, 180, 230, 220. An Dividenden wurden jährlich zum Jahresende 10 bezahlt.

a) Welches ist die durchschnittliche Anteilseignerrendite pro Jahr während der Jahre 1 bis 6?

b) Wie groß ist die Standardabweichung der Anteilseignerrendite, die als Maß des mit einem Kauf dieser Aktien verbundenen Risikos herangezogen werden kann?

Lösungshinweis zu a):

Die Anteilseignerrendite im Jahre t ist die Relation:

$$\frac{\text{Dividende pro Anteil im Jahr } t + \text{Kursänderung pro Anteil zwischen } t-1 \text{ und } t}{\text{Kurs pro Anteil zu } t-1}$$

Lösungshinweis: zu b): In die Formel für die Standardabweichung sind die fünf zu ermittelnden Anteilseignerrenditen (fünf Jahre), jeweils gewichtet mit der Wahrscheinlichkeit von 0,20, einzusetzen.

Lösung: a) durchschnittliche Anteilseignerrendite = 0,083
b) Standardabweichung der Anteilseignerrendite = 0,194

7. a) Es kann mit gleicher Wahrscheinlichkeit eine günstige und eine ungünstige Zukunftsentwicklung eintreten. Der Anschaffungspreis eines Investitionsprojekts, das nicht ersetzt werden soll, beträgt 100000. Die Einzahlungsüberschüsse betragen bei günstiger Zukunftsentwicklung 30000 je Jahr. Die maximale Nutzungsdauer beträgt 6 Jahre. Bei ungünstiger Zukunftsentwicklung betragen die Einzahlungsüberschüsse in den nächsten 6 Jahren: 25000, 20000, 17000, 10000, 10000, 10000. Ob die günstige oder die ungünstige Entwicklung eintreten wird, weiß man zu $t = 1$, und zwar daraus, ob Q_1 30000 oder 25000 ist. Die Restwerte zu $t = 1$ bis $t = 6$ sind bei beiden Zukunftsentwicklungen: 60000, 50000, 40000, 30000, 20000, 10000.

Der Zinssatz beträgt 0,10.
Ermitteln Sie den erwarteten Kapitalwert. Beachten Sie aber dabei, daß die optimale Nutzungsdauer zustandsabhängig sein kann.

b) Die Angaben zu Fall a) werden folgendermaßen geändert: Die Einzahlungsüberschüsse zu $t = 1$ werden mit gleicher Wahrscheinlichkeit entweder 30000 oder 25000, diejenigen zu $t = 2$ 30000 oder 20000, diejenigen zu $t = 3$ 30000 oder 17000 und diejenigen zu $t = 4$ bis $t = 6$ 30000 oder 10000 betragen. Aus den Einzahlungsüberschüssen des Jahres t kann nicht auf diejenigen der Folgejahre geschlossen werden. Alle sonstigen Daten entsprechen jenen aus Fall a).

Lösung: a) Bei günstiger (ungünstiger) Entwicklung beträgt die optimale Nutzungsdauer 6 (3 Jahre); $K_0 = 9191$.
b) Die optimale Nutzungsdauer beträgt 6 Jahre; $K_0 = 6330$.

8. Eine Unternehmung steht vor der Entscheidung, ein neues Produkt einzuführen. Zur Erzeugung dieses Produkts muß entweder Aggregat A oder Aggregat B angeschafft werden. Aus folgendem Zustandsbaum sind die möglichen Absatzmengen je Jahr ersichtlich. Es ist zu ersehen, daß ab $t = 2$ keine Unsicherheit mehr besteht: Die Absatzmenge in Periode 2 determiniert alle künftigen Absatzmengen.

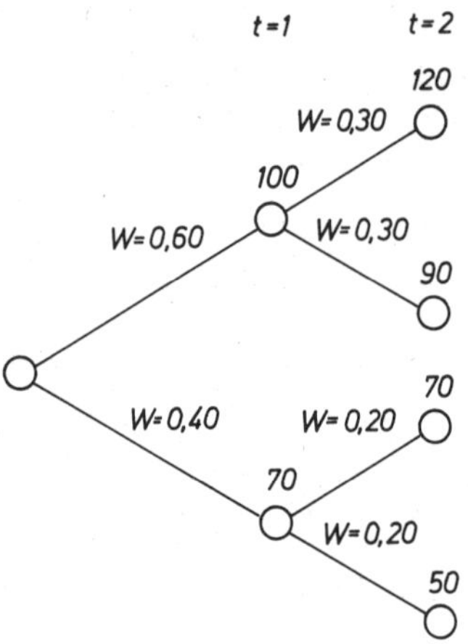

Der Absatzpreis ist 5 je EH.

Aggregat A kostet 300; die variablen Auszahlungen je Produkteinheit sind 2; die fixen Auszahlungen pro Jahr sind 140. Der Restwert sinkt sofort nach Anschaffung auf Null.

Aggregat B kostet 130; die variablen Auszahlungen je Produkteinheit sind 3; die fixen Auszahlungen pro Jahr sind 120. Der Restwert sinkt sofort nach Anschaffung auf Null.

Die maximale Nutzungsdauer beider Anlagen ist 4 Jahre. Die Aggregate werden nicht ersetzt. Der Kalkulationszinssatz beträgt 10 %.

Ermitteln Sie

a) die zustandsabhängige optimale Nutzungsdauer beider Aggregate
b) ob Aggregat A oder B günstiger ist.

Lösung: Aggregat A: 4 Jahre; Aggregat B: 4 bzw. 2 Jahre (im ungünstigsten Zustand).

b) $K_{0A} = 86$; $K_{0B} = 49$

9. Ein IP kann entweder zu $t = 0$ oder zu $t = 1$ beschafft werden. Der Anschaffungspreis ist 3150, $n = 4$, $O_t = 1000$, reine Eigenfinanzierung. r_1 beträgt 0,10. Zu $t = 1$ stellt sich heraus, ob r in allen folgenden Jahren entweder 0,08 ($W = 0{,}50$) oder 0,12 ($W = 0{,}50$) beträgt. Es handelt sich um ein einmaliges Projekt.

Soll das IP zu $t = 0$, zu $t = 1$ oder überhaupt nicht unternommen werden?

Lösung:

Falls zu $t = 0$ unternommen, ist der erwartete Kapitalwert des IP:

$$-3150 + 1000\,[0{,}50\,(1{,}10^{-1} + 1{,}10^{-1}\ \ 1{,}08^{-1} + 1{,}10^{-1}\ \ 1{,}08^{-2} + 1{,}10^{-1}\ \ 1{,}08^{-3}) + 0{,}50\,(1{,}10^{-1} + 1{,}10^{-1}\ \ 1{,}12^{-1} + 1{,}10^{-1}\ \ 1{,}12^{-2} + 1{,}10^{-1}\ \ 1{,}12^{-3})] = 22.$$

Falls das Projekt aufgeschoben wird, wird es zu $t = 1$ nur unternommen, falls r auf 0,08 sinkt; bei $r = 0{,}12$ wäre der Kapitalwert negativ. Der erwartete Kapitalwert des aufgeschobenen Projekts, bezogen auf $t = 0$, beträgt daher:

$$0{,}50\,[-3150 + 1000\,(1{,}08^{-1} + 1{,}08^{-2} + 1{,}08^{-3} + 1{,}08^{-4})\,1{,}10^{-1} = 74.$$

Daher ist eine Investition zu $t = 1$ (falls r zu $t = 1$ 0,08 beträgt) bzw. ein Unterlassen (falls r zu $t = 1$ 0,12 beträgt) vorteilhaft.

6. Weiterführende Literatur

Adelberger, Günther [Fallstudien 123–158]. – Albach [Wirtschaftlichkeitsrechnung 75–222]. – Blohm, Lüder [Investition 247–286]. – Brealey, Myers [Corporate Finance 129–260]. – Davis, Pointon [Finance 59–89]. – Dinkelbach [Interner Zinssatz]. – Engels [Reichtum 1–47]. – Franke [Risiko]. – Franke, Hax [Finanzwirtschaft 238–355]. – Ingersoll, Ross [Waiting]. – Jacob [Flexibilität]. – Kruschwitz [Investitionsrechnung 249–325]. – Levy, Sarnat [Financial Decisions]. – Markowitz [Portfolio]. – Pindyck [Uncertain Cost]. – R. H. Schmidt [Investitionstheorie]. – D. Schneider [Investition 21–64]. – TerHorst [Investitionsplanung]. – Weston, Copeland [Managerial Finance 473–515].

III. Teil: Grundzüge der Finanzierungstheorie

Die *Finanzierungsentscheidungen* wurden im Abschnitt I.2 als Entscheidungen über die Beziehungen, insbesondere Zahlungen, zwischen Unternehmung und Kapitalgebern definiert. Die Entscheidungen beeinflussen Höhe, Termin und Sicherung von Zahlungen. Durch Finanzierungsentscheidungen soll gewährleistet werden, daß die Auszahlungen der Unternehmung für die Investitionsprojekte entsprechend dem Investitions- und Produktionsplan getätigt und vereinbarte Zahlungen an Kreditgeber und Anteilseigner termingerecht geleistet werden können. Es genügt aber nicht, als Aufgaben der Finanzierungsentscheidungen die Aufrechterhaltung der *Liquidität* zu formulieren. Die umfassende Aufgabe der Finanzierungsentscheidungen ist, die Beziehungen zwischen Unternehmung und Kapitalgebern so zu gestalten, daß die Zielsetzung der Unternehmung, die Maximierung des Kapitalwertes der Unternehmung für die Anteilseigner, erreicht wird.

Im *Teil III* wird folgendermaßen vorgegangen. In *Abschnitt III.A* wird ausgehend vom Kapitalstrukturrisiko in das Theorem von der Irrelevanz der Kapitalstruktur von Modigliani und Miller eingeführt und es werden anhand einer Prämissenkritik Argumente für bzw. gegen die Existenz eines Kapitalstrukturoptimums diskutiert. Dabei werden steuerliche Gesichtspunkte, das Insolvenzrisiko und Agency Aspekte im Vordergrund stehen. Anschließend wird auf den Zusammenhang zwischen Kapitalstruktur und Kapitalkostensätzen und damit den Einfluß der Kapitalstruktur auf die Investitionsbeurteilung eingegangen und damit die Diskussion in Abschnitt II.C.1 fortgesetzt.

In den *Abschnitten III.B und III.C* werden Probleme und Formen der Eigen- und Fremdfinanzierung diskutiert und es wird sowohl auf die Strukturierung des Eigenkapitals (Aktienemission oder Gewinneinbehaltung?) als auch auf die Strukturierung des Fremdkapitals (z. B. hinsichtlich der Fristigkeit der Verschuldung) eingegangen.

A. Die Kapitalstruktur

1. Das Kapitalstrukturrisiko

Bei der Behandlung des Investitionsrisikos wurde vollständige Eigenfinanzierung unterstellt. Bei vollständiger Eigenfinanzierung tragen die Anteilseigner nur das Investitionsrisiko. Bei teilweiser Fremdfinanzierung tragen sie zusätzlich das *Kapitalstrukturrisiko.*

Bei der folgenden Ableitung des Kapitalstrukturrisikos soll davon ausgegangen werden, daß das Investitions- und damit das Finanzierungsvolumen der betrachteten Unternehmung fixiert ist, und daß die Unternehmung nur zum Zeitpunkt $t = 0$ Mittel von Anteilseignern (= Eigenkapital) und von Fremdkapitalgebern (= Fremdkapital) beschafft. Eigen- wie Fremdkapital stehen langfristig zur Verfügung. Es gibt nur je eine Eigenkapital- und Fremdkapitalart. Die Gewinne vor Zinsen = Einzahlungsüberschüsse werden primär für Zinszahlungen, sekundär für Ausschüttungen an die Anteilseigner verwendet. Der Reingewinn wird somit zur Gänze ausgeschüttet, Wachstum wird ausgeschlossen.

Unter K, F und M werden im folgenden K_{0+}, F_{0+} und M_{0+}, also die Kapitalwerte *nach* Einzahlung der eigenen und fremden Mittel seitens der Kapitalgeber verstanden. Es ist:

D = erwartete Jahresdividende der Unternehmung; da Wachstum ausgeschlossen ist, ist D (bei gegebenem Verschuldungsgrad) konstant ($n \to \infty$).

D_E = erwartete Jahresdividende der Unternehmung bei vollständiger Eigenfinanzierung

d = erwartete Dividende je Anteil

N = Anzahl der Anteile bei ausschließlicher Eigenfinanzierung

V_D = Varianz der Dividendensumme; da infolge der Annahme konstanter erwarteter Dividenden der Kurs der Aktien zu jedem Zeitpunkt gleich ist, brauchen Kurswertänderungen bei der Risikomessung nicht berücksichtigt zu werden.

V_d = Varianz der Dividende je Anteil

Bei *ausschließlicher Eigenfinanzierung* gilt nun:

$$d = D_E/N$$
$$V_d = V_D/N^2$$

(Die Varianz von cX, also einer Konstanten c mal einer Variablen X, ist gleich $c^2 V_X$, also Konstante zum Quadrat mal Varianz der Variablen.)

Bei *teilweiser Fremdfinanzierung* gilt:

$$d = (D_E - kF)/N(1 - F/A_I)$$

Bei teilweiser Fremdfinanzierung wird ein Teil des Anschaffungspreises des Investitionsprogramms (F/A_I) durch Fremdmittel aufgebracht. Daher brauchen nur $N(1 - F/A_I)$ Aktien emittiert zu werden. Die Varianz der Dividende pro Anteil ist in diesem Fall:

$$V_d = V_D/[N^2(1 - F/A_I)^2]$$

(Die Varianz von $D = D_E - kF$ ist gleich der Varianz von D_E, da die Varianz von kF Null ist: Der Abzug einer Konstanten von einer Variablen ändert die Varianz der Variablen nicht.)

Die Formel für V_d zeigt, daß die Varianz der Dividende pro Anteil mit zunehmender Fremdfinanzierung steigt. V_d wächst mit zunehmender Relation F/A_I, da der Nenner obiger Formel kleiner wird. Das Anteilseignerrisiko wird daher mit zunehmender Fremdfinanzierung größer. Während V_d bei ausschließlicher Eigenfinanzierung als *Investitionsrisiko je Anteil* bezeichnet wird, heißt die Differenz zwischen den Varianzen bei teilweiser Fremdfinanzierung und bei ausschließlicher Eigenfinanzierung

$$\{V_D/[N^2(1 - F/A_I)^2] - V_D/N^2\} \tag{40}$$

Kapitalstrukturrisiko je Anteil.

Daß die Erhöhung des Fremdkapitalanteils die Streuung der Anteilseignerrenditen erweitert (*Leverage Effekt*) und damit das Kapitalstrukturrisiko erhöht, zeigt folgendes Beispiel.

Beispiel 37. Eine Unternehmung mit einem Kapitaleinsatz von 10000 kann mit jeweils gleichen Wahrscheinlichkeiten einen jährlichen Gewinn von 400, 1000 oder 1600 (vor Zinsen) erzielen. Wird die Unternehmung *voll eigenfinanziert*, ergeben sich folgende mögliche Renditen des Eigenkapitals:

$$\frac{400}{10000} = 0{,}04 \quad \frac{1000}{10000} = 0{,}10 \quad \frac{1600}{10000} = 0{,}16.$$

Die *erwartete Rendite* beträgt daher 0,10.

Wird jedoch *Fremdkapital* im Ausmaß von 5000 eingesetzt, dessen Verzinsung 8% beträgt, so betragen die möglichen Eigenkapitalrenditen:

$$\frac{400 - 0{,}08 \cdot 5000}{5000} = 0 \quad \frac{1000 - 400}{5000} = 0{,}12 \quad \frac{1600 - 400}{5000} = 0{,}24.$$

Die erwartete Rendite steigt zwar auf 0,12; gleichzeitig aber auch die Bandbreite zwischen minimaler und maximaler Rendite von ursprünglich 4% bis 16% auf 0% bis 24%.

2. Das Theorem von Modigliani und Miller über die Irrelevanz der Kapitalstruktur

Abschnitt III.A.1 hat deutlich gezeigt, daß *das Risiko der Anteilseigner* bei zunehmender Fremdfinanzierung ansteigt. Daher wird der von ihnen geforderte Zinssatz *r* mit steigender Verschuldung der Unternehmung zunehmen.

Aber auch das *Risiko der Kreditgeber* kann mit steigender Verschuldung der Unternehmung zunehmen. Je höher die Verschuldung ist, desto größer ist die Wahrscheinlichkeit, daß die Kreditgeber Ausfälle erleiden. Der von den Kreditgebern geforderte Zinssatz wird dann, neben den erwarteten Kreditausfällen, auch eine Prämie für das von ihnen getragene Risiko enthalten. Die Risikoprämie wird mit steigender Verschuldung zunehmen. Bei gegebener Unternehmenspolitik ist das insgesamt von Anteilseignern und Kreditgebern zu tragende Risiko konstant. Je risikoreicher somit die Zahlungen an die Kreditgeber sind, desto sicherer sind die Zahlungen an die Anteilseigner und umgekehrt; und desto höher wird *k* in Relation zu *r* sein.

Modigliani und Miller [Cost of Capital] haben als erste bewiesen, daß sich bei bestimmten Prämissen die Renditeforderungen der Anteilseigner und Gläubiger so entwickeln, daß sich bei jeder Kapitalstruktur ein gleicher Gesamtwert der Unternehmung einstellt. Die Kapitalstruktur ist somit irrelevant. Modigliani und Miller haben damit den Grundstein der Finanzierungstheorie gelegt. In der Folge wurden weitere Beweise des Theorems konstruiert, die mit weniger Prämissen auskommen. Für den folgenden *Beweis* werden an *Prämissen* benötigt:

1. Es existieren keine Transaktions- und Informationskosten und die Finanzierungstitel sind beliebig teilbar.
2. Es existieren keine von der Kapitalstruktur abhängigen Steuern.
3. Es existieren keine Kapitalmarktrestriktionen; jeder, Unternehmung wie privater Investor, hat die Möglichkeit, bei Vorliegen gleicher Voraussetzungen Kredite zu gleichen Bedingungen aufzunehmen oder zu emittieren.

Die ersten drei Prämissen kennzeichnen einen *vollkommenen Kapitalmarkt bei Unsicherheit.*

4. Es existiert homogene Information, das heißt alle Anleger und Unternehmungen besitzen die gleiche Wahrscheinlichkeitsverteilung der möglichen Umweltzustände und der daraus resultierenden finanziellen Implikationen.
5. Die Unternehmenspolitik hängt nicht von der Kapitalstruktur ab. Durch Finanzierungsentscheidungen werden die Entscheidungen in allen übrigen Bereichen (Investitions-, Preis- etc. -entscheidungen) nicht beeinflußt. Dies impliziert auch, daß die Liquidationswahrscheinlichkeit und die Liquidationskosten der Unternehmung – sei es im Rahmen eines Insolvenzverfahrens oder außerhalb – nicht vom Verschuldungsgrad abhängen.

Die Annahmen 4. und 5. implizieren die *Absenz von Principal-Agent-Beziehungen*, die erst im Abschnitt III.B.3 eingeführt werden. Sie stehen im engen Zusammenhang zueinander. Wenn nämlich homogene Information vorliegt und außerdem keine Transaktionskosten existieren, dann können die Manager kostenlos dazu verpflichtet werden, jeweils die Strategie zu verfolgen, die den Gesamtwert der Unternehmung maximiert. Infolge der homogenen Information kennen ja sämtliche Manager und Kapitalgeber diese Strategie. Daher impliziert die Annahme homogener Information zusammen mit einem vollkommenen Markt eine kapitalstrukturunabhängige Unternehmenspolitik (vgl. dazu insbesondere *Franke* [Information]).

Folgende Ausgangssituation wird zugrundegelegt: Die Restlebensdauer der Unternehmung wird vereinfachend mit einer Periode angenommen. Das Vermögen zu Periodenende (= die Dividende bei reiner Eigenfinanzierung) sei $\tilde{D}_E$. Bei Fremdfinanzierung im Ausmaß von F würden die Kreditgeber einen vom Kreditrisiko abhängigen Zinssatz k fordern. Sie würden zu Periodenende $\text{Min}\,\{\tilde{D}_E, (1+k)F\}$ erhalten. Die Anteilseigner erhalten den Rest: $\text{Max}\,\{0, \tilde{D}_E - (1+k)F\}$. $\text{Min}\,\{\tilde{D}_E, (1+k)F\}$ und $\text{Max}\,\{0, \tilde{D}_E - (1+k)F\}$ ergänzen sich natürlich auf $\tilde{D}_E$.

Der Wert der Unternehmung bei reiner Eigenfinanzierung sei $K_E = M$, bei teilweiser Fremdfinanzierung $K + F$. Das *Irrelevanztheorem* besagt nun:

$$K_E = M = K + F = \text{konstant (unabhängig von } F).$$

Der Beweis verläuft folgendermaßen.

a) Als erstes sei unterstellt, daß die Unternehmung bis jetzt voll eigenfinanziert war und nunmehr Eigenkapital durch Fremdkapital im Ausmaß von F ersetzen und rückzahlen möchte. Anteilseigner X möge sich dadurch benachteiligt fühlen. Ihm gegenüber kann argumentiert werden, daß sich seine Position weder verschlechtert noch verbessert: Es ist gleichgültig, ob X bei reiner Eigenfinanzierung mit z.B. 10% am Eigenkapital beteiligt ist, oder bei Fremdfinanzierung mit 10% am nunmehr reduzierten Eigenkapital *und* am Fremdkapital. Er kann ja um das refundierte Eigenkapital Fremdkapitaltitel kaufen. Sein Endvermögen ist in jedem Fall 0,10 $[\mathrm{Min}\,\{\tilde{D}_E, (1+k)F\} + \mathrm{Max}\,\{0, \tilde{D}_E - (1+k)F\}] = 0{,}10\,\tilde{D}_E$. Für ihn gilt daher: $0{,}10\,K_E = 0{,}10\,(K+F)$, was $K_E = K + F$ impliziert.

b) Zweitens sei unterstellt, daß die Unternehmung voll eigenfinanziert ist und bleiben will. Investor Y würde sich gerne mit 10% am Eigenkapital der Unternehmung beteiligen, würde aber vorziehen, wenn die Unternehmung Fremdkapital im Ausmaß von F aufnimmt. Ihm kann gezeigt werden, daß er die gleiche Position durch die Beteiligung an der voll eigenfinanzierten Unternehmung, kombiniert mit privater Schuldaufnahme, erreichen kann. Er muß einen Kredit in Höhe von 0,10 F aufnehmen und sich mit 10% am Kapital der eigenfinanzierten Unternehmung beteiligen. Bestandteil des Kreditvertrages muß die Klausel sein, daß der Kreditgeber zu $t = 1$ maximal $0{,}10\,\tilde{D}_E$ erhält. (Bei Kreditgewährung an die Unternehmung hätten die Kreditgeber analoge Kreditverluste zu tragen!). Das Endvermögen von Y beträgt dann: $0{,}10\,[\tilde{D}_E - \mathrm{Min}\,\{\tilde{D}_E, (1+k)F\}] = 0{,}10\,\mathrm{Max}\,\{0, \tilde{D}_E - (1+k)F\}$; es ist somit gleich dem Endvermögen, daß Y bei Beteiligung nur am Eigenkapital der teilweise fremdfinanzierten Unternehmung erhalten hätte. Er müßte daher bereit sein, für die Beteiligung an der voll eigenfinanzierten Unternehmung $0{,}10\,K + 0{,}10\,F$ zu zahlen, was wieder $K_E = K + F$ impliziert.

Modigliani und Miller haben das Theorem ursprünglich unter zwei zusätzlichen Annahmen bewiesen:

6. Das Fremdkapital ist risikolos.
7. Die Unternehmungen können in Hinblick auf das Investitionsrisiko (= Risiko bei voller Eigenfinanzierung) in Klassen gleichen Risikos gruppiert werden. In jeder Risikoklasse gibt es zumindest zwei Unternehmungen.

Der Beweis von Modigliani und Miller [Cost of Capital] verläuft wie folgt. In einer Risikoklasse mögen sich zwei Unternehmungen (A, B) mit gleichem Gewinn vor Zinsen $\tilde{D}_E$ befinden. A sei voll eigenfinanziert, B habe risikolose Verbindlichkeiten von F_B aufgenommen. Der risikolose Zinssatz sei z. *Der Gesamtwert von A* (M_A) *muß gleich* M_B *sein:* Wenn das nicht der Fall ist, könnten die Investoren *risikolose Arbitragegewinne erzielen.* Wenn etwa $M_B > M_A$, ist es für einen Investor, der einen Anteil von a an der Unternehmung B hält, günstig, den Anteil für $a(M_B - F_B)$ zu verkaufen, sich im gleichen relativen Ausmaß wie B zu verschulden (aF_B) und für den Betrag $a(M_B - F_B) + aF_B = aM_B$ einen Anteil an A zu kaufen. Da $M_B > M_A$, erhält er dafür einen Anteil $a^* = aM_B/M_A$, der größer ist als a. Daher ist auch – bei gleichem Risiko – der erwartete Gewinn größer:

$$a(M_B/M_A)\tilde{D}_E - azF_B > a\tilde{D}_E - az \cdot F_B. \quad Q.e.d.$$

Beispiel 38. Es sind folgende Daten für die Unternehmung A und B gegeben:

	Unternehmung A	Unternehmung B
D_E	1000	1000
$D_E - kF = D$	1000	840
k	0,04	0,04
F	0	4000
r	0,10 (r_E)	0,12
$K = (D_E - kF)/r$	10000	7000
M	10000	11000

Unternehmung B ist höher bewertet als Unternehmung A, ihre Kapitalstruktur F/K ist 4/7. Der Anteilseigner X sei mit 1% an Unternehmung B beteiligt. Für X wäre es nun günstig, seinen Anteil für 70 zu verkaufen, Verbindlichkeiten zu 4% im Ausmaß von 40 aufzunehmen und Anteile der Unternehmung A für 110 zu kaufen. Sein Kapitalstrukturrisiko würde sich nicht ändern, einem Eigenkapital von 70 stehen in beiden Fällen Verbindlichkeiten von 40 gegenüber. (Im Falle der Beteiligung an B waren es allerdings Verbindlichkeiten der Gesellschaft, im Falle der Beteiligung an A sind es Verbindlichkeiten des Anteilseigners.)

Der Gewinn aus der Beteiligung an A ist aber in jeder Situation höher als es der Gewinn der Beteiligung an B wäre. Wenn z. B. der tatsächliche Gewinn vor Zinsen der beiden Gesellschaften 160 wäre (so hoch muß er mindestens sein, da ja F als risikolos angenommen wird), würde der Gesellschafter bei Aufrechterhaltung seiner Beteiligung an B Null erhalten – der Gewinn würde für die Zahlung der Zinsen verbraucht werden; bei einer Beteiligung an A würde er 1,1% von 160 minus den Zinsen von 4% von

40, d.s. 0,16 erhalten. Bei einem Gewinn von z.B. 2000 würde der Gesellschafter bei Aufrechterhaltung seiner Beteiligung an B 1 % von 2000–160, d.s. 18,40 erzielen. Bei Beteiligung an A würde er dagegen 1,1 % von 2000 minus 4 % von 40, d.s. 20,40 erhalten. Die Arbitrage ist somit *risikolos*.

Falls M_B mit 8000 ($K_B = 4000$, $r_B = 0{,}21$, $F_B = 4000$) niedriger wäre als M_A (10000), so wären die Anteilseigner von A daran interessiert, A-Anteile zu verkaufen, B-Anteile zu kaufen und das erhöhte Risiko einer Beteiligung an B durch Kauf von festverzinslichen Wertpapieren auszugleichen. Aktionär Y würde etwa Anteile an A für 100 Geldeinheiten verkaufen und damit auf eine erwartete Dividende von 10 Geldeinheiten pro Jahr verzichten. Für je 50 Geldeinheiten würde er hierauf Anteile der Unternehmung B (erwartete Dividende 10,50) und Obligationen, z.B. der Unternehmung B, beschaffen (erwartete Zinsen 2). Bei gleichem Risiko – die Verschuldung der Gesellschaft (Kapitalstruktur 1) wurde durch private Entschuldung wettgemacht – wäre sein Ertrag bei *jeder* Gewinnsituation der Unternehmung größer. Dies kann ebenso wie oben leicht nachgerechnet werden.

Natürlich kann der Beweis auch für den Fall adaptiert werden, daß beide Unternehmungen, aber in unterschiedlichem Ausmaß, verschuldet sind (siehe Übungsbeispiel 5).

Wenn die Irrelevanzthese gilt, so ist der *durchschnittliche Kapitalkostensatz* der Unternehmung konstant, d.h. unabhängig von der Kapitalstruktur. Das kann wie folgt gezeigt werden:

Der Unternehmungswert ist:

$$M = (D_E - kF)/r + F = \text{konstant}$$
$$r(M - F) = D_E - kF \qquad (41)$$

Statt D_E kann nur $r_E M$ gesetzt werden; r_E ist definiert als D_E/M, als Kapitalkostensatz bei ausschließlicher Eigenfinanzierung:

$$r(M - F) = r_E M - kF$$
$$r(M - F) = r_E(M - F) - kF + r_E F$$
$$r = r_E + (r_E - k)F/K \qquad (42)$$

Nach der These von Modigliani und Miller ist somit r eine lineare Funktion von F/K, falls k konstant ist.

Eine einfache Probe ergibt, daß i, der durchschnittliche Kapitalkostensatz, bei diesem Ausdruck für r konstant ist:

$$i = rK/M + kF/M$$
$$i = [r_E + (r_E - k)F/K]K/M + kF/M$$
$$i = r_E \qquad (43)$$

Untenstehende Skizze zeigt einen beispielhaften *Verlauf* von i, r und k in Abhängigkeit von F/K. k ist konstant und daher r linear bis $F/K = 0{,}66$.

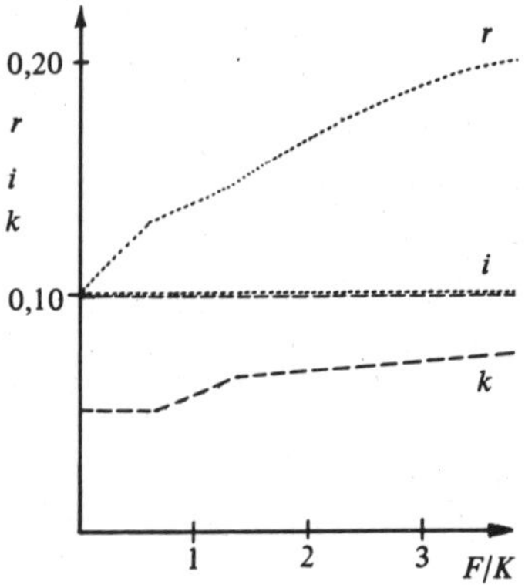

Abbildung 4

Die von den Anteilseignern erwartete Rendite r (= Eigenkapitalkostensatz) ist somit eine ansteigende Funktion des Verschuldungsgrades F/K. Solange k, der erwartete Fremdkapitalkostensatz, unabhängig von F/K ist, ist die Funktion linear. Dies ist in jenem Bereich der Fall, in dem der Kredit risikolos ist und in dem daher $k = z$ gilt. Wenn k bei höheren Verschuldungsgraden ansteigt, ist die Zunahme von r degressiv. r kann jedoch nicht abnehmen, wenn unterstellt wird, daß das marginale Risiko, das Kreditoren übernehmen, stets kleiner ist als das durchschnittliche Risiko der Eigenkapitalgeber (*Stapleton* [Corporate Finance 192 ff.]). Die Differenz zwischen r_E und z kann als Risikoprämie für das *Investitionsrisiko* interpretiert werden. Sie ist den Anteilseignern der voll eigenfinanzierten Unternehmung j zu bieten, damit sie sich an j beteiligen. Der zweite Bestandteil von Ausdruck (42), nämlich $(r_E - k)\, F/K$, ist jener Teil der erwarteten Rendite der Anteilseigner, der als Prämie für das zum Investitionsrisiko hinzutretende Risiko aus der Fremdfinanzierung gefordert bzw. erwartet wird. $(r_E - k)\, F/K$ kann somit als Entgelt für das von den Anteilseignern zu tragende *Kapitalstrukturrisiko* bezeichnet werden.

Beispiel 39. Wie hoch ist r bei $F = 0$, 1000, 2000 und 3000, wenn das Irrelevanz-Theorem gilt und wenn folgende Daten gegeben sind: $D_E = 609$, $k = z = 0{,}04$, $A_I = 5000$, $M = 6600$.

F	$A_I - F$	M (gemäß Annahme)	K	$r = (D_E - kF)/K$	$i = rK/M + kF/M$
0	5000	6600	6600	609/6600 = 0,092	0,092
1000	4000	6600	5600	569/5600 = 0,102	0,092
2000	3000	6600	4600	529/4600 = 0,115	0,092
3000	2000	6600	3600	489/3600 = 0,136	0,092

r könnte auch aus Formel (42) errechnet werden.

3. Argumente für und wider die Existenz einer optimalen Kapitalstruktur

Die Argumente für die Existenz einer optimalen Kapitalstruktur ergeben sich aus der *Kritik der Prämissen des Irrelevanz-Theorems*. Aufgabe dieser Einführung kann es nicht sein, in umfassender Weise alle Aspekte zu beleuchten, die in den letzten Jahren bezüglich des Kapitalstrukturproblems diskutiert wurde. Es soll daher im folgenden, und auch das nur in grundsätzlicher Form, lediglich zu *drei Fragen* Stellung genommen werden: Macht die Besteuerung die Kapitalstruktur relevant (Prämisse 2)? Bewirkt eine vom Verschuldungsgrad abhängige Insolvenz- bzw. Liquidationswahrscheinlichkeit ein Kapitalstrukturoptimum (Prämisse 5)? Beeinflußt der Verschuldungsgrad das Verhalten (die Entscheidungen) des Managements und ergeben sich daraus Rückwirkungen auf die optimale Kapitalstruktur? Dabei ist mitzuberücksichtigen, daß das Management einen Informationsvorsprung gegenüber den Kapitalgebern besitzt (Prämisse 5 im Zusammenhang mit Prämisse 4).

a) Kapitalstruktur und Besteuerung

Es ist offensichtlich, daß eine Gewinnbesteuerung, die in gleicher Weise Gewinnanteile wie Zinseinkommen erfaßt, die Irrelevanz der Kapitalstruktur nicht aufhebt. Die Einkommensteuer in bezug auf Personengesellschaften und Einzelunternehmungen ist eine solche Steuer.

Eine Kombination einer Körperschaftsteuer auf Unternehmungsgewinne mit einer Einkommensteuer auf Unternehmungsgewinne (nach Körperschaftsteuer) und Zinserträge würde *maxi-*

male Fremdfinanzierung optimal machen. Die Erträge nach allen Steuern betragen bei einem solchen System:

$$(D_E - kF)(1 - s_k)(1 - s_e) + kF(1 - s_e)$$
$$= D_E(1 - s_k)(1 - s_e) + kF(1 - s_e)s_k,$$

sind also umso höher, je höher F ist.

Obige Schlußfolgerung, daß maximale Fremdfinanzierung optimal ist, wurde lange Zeit auch auf das *klassische Körperschaftsteuersystem* übertragen (Modigliani und Miller [Taxes]). Das klassische Körperschaftsteuersystem ist charakterisiert durch eine Körperschaftsteuer auf Unternehmungsgewinne unter Abzugsfähigkeit der Fremdkapitalzinsen, durch eine volle Einkommensteuer auf Dividenden und Zinseinkommen und eine ermäßigte oder keine Einkommensteuer auf Veräußerungsgewinne (Kapitalgewinne) von Anteilen. Miller [Debt] zeigte jedoch, daß selbst bei einem solchen Steuersystem die Kapitalstruktur – nicht aber die Dividendenpolitik – irrelevant sein kann. Die Argumentation von Miller verläuft in zwei Schritten:

1. Schritt: Zunächst wird geklärt, welche *Dividendenpolitik* optimal ist, falls die optimale Kapitalstruktur überhaupt Eigenkapital enthält. Miller kommt zum Schluß, daß *Gewinneinbehaltung* optimal ist. Bei Einbehaltung kann die Unternehmung wegen des Entfalls der Einkommensteuer einen größeren Betrag anlegen als der Anteilseigner bei Gewinnausschüttung anlegen könnte. Dies gilt selbst dann, wenn die Anteilseigner bei Veräußerung der Anteile eine Kapitalgewinnsteuer zu entrichten haben, sofern für diese ein ermäßigter Satz gilt oder sie zu einem späteren Termin zu zahlen ist. Die Miller-These beruht somit auf der Annahme, daß es gelingt, einbehaltene Gewinne zumindest zum Teil einkommensteuersparend dem Kapitalmarkt zugutekommen zu lassen. Mittel dazu sind Aktienrückkäufe, Kapitalherabsetzungen etc. Davon sei im folgenden ausgegangen.

2. Schritt: Im zweiten Schritt ist über die Kapitalstruktur zu entscheiden. Die Argumentation von Miller sei an folgendem Fall nachgezeichnet: Der Körperschaftsteuersatz sei 50 %, die Investitionsrendite 8 %. Ist eine Unternehmung voll eigenfinanziert, dann erhalten ihre Investoren eine Nettorendite von 4 % (in Form von Kurssteigerungen, Aktienrückkäufen etc.). Eine Kapitalgewinnsteuer existiere nicht. Gibt es nun Anleger, die nicht einkommensteuerpflichtig sind, sei es wegen niedrigen Einkommens, sei es wegen Befreiungen, so ist es zweifellos vorteilhaft, von diesen Investoren Fremdkapital aufzunehmen. Man müßte ihnen nur 4% Zinsen zahlen, da sie bei Anlage in Aktien auch nur 4% verdienen würden. Die Gesellschaften können aber die Zinsen von der Körperschaftsteuerbasis abziehen, so daß die Nettozinskosten nur 2% betragen. Die Differenz zwischen der Nettorendite der Investitionen (4%) und den Nettozinsen (2%) kommt den Anteilseignern zugute. Nehmen wir nun an, die steuerfreien Investoren hätten ihr gesamtes Kapital bereits verborgt; es gäbe aber potentielle Anleger mit einem marginalen Einkommensteuersatz von 20%. Für diese Investoren würde ein Zinssatz von 5% ausreichen, um sie indifferent zwischen dem Erwerb von Aktien und Anleihen zu machen. Kreditzinsen von 5% sind für die Unternehmungen noch immer günstiger als Eigenkapital, das brutto 8% „kostet" etc. Gleichgewicht am Kapitalmarkt wird erst dann herrschen, wenn der Kreditzinsfuß auf 8% gestiegen ist. Dann ist es für *Unternehmungen irrelevant, ob sie Fremdkapital zu 8% oder Eigenkapital* aufnehmen, für das sie Kapitalgewinne von 4% nach KSt erwirtschaften müssen.

Beim klassischen Körperschaftsteuersystem ist es somit gleichgültig, in welchem Verhältnis Aktien- und Kreditemissionen von einer Unternehmung vorgenommen werden – die Kapitalstruktur ist irrelevant. Wichtig ist, daß keine Dividenden ausgeschüttet werden (siehe 1. Schritt). Von der Unternehmung emittierte Aktien werden von Anlegern mit einem marginalen Einkommensteuersatz von 50% und darüber gekauft. Kredittitel werden von Investoren mit einem marginalen Steuersatz von 50% und darunter übernommen.

Die Schlußfolgerung, daß die Kapitalstruktur aus Sicht der einzelnen Unternehmung irrelevant ist, ist jedoch nicht auf die Volkswirtschaft übertragbar: Ein gesamtwirtschaftlicher Gleichgewichtszustand kommt ja nur dann zustande, wenn die Unternehmungen insgesamt soviel Fremd- und Eigenkapital emittieren, daß sich – im obigen Fall – ein Kreditzinssatz von 8% einspielt, und alle Anleger ihre jeweils optimale Portefeuillepolitik realisieren können.

Ist der Kapitalgewinnsteuersatz positiv, wäre im Gleichgewicht die Nettorendite des Eigenkapitals geringer und der ESt-Satz des marginalen Investors höher. (Zum formellen Beweis des Miller-Modells siehe auch Swoboda [Finanzierung].)

Das *Steuersystem in Deutschland* entspricht aber gegenwärtig *nicht* dem klassischen Körperschaftsteuersystem. Es ist durch folgende Steuern gekennzeichnet:

– Die *Körperschaftsteuer* mit dem Satz von 45 % für einbehaltene und 30 % für ausgeschüttete Gewinne. Die Körperschaftsteuer auf ausgeschüttete Gewinne wird auf die Einkommensteuer angerechnet (Anrechnungssystem).

- Die progressive *Einkommensteuer* auf Dividenden und Zinseinkommen. Der höchste marginale Steuersatz ist 53 % (ohne Berücksichtigung des Solidaritätszuschlags).
- Die *Vermögensteuer* auf das Reinvermögen von Körperschaften. Der Steuersatz beträgt 0,6 % von 75 %, also 0,45 % des Eigenkapitals, bewertet nach vermögensteuerlichen Richtlinien. Die Vermögensteuer ist von der Basis der Körperschaftsteuer und der Gewerbeertragsteuer nicht abzugsfähig. Die Vermögensteuer von Körperschaften ist deshalb relevant, weil sie durch das Ausmaß der Unternehmungsverschuldung beeinflußt werden kann. Die Vermögensteuer auf das Vermögen der Anteilseigner wird nicht einbezogen, da sie im Prinzip nicht davon abhängt, ob die Investoren ihr Kapital in Eigen- oder Fremdkapitaltiteln anlegen. Von eventuellen indirekten Einflüssen über die Bewertung von Eigen- bzw. Fremdkapitaltiteln wird abgesehen.
- Die *Gewerbekapitalsteuer*, deren Bemessungsgrundlage im wesentlichen das Eigenkapital, bewertet nach vermögensteuerlichen Grundsätzen, plus 50% der langfristigen Kredite ist. Zunächst wird angenommen, daß sämtliche Verbindlichkeiten langfristig sind. Es wird mit einem Satz von 0,8% (Steuermeßbetrag 0,2%, Hebesatz 400) gerechnet.
- Die *Gewerbeertragsteuer*, deren Bemessungsgrundlage im wesentlichen der Gewinn nach Zinsen plus 50 % der Zinsen für langfristige Kredite ist. Es wird mit einem Steuersatz von 20 % gerechnet (Steuermeßbetrag 5 %, Hebesatz 400), wobei zu beachten ist, daß die Gewerbeertragsteuer sowohl ihre eigene Bemessungsgrundlage als auch diejenige der Körperschaftsteuer mindert.
- Die *Kirchensteuer*; der Steuersatz beträgt 8 bis 9 % der Einkommensteuer. Die Kirchensteuer ist von der Bemessungsgrundlage der Einkommensteuer abzugsfähig. Da sie von den Finanzämtern zusammen mit der ESt eingehoben wird, kann ihr nicht ausgewichen werden. Sie ist daher für kirchensteuerpflichtige Investoren eine finanzierungsrelevante Steuer.

1. Schritt: Wieder ist im ersten Schritt zu klären, welche *Dividendenpolitik* optimal ist, falls die optimale Kapitalstruktur überhaupt Eigenkapital enthält. Da die auf den ausgeschütteten Gewinn entfallende Körperschaftsteuer auf die Einkommensteuer angerechnet wird, wird ein Anteilseigner Ausschüttung (Einbehaltung) vorziehen, wenn sein kombinierter Einkommensteuer- und Kirchensteuersatz niedriger (höher) ist als der Körperschaftsteuersatz für einbehaltene Gewinne.

2. Schritt: Nachdem Klarheit über die für einen bestimmten Anteilseigner optimale Dividendenpolitik geschaffen ist, kann im zweiten Schritt untersucht werden, welche Kapitalstruktur optimal ist. Zunächst ist sofort zu erkennen, daß *Fremdfinanzierung stets günstiger ist als Eigenfinanzierung verbunden mit Gewinnausschüttung*. Eigenkapital bei Ausschüttung der Gewinne wird nämlich in Hinblick auf die Körperschaftsteuer und Einkommensteuer/Kirchensteuer gleich, aber in Hinblick auf Vermögensteuer und Gewerbesteuer stärker belastet als Fremdkapital. Eigenkapital mit Gewinnausschüttung kann daher als inferior aus der weiteren Betrachtung ausgeschlossen werden. Es verbleibt daher, wie beim klassischen Körperschaftsteuersystem, nur Eigenfinanzierung bei Gewinneinbehaltung und Fremdfinanzierung zur Auswahl. Nun haben Gewerbe- und Vermögensteuer zur Folge, daß der marginale Einkommensteuersatz steigt, ab dem es vorteilhaft wird, nicht Fremdkapitaltitel zu kaufen, sondern in Aktien von Gewinn thesaurierenden Unternehmungen anzulegen. Ob in Hinblick auf das deutsche Steuersystem überhaupt noch Investoren übrig bleiben, aus deren Sicht Eigenfinanzierung interessant ist, sei an Hand folgenden *Beispiels* untersucht.

Beispiel 40: Es sei von einem Vermögen von 10 und einer Investitionsrendite von 10% (Gewinn vor Zinsen und Steuern daher 1) ausgegangen.

Bei Eigenfinanzierung könnte nach Steuern folgender Gewinn einbehalten werden:

Gewinn vor Steuern	1
GewKSt (0,008 · 10)	– 0,08
GewESt [0,20 · (1 –0,08)/1,20)]	– 0,153
	0,767
KSt (0,45 · 0,767)	– 0,345
VSt (0,006 · 0,75 · 10)	– 0,045
Einzubehaltender Nettogewinn	0,377

Bei der Berechnung der Gewerbeertragsteuer wurde berücksichtigt, daß sie ihre eigene Bemessungsgrundlage mindert – daher die Auf-Hundert-Rechnung. Die von den *Anteilseignern erzielbare Rendite nach allen Steuern* beträgt daher *3,77%*.

Bei Fremdfinanzierung würde man den gesamten Gewinn von 1 in Form von Gewerbesteuer und Zinsen auszahlen. Der Zinssatz k ergibt sich aus folgender Rechnung:

$10 \cdot k + 0{,}008 \cdot 5$ (= GewKSt auf die Hälfte der Verbindlichkeiten) + $0{,}20\,(1 - 10k + 10k/2 - 0{,}008 \cdot 5)/1{,}20$ (= GewESt auf Gewinn nach Zinsen und nach GewKSt plus die Hälfte der Zinsen) = 1 (= Gewinn vor Steuern und Zinsen)

$k = 0{,}0873.$

Kontrollrechnung:

Gewinn vor Zinsen und Steuern	1
Zinsen	– 0,873
GewKst (0,008 · 5)	*– 0,04*
Zwischensumme	0,087
GewESt [0,20 (1–0,04–0,087/2)/1,20]	– 0,087
	0

Damit Kreditgeber die gleiche Nettorendite erzielen wie Eigenkapitalgeber, nämlich 3,77%, müßte ihr Marginalsteuersatz ca. 56,7% betragen [0,087(1 – 0,567) = 0,0377]! Auch kirchensteuerpflichtige Anleger erreichen diesen Satz *nicht*.

Beispiel 40 zeigt: Beim deutschen Steuersystem und den Annahmen dieses Beispiels, die sich von der Realität nicht weit entfernen dürften, ist für Deutschland *maximale Fremdfinanzierung aus der Sicht sämtlicher Anteilseigner optimal.*

Bisher wurde die *stille Selbstfinanzierung* aus der Analyse ausgeklammert. Eine nicht steuerlich, nur handelsrechtlich anerkannte stille Selbstfinanzierung unterscheidet sich aus der Sicht der Finanzierung nicht von einer offenen Selbstfinanzierung und braucht daher nicht näher untersucht zu werden. Eine *steuerlich anerkannte stille Selbstfinanzierung* ist offensichtlich die günstigste Form der Eigenfinanzierung, weil sie jegliche Form der Gewinnbesteuerung (Körperschaft-, Gewerbeertrag-, Einkommensteuer) in spätere Perioden verschiebt. Falls somit aus irgendwelchen Gründen Eigenfinanzierung betrieben werden soll, wäre steuerlich anerkannte stille Selbstfinanzierung im maximalen Ausmaß einzuplanen.

Dies beantwortet aber nicht die Frage, ob eine Unternehmung – um mehr steuerlich anerkannte Selbstfinanzierung betreiben zu können – von vorneherein einen höheren Eigenkapitalanteil am Gesamtkapital anstreben sollte. Für die längerfristige Finanzierungsplanung muß nämlich folgender Zusammenhang beachtet werden: Eine stärkere Eigenfinanzierung führt – bei Sicherheit, wie bei der im nächsten Abschnitt zu besprechenden Unsicherheit – zu höheren steuerpflichtigen Gewinnen bzw. niedrigeren Verlusten. Daher kann von den Möglichkeiten steuerlich anerkannter stiller Selbstfinanzierung (Sonderabschreibungen etc.) in höherem Ausmaß Gebrauch gemacht werden. Ist dies in langer Sicht von Vorteil? Auf der einen Seite bietet die stille Selbstfinanzierung auch gegenüber der Fremdfinanzierung zunächst ertragsteuerliche Vorteile. Auf der anderen Seite verursacht eine erhöhte Eigenfinanzierung zusätzliche vermögensabhängige Steuern und – bei Auflösung der stillen Reserven – höhere Gewinnsteuern. Es kann nur im Einzelfall, unter Abwägung der Unsicherheit über die künftige Ertragslage bzw. die künftigen steuerlichen Bewertungsmöglichkeiten, entschieden werden, ob eine Erhöhung des Eigenkapitalanteils der Unternehmung deshalb von Vorteil ist, um in Hinkunft ein größeres Volumen an steuerlich wirksamen stillen Reserven dotieren zu können. – Analoges gilt auch für steuerliche Investitionsförderungen in Form von investment credits (z. B. Investitionsfreibetrag in Österreich). Dabei handelt es sich um zusätzliche, über 100% des Anschaffungspreises hinausgehende steuerliche Abschreibungsmöglichkeiten. Auch diese können nur dann in Anspruch genommen werden, wenn steuerliche Gewinne entstehen. Und diese entstehen nur, falls nicht der gesamte Gewinn in Form von Kreditzinsen an den Kapitalmarkt geleitet wird.

Bis jetzt wurden steuerehrliche Anleger unterstellt. Wird Steuerhinterziehung in die Analyse einbezogen und angenommen, daß Steuerhinterziehung hinsichtlich der Einkommensteuer auf Zinseinkommen leichter möglich ist als bei der Körperschaftsteuer bzw. der Einkommensteuer auf Dividenden, so würden steuerunehrliche Investoren selbst bei einem Marginalsteuersatz, der sie ansonsten zum Kauf von Eigenkapitaltiteln reizen würde, Fremdkapitaltitel kaufen. Man kann dies auch so ausdrücken: Die steuerunehrlichen Anleger verstärken die Gruppen der Anleger mit niedrigem Marginalsteuersatz. Kapitalmarktgleichgewicht wird dann bei einem größeren Fremdkapitalvolumen erreicht.

b) *Kapitalstruktur und Insolvenzwahrscheinlichkeit*

Eine Prämisse des Beweises der Irrelevanz der Kapitalstruktur lautet: Die Unternehmungspolitik hängt nicht von der Kapitalstruktur ab. Wenn jedoch die Wahrscheinlichkeit, mit der Unternehmungen in Konkurs geraten und liquidiert werden, von der Kapitalstruktur abhängt, ist die Unternehmungspolitik *nicht mehr unabhängig* von der Kapitalstruktur.

Nun legt eine „mechanistische" Interpretation der juristischen Regelungen zur Konkursauslösung und die Gleichsetzung von Konkurs und Liquidation die Annahme nahe, daß höher verschuldete Unternehmungen c.p. mit größerer Wahrscheinlichkeit liquidiert werden. Je höher der Verschuldungsgrad, desto größer ist die Wahrscheinlichkeit, daß Überschuldung (= Insolvenzgrund für Kapitalgesellschaften) bzw. daß Zahlungsunfähigkeit eintritt (= Insolvenzgrund für alle Rechtsformen). Die ältere Literatur hat denn auch in der behaupteten positiven Korrelation zwischen Verschuldungsgrad und Insolvenz- (sprich Liquidations-)Wahrscheinlichkeit ein gewichtiges Argument für die Relevanz der Kapitalstruktur gesehen. Da das (deutsche) Steuersystem die Fremdfinanzierung begünstigt, die erwarteten Konkursverluste aber mit zunehmender Fremdfinanzierung größer werden, schloß man daraus auf die Existenz eines Kapitalstrukturoptimums: Es liegt dort, wo die Differenz zwischen den steuerlichen Vorteilen der Fremdfinanzierung und den erwarteten Nachteilen aus dem Insolvenzrisiko das Maximum erreicht.

Die These von der Abhängigkeit der Liquidationswahrscheinlichkeit von der Kapitalstruktur wurde von Haugen und Senbet [Bankruptcy Costs] erschüttert. Sie gehen davon aus, daß eine voll eigenfinanzierte Unternehmung dann liquidiert werden soll, wenn der Liquidationswert größer ist als der Fortführungswert, also der Ertragswert bei Fortführung. Gleiches sollte aber auch für eine hoch verschuldete bzw. überschuldete Unternehmung gelten. Falls nämlich der Fortführungswert größer ist als der Liquidationswert, können *alle* Beteiligten bei Fortführung besser gestellt werden als bei Liquidation.

Beispiel 41. Der Fortführungswert einer Unternehmung betrage 150, der Liquidationswert 100, die Verbindlichkeiten 500.

Bei Konkursauslösung – es liegt zweifellos Überschuldung, wenn nicht auch Zahlungsunfähigkeit vor – würden die Gläubiger 100 erhalten. Nun könnte ein trouble shooter die Unternehmung aufkaufen, indem er den bisherigen Eigentümern z. B. 10 bezahlt und die Gläubiger gegen eine Zahlung von z. B. 120 zum Verzicht auf die restlichen Forderungen bewegt. Alle beteiligten Gruppen hätten einen Vorteil gegenüber der Liquidation. Die Anteilseigner würden 10 erhalten anstatt leer auszugehen. Die Gläubiger würden 120 anstelle von 100 erzielen. Und der trouble shooter würde eine Unternehmung mit einem Wert von 150 für nur 130 erwerben.

Alternative Möglichkeiten, um eine Weiterexistenz von Unternehmungen zu sichern, deren Fortführungswert höher ist als der Liquidationspreis, sind der Vergleich, die Gründung von Auffanggesellschaften, die Fusionierung mit potenten Unternehmungen, oder die Übernahme der Unternehmung durch die Gläubiger.

Wenn also gewährleistet ist, daß durch das Auftreten von trouble shooters, durch Vergleich mit den Gläubigern, durch Fusionierung (im Zusammenhang mit einem Vergleich mit den Gläubigern) Unternehmungen fortgeführt werden, deren Ertragswert größer ist als der Liquidationswert, und wenn dabei keine zusätzlichen Kosten oder Wertminderungen entstehen, so gibt es *keinen* Zusammenhang zwischen Verschuldungsgrad und Insolvenz- bzw. Liquidationswahrscheinlichkeit. Die Insolvenzwahrscheinlichkeit ist dann auch keine Determinante der optimalen Kapitalstruktur.

Nun gibt es einige Argumente, die dennoch für einen Zusammenhang zwischen Kapitalstruktur und Insolvenzwahrscheinlichkeit sprechen. So können die liquidationsvermeidenden Maßnahmen, die im Falle von (drohenden) Insolvenzen erwogen oder getroffen werden, *Kosten* verursachen; es müssen potentielle trouble shooters interessiert, Gutachten erstellt, die Gläubiger überzeugt werden, etc. Zwar würden ähnliche Kosten auch bei reiner Eigenfinanzierung anfallen, da bei hohen Verlusten auch hier Untersuchungen über die Fortführungswürdigkeit der Unternehmung angestellt werden. Dennoch spricht einiges dafür, daß diese Kosten mit dem Verschuldungsgrad positiv korrelieren. Zu den relevanten Kosten zählen auch Nachteile, die einer Unternehmung entstehen, wenn finanzielle Schwierigkeiten bekannt werden und zu Reaktionen bei Kunden, Lieferanten und Arbeitnehmern führen (Kunden verhängen Auftragsstops; qualifizierte Arbeitnehmer verlassen das sinkende Schiff).

Eine weitere Verzerrung könnte durch *heterogene Information* über die Relation von Fortführungswert zu Liquidationswert verursacht werden. Die Anteilseigner werden jedenfalls an einer Fortführung interessiert sein. Bei Liquidation im Rahmen eines Konkurses verlieren sie alles; bei Fortführung besteht dagegen die wenn auch noch so geringe Chance, daß die Unternehmung sich erholt. Außerdem erhalten die geschäftsführenden Anteilseigner Gehälter und könnten sich durch Privatentnahmen etc. zusätzliche Vorteile verschaffen. Diese Interessenslage der Anteilseigner wissend, werden die Gläubiger den Behauptungen der Anteilseigner über die Fortführungswürdigkeit der Unternehmung skeptisch gegenüberstehen und im Zweifel eine Liquidation einem Vergleich vorziehen. Dieses Argument ist aber dann nicht relevant, wenn die Unternehmung direkt von den Gläubigern oder von einem trouble shooter gegen Abfindung der Gläubiger übernommen wird.

c) *Kapitalstruktur und Managerverhalten*

Die Einflüsse der Kapitalstruktur auf das Managerverhalten können als *Principal-Agent-Problem* gesehen werden. Nach Arrow [Agency] liegt ein Principal-Agent-Problem dann vor, wenn eine Person (Personengruppe) – der Agent – eine Aktion auswählt, die den eigenen Nutzen maximiert, aber gleichzeitig den Nutzen anderer Personen (Personengruppen) – Principal – tangiert. Der Principal hat dabei oft das Recht, die Aufteilungsregeln des Ergebnisses der Aktion vorzuschreiben oder mindestens zu beeinflussen. Principal-Agent-Probleme im Bereich der Unternehmung gibt es zwischen Managern und Eigentümern, Managern und Eigentümern auf der einen und Kreditgebern oder auch Arbeitnehmern auf der anderen Seite usw. Principal-Agent-Probleme erhalten ökonomische Relevanz erst bei heterogener Information, insbesondere einem Informationsvorsprung des Managers. Liegt (kostenlose) homogene Information vor, kann für jeden künftigen Zustand das insgesamt optimale Verhalten des Managers vereinbart und seine Einhaltung nachträglich kontrolliert werden.

Das erste im Rahmen der Finanzierungstheorie untersuchte Principal-Agent-Problem betraf den Konsum an „fringe benefits“ durch die Manager in Abhängigkeit von ihrer Beteilungsquote an der Unternehmung (Jensen und Meckling [Managerial Behavior]). Sie zeigten, daß das Interesse der Manager an fringe benefits umso größer ist, je geringer die Beteiligungsquote der Manager an Vermögen bzw. Gewinn ist: Der Nutzen aus den fringe benefits kommt den Managern zu 100 % zugute; die von ihnen zu tragenden Kosten sind aber umso geringer, je geringer ihr Anteil am Gewinn (Vermögen) ist.

Ein weiteres wichtiges Principal-Agent-Problem betrifft das Verhältnis von Eigentümer-Managern gegenüber Gläubiger. Je höher der Verschuldungsgrad einer Unternehmung ist, desto vorteilhafter werden c.p. riskante Investitionen gegenüber risikolosen Investitionen, falls man einen Teil des Risikos den Gläubigern ohne Entgelt aufladen kann. Dies sei an einem Beispiel gezeigt.

Beispiel 42: Die Anteilseigner bzw. die deren Interesse vertretenden Manager einer Unternehmung haben zwischen folgenden Investitionsalternativen zu wählen, die bei reiner Eigenfinanzierung durch folgende Zahlungen charakterisiert sind:

	Anschaffungs-preis	Einzahlungsüberschuß zu t = 1	
		Zustand 1	Zustand 2
IP 1	– 100	50	160
IP 2	– 100	110	110

Die Zustände haben eine Eintrittswahrscheinlichkeit von je 50 %. Bei reiner Eigenfinanzierung und bei Risikoneutralität – und erst recht bei Risikoaversion – ist *IP* 2 die günstigere Alternative. Es ist durch ein sicheres Ergebnis von 110 – 100 = 10 charakterisiert. Alternative I weist dagegen ein erwartetes Ergebnis von 210/2 – 100 = 5 auf.

Nun seien aber die Angaben insofern variiert, als die Eigentümer nur eigenes Kapital von 20 investieren wollen. 80 soll durch Kredit aufgebracht werden. Der Zinssatz für sichere Anlagen ist 8 %. Die Gläubiger gehen davon aus, daß *IP* 2 gewählt wird, halten die Kreditgewährung daher für sicher und verlangen einen Zinssatz von 8 % (ohne Sicherheiten, ohne Einwirkungsrechte). In diesem Fall sind die Zahlungsströme für die Anteilseigner:

	Anschaffungs-preis	Einzahlungsüberschuß zu t = 1	
		Zustand 1	Zustand 2
IP 1	– 20	0	160 – 86,4 = 73,6
IP 2	– 20	110 – 86,4 = 23,6	23,6

Dabei ist angenommen, daß, falls *IP* 1 gewählt wird und Zustand 1 eintritt, die Unternehmung in Konkurs geht. Infolge Haftungsbeschränkung haften die Anteilseigner nicht mit ihrem Privatvermögen. Für risikoneutrale Anteilseigner ist es nun klar günstiger, *IP* 1 (erwarteter Gewinn 36,8) zu wählen. Aus der Agency Beziehung zwischen Eigentümern und Gläubigern ergibt sich somit ein Anreiz, das Risiko des Investitions-, Produktions- etc.-programms zu erhöhen (Risikoanreiz-Wirkung). Die (möglicherweise) Geschädigten sind die Gläubiger.

Welche Folgerungen werden in der Finanzierungsliteratur aus der Principal-Agent-Problematik gezogen?

1. Es werden vertragliche und auch gesetzliche Regelungen diskutiert bzw. entwickelt, die helfen sollen, Principal-Agent-Probleme einzudämmen: Z.B. geeignete (ergebnisabhängige) Entlohnungsformen für Manager; Schutz der Gläubiger vor riskanten Investitionen durch Sicherheiten, Mitentscheidungsrechte, Dividendenbeschränkungen, Einhaltung von Finanzierungsregeln etc.

2. Es werden Signalisierungsgleichgewichte untersucht; also Anreize für Manager, richtig zu informieren (zu signalisieren) und

damit ein Interesse an der Ausbeutung bestimmter Gruppen gar nicht entstehen zu lassen.

3. Es wird versucht, die Agency Kosten, d. s. die Kosten, die einerseits durch die Reduzierung der Principal-Agent-Probleme entstehen (z. B. Kontrollkosten), und andererseits die Nachteile aus den nicht wirtschaftlich eliminierbaren Auswirkungen von Principal-Agent-Beziehungen, in Modelle zur Optimierung der Kapitalstruktur einfließen zu lassen. So stellten bereits Jensen und Meckling [Managerial Behavior] ein Modell vor, in dem die optimale Kapitalstruktur durch Minimierung der Summe aus den Agency Kosten des Eigenkapitals und derjenigen des Fremdkapitals gewonnen wird.

4. Die Zurechnung von Kapitalstrukturen (Kapitalkostensätze) an Investitionsprojekte

Falls das Theorem von Modigliani und Miller von der Irrelevanz der Kapitalstruktur gilt, hängt der durchschnittliche Kapitalkostensatz, der einem Investitionsprojekt zuzurechnen ist, nicht von der Kapitalstruktur ab. Wie in II.F gezeigt, ist er aber sehr wohl eine Funktion des (nicht diversifizierbaren) Investitionsrisikos.

Eine Möglichkeit, jedem Investitionsprojekt trotz unterschiedlichem Risikobeitrag den gleichen Kapitalkostensatz für Eigenkapital r zuzurechnen, ist folgende Vorgangsweise. Je größer der Risikobeitrag eines Investitionsprojekts ist, umso mehr eigene Mittel werden dem Projekt zugerechnet. Das erhöht den durchschnittlichen Kapitalkostensatz i. Das erhöhte Investitionsrisiko aus einem Projekt wird somit durch eine Verminderung des Kapitalstrukturrisikos kompensiert.

Beispiel 43. Die folgende Tabelle enthält nach zunehmendem zusätzlichen Risikobeitrag geordnete Investitionsprojekte, die ihnen zurechenbaren Kapitalstrukturen und die daraus errechneten, bei der Kapitalwertermittlung anzuwendenden Kapitalkostensätze i. Dabei wird r mit 0,10 und k mit 0,06 unterstellt.

	Anteil der eigenen Mittel	i
IP 1	0	0,06
IP 2	0,4	0,076
IP 3	1	0,10
IP 4	1,5	0,12

Der Kapitalkostensatz für *IP* 4 bedarf eines Kommentars. Es wird angenommen, Investitionsprojekt 4 verursache ein derartig bedeutendes zusätzliches Risiko, daß das Anteilseignerrisiko nur konstant gehalten werden kann, wenn erstens das Projekt ausschließlich aus eigenen Mitteln finanziert wird und zweitens weitere eigene Mittel in Höhe von 50% des Anschaffungspreises aufgenommen und zur Rückzahlung von Verbindlichkeiten verwendet werden. Das erhöhte Investitionsrisiko wird also durch Verminderung des Kapitalstrukturrisikos kompensiert. Durch Aufnahme von eigenen Mitteln und Kreditrückzahlung entsteht ein Zinsverlust von $r-k = 0{,}10 - 0{,}06 = 0{,}04$. Je Geldeinheit des Anschaffungspreises ist der Zinsverlust 0,02, da Kredite im Ausmaß von 50% des Anschaffungspreises rückgezahlt werden. Daher ist der Kalkulationszinsfuß des Investitionsprojekts 0,10 (Kapitalkostensatz bei reiner Eigenfinanzierung) plus 0,02. (Bei der obigen Argumentation wurde davon ausgegangen, daß die Kapitalwerte auf Basis der Bruttomethode ermittelt werden – die Fremdfinanzierung wird nicht im Zahlungsstrom, sondern im Zinssatz berücksichtigt – siehe Abschnitt II.C.1)

Falls das Irrelevanztheorem von Modigliani und Miller nicht gilt, ist für die Investitionsbeurteilung von jener Kapitalstruktur auszugehen, die von der Unternehmung in Hinblick auf steuerliche Gesichtspunkte und/oder Insolvenz- und Agency Erwägungen gewählt wird. Dabei ist zu beachten, daß die Kapitalstrukturpolitik der Unternehmung von der Investitionspolitik abhängen kann. Die Unternehmung könnte z. B. die Politik verfolgen, das Anlagevermögen mit Eigenkapital und das Umlaufvermögen mit Fremdkapital zu finanzieren. In diesem Fall muß bei der Ermittlung des Kapitalkostensatzes *i* berücksichtigt werden, wieviel Bedarf an Anlage- und wieviel Bedarf an Umlaufvermögen ein Projekt verursacht.

Die obigen Überlegungen lenken den Blick auf *Finanzierungsregeln*. Finanzierungsregeln haben ob der mangelnden Operationalität der Kapitalstrukturtheorie noch immer eine gewisse praktische Bedeutung und seien deshalb kurz charakterisiert.

Den meisten Finanzierungsgrundsätzen liegt die *„goldene“ Bankregel* zugrunde (deren Gültigkeit für die Disposition der Banken allerdings umstritten ist): Kurzfristige Einlagen sind grundsätzlich nur kurzfristig auszuleihen, langfristige Einlagen können auch langfristig ausgeliehen werden. Analog wird für sonstige Unternehmungen formuliert: Langfristig gebundenes Vermögen ist durch eigene Mittel oder durch eigene Mittel plus langfristige Kredite zu decken, kurzfristig gebundenes Vermögen kann durch kurzfristige Kredite finanziert werden. Zum langfristig gebundenen Vermögen werden das Anlagevermögen, oft auch die langfristig gebundenen Bestände des Umlaufvermögens gezählt. Letztere werden etwa in der „banker's rule" mit 50 % des Umlaufvermögens festgesetzt. Im „acid test" werden alle Umlaufvermögensbestände außer den liquiden Mitteln, den Wechseln und den Debitoren zum langfristig gebundenen Vermögen gerechnet.

An solchen Regeln der *„fristenkongruenten" Finanzierung* (auch *horizontale Finanzierungsregeln* genannt) ist vor allem ihre Einseitigkeit zu kritisieren. Kostenunterschiede zwischen eigenen, lang- und kurzfristigen fremden Mitteln werden ebenso wie das Investitionsrisiko, das in den möglichen Entwicklungen der Kapitalwerte sich ausdrückt, nicht beachtet. Es wird nur das eine Risiko gesehen, daß Kredite eventuell nicht verlängert werden könnten. Übersehen wird, daß auch Eigenkapital in manchen Fällen nicht langfristig gebunden ist. Wenn durch eine Finanzierungsregel etwa formuliert wird, daß die Fristigkeit eines zur Finanzierung von Anlagegegenständen aufgenommenen Kredits der Nutzungsdauer der Objekte entsprechen muß, wird außerdem nicht beachtet, daß einerseits aus den jährlichen Einzahlungsüberschüssen Kreditrückzahlungen getätigt werden können, und daß andererseits nach Beendigung der Nutzungsdauer Kapitalbedarf für die Ersatzinvestitionen besteht.

Neben den horizontalen Finanzierungsregeln, die bestimmte Zusammenhänge zwischen Vermögens- und Kapitalstruktur fordern, existieren auch *vertikale Finanzierungsregeln*, die Normen für das Verhältnis Eigen- zu Fremdkapital (z. B. 2 : 1 oder 1 : 1) geben, ohne die Vermögensstruktur zu beachten. Diese Regeln sind obigen Einwänden noch stärker ausgesetzt als die horizontalen Grundsätze. Zu wenig an den speziellen Risiken der Unternehmung sind auch Regeln ausgerichtet, die formulieren, daß die Zinsaufwendungen einen bestimmten Prozentsatz des erwarteten oder in den letzten Jahren erzielten Jahresgewinns nicht übersteigen dürfen.

Abschließend sei darauf verwiesen, daß die Finanzierungsregeln zumeist auf *Buchwerte* abstellen. Es kann aber ein großer Unterschied zwischen einer Kapitalstruktur, gemessen an Buchwerten, und einer Kapitalstruktur, gemessen an *Marktwerten* bestehen (siehe Übungsbeispiel 9). Marktwerte sind aber ökonomisch relevanter als Buchwerte.

5. Übungsaufgaben

1. Die Jahresgewinne vor Zinsen einer Unternehmung betragen mit einer Wahrscheinlichkeit von je 0,20 1000, 2000, 3000, 4000 und 5000. Das insgesamt einzusetzende Kapital ist 30000. Eine Aktie lautet auf 100 Geldeinheiten.

a) Es sind der Mittelwert und die Standardabweichung des Gewinns je Anteil bei vollständiger Eigenfinanzierung zu ermitteln.

b) Es sind der Mittelwert und die Standardabweichung des Gewinns je Anteil unter der Annahme zu ermitteln, daß 50 % des insgesamt erforderlichen Kapitals (15000) durch Fremdfinanzierung, $k = 0{,}06$ aufgebracht wird. Es ist somit der Leverage-Effekt darzustellen.

Lösung: a) mittlerer Gewinn je Anteil = 10, Standardabweichung = 4,7
b) mittlerer Gewinn je Anteil = 14, Standardabweichung = 9,4

2. In der Übungsaufgabe 1 wurde keine Aussage darüber getroffen, ob die Gewinne der nächsten Jahre zufällig zwischen 1000 und 5000 schwanken können, oder ob z. B. ein Gewinn von 3000 im nächsten Jahr Gewinne von 3000 in den weiteren Jahren notwendigerweise mit sich zieht.

a) Ist in beiden Fällen das Risiko für die Anteilseigner gleich?

b) Das Risikomaß Varianz des Gewinns je Anteil weist beide Fälle als gleich risikoreich aus. Welche der behandelten Risikomaße würden diese beiden Fälle als unterschiedlich risikoreich erscheinen lassen?

Lösung: b) z. B. die Varianz des Kapitalwertes der Dividenden mehrerer Jahre

3. Eine Unternehmung mit gegebenem Investitionsprogramm und ausschließlicher Eigenfinanzierung hat einen Unternehmungswert von 80000. Die Anteilseigner wenden bei ausschließlicher Eigenfinanzierung einen Kalkulationszinsfuß von 0,10 an. Es ist die Aufnahme von Krediten und eine entsprechende Rückzahlung von Eigenmitteln in Höhe von 1) 10000, 2) 20000, 3) 30000, 4) 40000 möglich. In den Fällen 1)–3) würden die Kreditgeber Zinsen zu $k = 0{,}06$, im Fall 4) Zinsen zu $k = 0{,}065$ fordern.

Wie hoch müßte r in den Fällen 1) bis 4) sein, wenn die These von Modigliani und Miller gilt?

Lösungshinweise: zu a): r ist so anzusetzen, daß $M = K + F$ stets 80000 ist;

Lösung: 1) $r = 0{,}106$
2) $r = 0{,}113$
3) $r = 0{,}124$
4) $r = 0{,}135$

4. Nehmen Sie an, eine Unternehmung sei voll eigenfinanziert. Die Restlebensdauer sei eine Periode. Das Endvermögen zu $t = 1$ könne 100, 150 oder

200 betragen. Der Marktwert der Unternehmung zu $t = 0$ sei 130. Die Unternehmung plant, Fremdkapital von 50, Zinssatz 10%, aufzunehmen, und mit diesem Betrag Eigenkapital rückzuzahlen. Zeigen Sie, daß es für einen Anteilseigner, der z. B. mit 20% an der Unternehmung beteiligt ist, irrelevant ist, ob

a) die Unternehmung voll eigenfinanziert bleibt,

b) die Unternehmung sich verschuldet, Eigenkapital rückzahlt und der Anteilseigner die erhaltene Kapitalrückzahlung dazu verwendet, Fremdkapitaltitel zu kaufen.

Lösungshinweis: Bei Fremdfinanzierung der Unternehmung erhält der Anteilseigner 10, die bis zu $t = 1$ auf 11 anwachsen. Auf der anderen Seite sinkt der Anteil am Endvermögen der Gesellschaft entsprechend.

5. Es sind folgende Daten zweier Unternehmungen gleicher Risikoklasse gegeben:

	Unternehmung 1	Unternehmung 2
D_E	1000	1000
F	2000	4000
k	0,04	0,04
K	9200	8000
$M = F + K$	11200	12000

Wie müßte der Arbitrageprozeß ablaufen, falls die These von Modigliani und Miller gilt?

Lösungshinweise: Bei der Konstruktion der Arbitrage ist darauf zu achten, daß das Kapitalstrukturrisiko nicht verändert wird.

Lösung: Ein Anteilseigner der Unternehmung 2 müßte Aktien, z. B. im Ausmaß von 1% (= 80) verkaufen. Er kauft sodann Aktien der Unternehmung 1 in einem solchen prozentuellen Ausmaß x, daß die Belastung seines Aktienkapitals mit privaten und Unternehmungsverbindlichkeiten gleich bleibt. Es gilt somit folgende Relation:

$$80 : 40 = 9200 \cdot x : [2000 \cdot x - (80 - 9200 \cdot x)]$$

$9200 \cdot x$ ist der Betrag, den der Investor für die Aktien der Unternehmung 1 ausgibt.

$80 - 9200 \cdot x$ ist somit der Betrag, den er für Fremdkapitaltitel investiert bzw. – wenn es sich um einen negativen Betrag handelt – für den er Kredit aufnimmt. $2000 \cdot x$ ist der Anteil der Verschuldung der Unternehmung 1, der auf den Investor entfällt. $[2000 \cdot x-(80-9200 \cdot x)]$ ist somit die gesamte Belastung seines Portefeuilles mit Fremdkapital.

Die Lösung der Gleichung führt zu:

$$x = 0{,}1212.$$

Der Investor soll somit Eigenkapitaltitel an Unternehmung 1 im Ausmaß von $9200 \cdot 0{,}1212 = 111{,}5$ und Fremdkapitaltitel im Ausmaß von $80 - 111{,}5 = -31{,}5$ erwerben, d. h. er soll Verbindlichkeiten von 31,5 aufnehmen. Bei diesem Portefeuille ist das Eigenkapital von 111,5 mit Unternehmungskrediten von $(111{,}5/9200) \cdot 2000 = 24{,}24$ und privaten Schulden von 31,5, also mit insgesamt 55,75 belastet. Dies ist 50 % und entspricht daher genau der prozentuellen Belastung, die der Investor bei Unternehmung 2 hatte.

Wie leicht zu ermitteln, ist der Ertrag des neuen Portefeuilles in allen möglichen Gewinnsituationen höher als derjenige der alten Beteiligung.

6. Der Körperschaftsteuersatz betrage 0,40, der marginale Einkommensteuersatz bewege sich zwischen 0 und 0,60 (progressiver Tarif). Eine Unternehmung erwarte einen Gewinn vor Zinsen und Steuern (D_E) von 2000.

a) Zeigen Sie, daß bei Gewinnausschüttung maximale Fremdfinanzierung für alle Kapitalgeber, unabhängig von ihrem marginalen Einkommensteuersatz, optimal ist. Das Maximum der Fremdfinanzierung ist mit 10000, $k = 0{,}10$, anzunehmen.

b) Zeigen Sie, daß bei Gewinneinbehaltung und der Möglichkeit, die Gewinne über Kapitalrückzahlungen etc. steuerfrei „auszuschütten", die Kapitalstruktur dann irrelevant ist, falls der Kreditzinssatz einen Einkommensteuersatz von 0,4 widerspiegelt. Bei einer steuerfreien Aktienrendite von 0,06 muß der Kreditzinssatz somit 0,10 sein.

c) Zeigen Sie, daß im Fall b) ein Anleger mit einem marginalen Einkommensteuersatz von 0,30 besser Anleihen als Aktien kauft.

7. Der Fortführungswert einer Unternehmung sei 1000000, der Liquidationswert 500000, die Verbindlichkeiten mögen 3000000 betragen.

Entwerfen Sie Vertragsbedingungen, unter denen die Fortführung der Unternehmung für alle Beteiligten die günstigste Variante ist, wobei Sie alternativ davon ausgehen sollen, daß

a) die Unternehmung in das Eigentum der Gläubiger übergeht;

b) die Unternehmung in das Eigentum eines trouble shooter übergeht;

c) die Unternehmung mit einer potenten Gesellschaft fusioniert wird.

8. Eine Unternehmung befindet sich in einer ungünstigen wirtschaftlichen Situation. Das Verschuldungsvolumen beträgt 10000000. Bei sofortiger Liquidation würden 8000000 erzielt werden. Die Gläubiger würden daher 80 % ihrer Forderungen erhalten. Rechtlich gesehen, liegt weder Zahlungsunfähigkeit noch Überschuldung vor.

Die Manager der Unternehmung erwägen, die Unternehmung fortzuführen und einen sehr riskanten Großauftrag aus einem politisch sehr instabilen Staat anzunehmen. Der Auftrag würde eine Investition von 2000000 erfordern – das Geld wäre im Unternehmen vorhanden – und mit einer Wahrscheinlichkeit von 20% 6000000 bringen. Mit einer Wahrscheinlichkeit von 80% würde der Auftrag nicht bezahlt werden – die Investitionsausgabe wäre daher verloren – und die Unternehmung würde in einem Jahr in Konkurs gehen.

a) Wäre die Annahme des Auftrags bei reiner Eigenfinanzierung interessant?

b) Ist die Annahme des Auftrags in obiger Situation für die Eigentümer interessant?

Lösung: a) Nein; der Kapitalwert bzw. der erwartete Unternehmungswert zu $t = 1$ wäre negativ.

b) Ja; bei sofortiger Liquidation ist der Anteil der Eigentümer Null; bei Fortführung und Annahme des Auftrags ist der Unternehzmungswert zu $t = 1$ für die Anteilseigner mit einer Wahrscheinlichkeit von 20% positiv: – 2000000 (Ausgangswert) – 2000000 (Investition) + 6000000 = 2000000.

9. Das Grundkapital einer Unternehmung besteht aus 10000 Aktien zum Nominale von 100. Die Aktien notieren mit 250. Die Bilanz der Gesellschaft weist Rücklagen von 800000 auf. Die Gesellschaft hat vor drei Jahren eine Anleihe für 2000000 emittiert. Infolge einer inzwischen eingetretenen Steigerung des Zinsniveaus notiert die Anleihe mit 95%. Weiter bestehen kurzfristige Verbindlichkeiten, deren Marktwert gleich dem Buchwert von 1000000 ist.

a) Wie groß ist die Kapitalstruktur F_t/K_t?

b) Wie groß ist die Kapitalstruktur, gemessen an den Buchwerten?

Lösung: a) $F_t/K_t = 1{,}16$

b) Kapitalstruktur (Verhältnis von Fremd- zu Eigenkapital) gemessen an den Buchwerten = 1,667

6. Weiterführende Literatur

Alchian, Demsetz [Information Costs]. Barnea, Haugen, Senbet [Agency Problems]. – Brealey, Myers [Corporate Finance 397–455]. Chen, Kim [Debt Policy]. – Copeland, Weston [Financial Theory 437–496]. – Davis, Pointon [Finance 130–147]. – Drukarczyk [Finanzierungstheorie 119–395]. – Drukarczyk [Insolvenz]. – Fama, Miller [Finance 150–175]. – Franke, Hax [Finanzwirtschaft 450–519]. – Gutenberg [Finanzen 184–226]. – Härle [Finanzierungsregeln]. – Hartmann-Wendels, Gumm-Heußen [Marktzinsmethode]. – Haugen, Senbet [Bankruptcy Costs]. – Jensen, Meckling [Managerial Behavior]. – Krahnen [Sunk Costs 71–143]. – Kruschwitz [Finanzierung 269–292]. – Kruschwitz [Investitionsrechnung 329–356]. – Levy, Sarnat [Financial Decisions]. – Masulis [Debt/Equity]. – Miller [Debt]. – Miller [Leverage]. – Modigliani [Debt].

– Modigliani, Miller [Cost of Capital]. – Modigliani, Miller [Taxes]. – Moxter [Verschuldungsumfang]. – Myers [Capital Structure]. – Myers [Still Searching]. – Rolfes [Marktzinsmethode]. – Ross, Westerfield, Jaffe [Corporate Finance 415–519]. – R.H. Schmidt [Investitionstheorie]. – D. Schneider [Investition 546–664]. – D. Schneider [Betriebswirtschaftslehre 350–378, 553–576]. – Spremann [Investition 273–297, 587–656]. – Stapleton [Corporate Finance 157–212]. – Stiglitz [Irrelevance]. – Swoboda [Finanzierung 92ff.]. – Swoboda [Finanzierungsregeln]. – Swoboda [Relevanz]. – Taggart [Cost of Capital]. – Weston, Copeland [Managerial Finance 563–655]. – Zechner [Managerverhalten].– Zechner [Steuern].

B. Die Eigenfinanzierung

Im Abschnitt III.A wurde das optimale Verhältnis zwischen Eigen- und Fremdfinanzierung abgeleitet. Dabei wurde zumeist angenommen, daß eigene Mittel nur in einer Form beschafft bzw. an die Anteilseigner rückgezahlt werden können und daß keine Beschränkungen für Eigenfinanzierungsmaßnahmen existieren. In diesem Abschnitt soll untersucht werden, ob unterschiedliche Formen der Eigenfinanzierung unterschiedliche Kapitalkosten verursachen und welche Auswirkungen sich daraus auf die optimale Kapitalstruktur und die Investitionsentscheidungen ergeben. Auch sollen *gesetzliche Beschränkungen* für Eigenfinanzierungsmaßnahmen und ihre Auswirkungen auf Kapitalkosten und Kapitalstruktur aufgezeigt werden. Es soll vornehmlich für Publikumsaktiengesellschaften argumentiert werden. (Zu den Charakteristiken der Unternehmungsformen vgl. Raffée [Grundstudium: Grundprobleme].)

1. Die Wahl zwischen Selbst- und Beteiligungsfinanzierung ohne Berücksichtigung von Steuern

Wie im Abschnitt I.2 festgestellt, ist die Selbstfinanzierung eine besondere Form der Eigenfinanzierung: Sie liegt vor, wenn Gewinne der Unternehmung (teilweise) nicht an die Anteilseigner ausgeschüttet werden. Von *offener Selbstfinanzierung* spricht man, wenn in der Bilanz ausgewiesene Gewinne einbehalten werden. *Stille Selbstfinanzierung* oder die Bildung stiller Rücklagen ist dadurch gekennzeichnet, daß Gewinne nicht ausgewiesen und daher nicht ausgeschüttet werden.

Die Selbstfinanzierung kommt im Jahresabschluß einer *Kapitalgesellschaft* dadurch zum Ausdruck, daß die Rücklagen der Unternehmung auf Kosten der Gewinnausschüttung erhöht werden. Das sogenannte „dividendenberechtigte" Grundkapital wird nicht erhöht. Daraus darf nicht geschlossen werden, daß die durch die Selbstfinanzierung gewonnenen Beträge „zinsfreies" Kapital sind. Es ist zu beachten, daß die Anteilseigner diese Beträge hätten anlegen können, wären sie ausgeschüttet worden. Der Kapitalkostensatz der durch Selbstfinanzierung gewonnenen Beträge ist daher grundsätzlich jener Kapitalkostensatz r, der dem Anteilseignerrisiko der zu finanzierenden Investitionsprojekte entspricht.

Häufig wird der Begriff der Selbstfinanzierung weiter als in dieser Arbeit gefaßt. Von Selbstfinanzierung spricht man auch, wenn durch *Umschichtung im Vermögen* der Unternehmung finanzielle Mittel gewonnen werden, die für Investitionen verwendet werden können. Manche Autoren bezeichnen diese Umschichtungsprozesse nicht als Selbstfinanzierung, sondern als eine besondere Form der *Innenfinanzierung*. In der Sicht der in dieser Arbeit verwendeten Definitionen handelt es sich überhaupt nicht um Finanzierungsvorgänge (weder das Kapitalvolumen noch die Beziehungen zu den Kapitalgebern werden beeinflußt!), sondern ausschließlich um Umstrukturierungen des Vermögens, also um *Investitionsvorgänge*. Insbesondere spricht man von einer *„Finanzierungsfunktion" der Abschreibungen* und meint damit, daß kostendeckende Produktpreise ein „Entgelt" für die Anlagennutzung (= Abschreibung) umfassen, das zumindest in der Zeit bis zur Reinvestition der betreffenden Aggregate für die Anschaffung weiterer Aggregate verwendet werden kann. Wenn etwa ein Produktionsprozeß mit zehn neuen Aggregaten aufgenommen wird ($n = 10$, A je Aggregat = 10000), so werden im ersten Jahr 10000 an Abschreibungen verrechnet und – bei kostendeckenden Preisen – in den Erlösen vereinnahmt. Dieser Betrag kann dazu verwendet werden, eine elfte Anlage zu kaufen. Ohne Zuführung neuen Kapitals (auch ohne Gewinneinbehaltung) kann somit die Zahl der Aggregate und die jährliche Kapazität der Unternehmung erhöht werden. Diese Erscheinung heißt Kapazitätserweiterungseffekt (Lohmann-Ruchti-Effekt). Er hat letztlich seine Ursache darin, daß ein bestimmter Betrag dazu verwendet werden kann, entweder wenige neue Anlagen oder eine größere Anzahl gebrauchter Anlagen zu beschaffen bzw. einzusetzen (vgl. Übungsaufgabe 5).

Man kann nun versuchen, den Kapazitätserweiterungseffekt bei verschiedenen Abschreibungsformen zu quantifizieren. In dieser Publikation soll davon Abstand genommen werden. Denn ob finanzielle Mittel, die aus den Erlösen gewonnen werden und nicht sofort für Reinvestitionen verwendet werden, für die Erweiterung der Kapazität oder etwa für die Rückzahlung an Anteilseigner zu verwenden sind, ist ein Problem der Investitionsbeurteilung, das in Abschnitt II bereits behandelt wurde.

Unter *Beteiligungsfinanzierung* oder *Eigenfinanzierung im engeren Sinn* sind Zahlungen inklusive Sacheinlagen für den Erwerb von

Anteilen zu verstehen. Beteiligungsfinanzierungen finden im Rahmen der Gründung oder von Kapitalerhöhungen statt. Ob nun bisherige oder neue Anteilseigner Anteile zeichnen: Sie werden eine dem Risiko entsprechende Rendite r auf die eingezahlten Beträge erwarten. Der Kapitalkostensatz, die Mindestrendite ist daher ebenso wie für das durch Selbstfinanzierung aufgebrachte Kapital r.

Wenn im Rahmen einer Kapitalerhöhung neue Anteilseigner hinzutreten, wird man ihnen die neuen Aktien so teuer wie möglich, also zum Marktpreis verkaufen, so daß sie gerade noch eine Rendite von r erwarten. Jeder billigere Preis bereichert die neuen Aktionäre auf Kosten der Altaktionäre. Dies gilt dann nicht mehr, wenn den Altaktionären ein veräußerbares Bezugsrecht auf die neuen Aktien zusteht. In diesem Fall ist der Ausgabekurs der neuen Aktien irrelevant (vgl. Kapitel III.B.2). Im folgenden soll aber angenommen werden, daß die neuen Aktien zum Marktpreis verkauft werden.

Miller und Modigliani [Dividend Policy] haben bewiesen, daß die *Dividendenpolitik* unter bestimmten Prämissen irrelevant ist, d.h. jede Dividendenpolitik zum gleichen Unternehmenswert führt. Jede Kombination von Selbstfinanzierung und Beteiligungsfinanzierung ist daher gleich günstig. Zu den Prämissen zählt, daß Transaktionskosten, Steuern und ein Informationseffekt von Dividenden ausgeschlossen sind.

Es wird davon ausgegangen, daß K_{0+} sich errechnet aus: Dividenden zu $t = 1$ plus Wert der zu $t = 0$ vorhandenen Aktien zu $t = 1$, jeweils abgezinst für ein Jahr; die Dividenden zu $t = 0$ seien schon ausgeschüttet worden:

$$K_{0+} = (D_1 + N_0 m_1)(1 + r)^{-1}$$

N_t = Anzahl der bis zum Zeitpunkt t ausgegebenen Anteile
m_t = Wert eines Anteils zum Zeitpunkt t nach Dividende in t
N_t^* = Anzahl der zum Zeitpunkt t zum Kurs von m_t neu ausgegebenen Anteile
K_{t+} = Kapitalwert nach Dividendenausschüttung in t

Es gilt offensichtlich:

$$K_{1+} = N_0 m_1 + N_1^* m_1$$

Daher kann umformuliert werden:

$$K_{0+} = (D_1 + K_{1+} - N_1^* m_1)(1 + r)^{-1}$$

Das durch eigene Mittel zu finanzierende Investitionsvolumen (A_I) wird als vorgegeben angenommen. Soweit es nicht durch Gewinneinbehaltung finanziert werden kann, werden Kapitalerhöhungen zum Kurswert vorgenommen:

$$A_{I_1} = G_1 - D_1 + N_1^* m_1$$

Eingesetzt in obige Gleichung ergibt sich:

$$K_{0+} = (G_1 - A_{I_1} + K_{1+})(1+r)^{-1} \tag{44}$$

Diese Rechnung kann für die nächste Periode etc. in gleicher Weise durchgeführt werden. K_{0+} ist von der zukünftigen Dividendenpolitik somit nicht abhängig, D kommt in dem Resultat nicht mehr vor.

Irrelevanz der Dividendenpolitik muß allerdings dann nicht mehr gegeben sein, wenn eine Aktienemission höhere Transaktionskosten erfordert als die Gewinneinbehaltung, wenn die Dividendenpolitik dem Kapitalmarkt Informationen übermittelt (also Agency Aspekte in die Analyse einbezogen werden) oder bei bestimmten Steuersystemen (vgl. dazu Abschnitt III.B.3).

Die Dividendenpolitik ist natürlich auch dann relevant, wenn die Beteiligungsfinanzierung sowie die Fremdfinanzierung überhaupt aus der Analyse ausgeschlossen werden, somit die Selbstfinanzierung zur einzigen Finanzierungsquelle wird. Diese Annahme liegt dem bekannten Gordon-Modell zugrunde. Gordon geht von folgender, auch dieser Arbeit zugrundegelegter Formel für den Unternehmungswert aus (Gordon [Investment]):

$$K_0 = \sum_{t=0}^{\infty} D_t(1+r)^{-t}$$

Es werden folgende *Annahmen* gemacht: G_t, der Jahresgewinn, ist konstant, wenn in keinem Jahr Gewinne einbehalten werden. b ist der zu optimierende Anteil des einbehaltenen Betrags am Gewinn; b ist konstant. q, die interne Rendite, mit der eigene Mittel investiert werden können, ist im Zeitablauf konstant und unabhängig von b. Unter diesen Prämissen gilt:

$$G_1 = G_0 + qbG_0 = G_0(1+qb)$$

Der Gewinn des Jahres 1 ist daher gleich dem Gewinn des Jahres 0 plus dem Gewinn, der durch Investition eines Teils des Gewinns des Jahres 0(bG_0) erzielt werden kann. Analog ist:

$$G_2 = G_1 + qbG_1 = G_1(1+qb) = G_0(1+qb)^2$$
$$G_t = G_0(1+qb)^t$$

Die Dividenden zu t ergeben sich aus dem Gewinn zu t mal der Ausschüttungsquote $(1-b)$:

$$D_t = (1-b)G_0(1+qb)^t$$

Eingesetzt in die Formel für K_0 ergibt sich:

$$K_0 = \sum_{t=0}^{\infty} (1-b)\,G_0(1+qb)^t(1+r)^{-t}$$

Bei stetiger Schreibweise ist:

$$K_0 = \int_0^{\infty} (1-b)G_0 e^{t(qb-r)}\,dt$$

Die Integration ergibt, falls $qb < r$:

$$K_0 = (1-b)G_0/(r-qb) \tag{45}$$

Eine Maximierung von K_0 würde bei diesem einfachen Modell zu dem Resultat führen, daß entweder eine volle Ausschüttung oder eine volle Einbehaltung des Gewinns optimal ist. Eine teilweise Einbehaltung des Gewinns kann nur optimal sein, wenn – was von Gordon und anderen Autoren untersucht wurde – q und/oder r abhängig von b sind. Störend ist auch die Annahme des konstanten b. Das Modell ist für die Optimierung der Dividendenpolitik aber vor allem deshalb unbrauchbar, weil angenommen wird, daß Eigenkapital *nur* durch Einbehaltung der Gewinne beschafft werden kann.

2. Die Relevanz bzw. Irrelevanz des Emissionskurses für junge Aktien

Bis jetzt wurde unterstellt, daß neue Aktien zum höchstmöglichen Preis, zum Marktpreis ausgegeben werden. Falls kein Bezugsrecht der Altaktionäre besteht, würde jeder geringere Preis die Altaktionäre benachteiligen. Je geringer nämlich der für einen Anteil geforderte Preis ist, desto mehr Anteile müssen zur Deckung eines bestimmten Bedarfs an Eigenmitteln ausgegeben werden, und desto größer ist daher der Anteil der hinzutretenden Anteilseigner an den künftigen Dividenden.

Der *Ausgabekurs für junge Aktien* ist allerdings dann prinzipiell irrelevant, falls den bisherigen Anteilseignern ein Bezugsrecht auf die neu auszugebenden Anteile im Verhältnis ihrer Beteiligungsquote gewährt wird, so wie es im § 186 Aktiengesetz grundsätzlich vorgesehen ist. In diesem Fall ist es den Anteilseignern möglich, entweder das Bezugsrecht für die neuen Aktien oder die neuen Aktien selbst zum Marktpreis zu verkaufen, wenn sie sie nicht selbst beziehen bzw. behalten wollen. Es ist damit gewährleistet, daß die hinzutretenden Anteilseigner tatsächlich den höchst möglichen Preis für die Anteile zahlen.

Unter *Bezugsrecht* versteht man das Recht, einen bestimmten Teil (ein Vielfaches) einer neuen Aktie zu einem bestimmten Kurs zu erwerben. Dieses dem Eigentümer einer alten Aktie gewährte Recht kann von ihm veräußert werden, es wird an der Börse gehandelt. Wenn etwa 10000 Anteile (Marktwert pro Anteil 400) bisher ausgegeben wurden und nun weitere 2000 Anteile zum Kurs von nur 100 ausgegeben werden sollen, so steht jedem Anteilseigner das Recht zu, 20% eines neuen Anteils zu erwerben. Um eine neue Aktie kaufen zu können, benötigt man 5 Bezugsrechte.

Um zu zeigen, daß der Ausgabekurs irrelevant ist, falls die bisherigen Aktionäre ein Bezugsrecht haben, soll vorerst die *zeitliche Abfolge einer Kapitalerhöhung* näher untersucht werden. Das erste Stadium ist der Beschluß zur Durchführung einer Kapitalerhöhung. Falls die Anteilseigner die Kapitalerhöhung und die mit ihr verbundenen Investitionen nicht vorhergesehen haben, werden sie den Beschluß zu einer Kapitalerhöhung zum Anlaß von Kurskorrekturen nehmen (*Ankündigungseffekt*). Die Kurse werden steigen, wenn der Kapitalwert der von den Anteilseignern erwarteten Zahlungen, einschließlich der Zahlungen aus einem eventuellen Verkauf des Bezugsrechts bzw. einschließlich der Zahlungen aus dem Bezug der jungen Aktien, infolge der Kapitalerhöhung zunimmt. Im zweiten Stadium werden die Bezugsrechte gehandelt. Die Anteilseigner können entscheiden, Bezugsrechte auf neue Aktien zu verkaufen oder zuzukaufen. Dabei muß darauf geachtet werden, jeweils ein Vielfaches derjenigen Anzahl an Bezugsrechten zu besitzen, die für den Erwerb einer jungen Aktie notwendig ist. Falls für 5 alte Aktien eine neue Aktie ausgegeben wird, so ist nur der Besitz von 0, 5, 10, 15 usw. Bezugsrechten sinnvoll (Bezugsverhältnis 5 : 1). Der Handel mit Bezugsrechten ist zeitlich terminiert. Nach seinem Abschluß werden die jungen Aktien von den Inhabern der Bezugsrechte bezogen (drittes Stadium).

Welches ist der *Wert eines Bezugsrechts?* Um dies feststellen zu können, muß ermittelt werden, welchen Wert ein Anteil *nach* der Kapitalerhöhung haben wird. Der Vorteil aus dem Recht, eine neue Aktie zu beziehen, ist dann gegeben durch den Wert einer Aktie nach Durchführung der Kapitalerhöhung minus dem Ausgabekurs der jungen Aktie. (Es wird hier angenommen, daß junge und alte Aktien von vorneherein gleichberechtigt und daher gleichwertig sind.) Der Wert eines Bezugsrechts ergibt sich, wenn man diesen Differenzbetrag durch die Anzahl der Bezugsrechte dividiert, die man zum Erwerb einer jungen Aktie benötigt:

$$\frac{\text{Wert der Aktie nach Durchführung der Kapitalerhöhung} - \text{Ausgabekurs der jungen Aktie}}{\text{Bezugsverhältnis}} \qquad (46)$$

z. B. $(354 - 100)/5 = 50{,}80$

Nun muß man annehmen, daß der Kurs der Anteile *vor* der Durchführung der Kapitalerhöhung und vor Verkauf des Bezugsrechts gleich ist dem Kurs nach Verkauf des Bezugsrechts plus dem Wert des Bezugsrechts. Dann kann obige Formel in folgende Beziehung umgeformt werden:

Wert eines Bezugsrechts =

$$\frac{\text{Wert der alten Aktie vor Verkauf des Bezugsrechts (aber nach Ankündigung der Kapitalerhöhung)} - \text{Ausgabekurs der jungen Aktie}}{\text{Bezugsverhältnis} + 1} \qquad (46a)$$

z. B. $(404{,}80 - 100)/(5 + 1) = 50{,}80$

Daß eine Kapitalerhöhung für die Anteilseigner nur vorteilhaft ist, wenn die Gesellschaft die Mittel mit einer Mindestrendite von $r/(1 - e)$ anlegen kann, und daß der Bezugskurs irrelevant ist, soll Beispiel 44 zeigen.

Beispiel 44. Vor Kapitalerhöhung gilt: Grundkapital 1 000 000, zerlegt in 10 000 Anteile mit einem Nominale von 100 und einem Marktwert von 400. Der Marktwert errechnet sich aus den erwarteten jährlichen Gewinnen = jährlichen Dividenden von 600 000 (60 pro Anteil) und einem r von 0,15. Es ist zu entscheiden, weitere 200 000 durch Eigenfinanzierung mit Bezugsrecht der Anteilseigner zu beschaffen. r (und damit das Risiko je Anteil) würde durch die Investition dieser Mittel nicht geändert werden. Ist eine Kapitalerhöhung vorteilhaft, falls die zusätzlichen Mittel mit einer erwarteten Rendite von a) 0,10, b) 0,15 und c) 0,20 investiert werden können und die Emissionsspesen 20000 sind? Ist ein Ausgabekurs von 1) 200 oder 2) 100 günstiger?

Bei der Lösung ist davon auszugehen, daß infolge der Emissionsspesen nur 180000 investiert werden können. Bei einer Rendite von 15% (b) würden die erwarteten jährlichen Gewinne = jährlichen Dividenden von 600000 auf $600000 + 0{,}15 \cdot 180000 = 627000$ steigen. Der Unternehmungswert würde von 4000000 auf $627000/0{,}15 = 4180000$ zunehmen. Eine Kapitalerhöhung ist daher unvorteilhaft: Denn um eine Steigerung des Unternehmungswertes von 180000 zu erreichen, müßten von den bisherigen oder neuen Anteilseignern 200000 eingezahlt werden. Bei einer erzielbaren Rendite von 0,10 ist eine Kapitalerhöhung noch unvorteilhafter. K_0 wird jedoch durch die Kapitalerhöhung erhöht, wenn die zusätzlichen Mittel zu 0,20 angelegt werden können. K_0 ist dann $636000/0{,}15 - 200000 = 4240000 - 200000 = 4040000$. Bei einer angekündigten Kapitalerhöhung im Fall c) würde der Kurs pro Anteil auf 404 steigen. Die Kapitalerhöhung ist somit – wie leicht nachzuprüfen – erst ab einer Rendite von $r/(1-e) = 0{,}1667$ vorteilhaft.

Wir unterstellen weiter nur den *Fall c)*, aber unterschiedliche Bezugskurse für junge Aktien. Wird ein *Bezugskurs von 200* gewählt, so müssen 1000 Aktien emittiert werden, um die benötigten eigenen Mittel von 200000 aufzubringen. Das Bezugsverhältnis ist dann 10 : 1. Der Kurswert pro Aktie nach Kapitalerhöhung ist 4240000 (Unternehmungswert nach Kapitalerhöhung) dividiert durch 11000 (Anzahl der Aktien nach Kapitalerhöhung) = 385,45. Das Bezugsrecht hat daher einen Wert von $(385{,}45 - 200)/10 = 18{,}55$. Der Wert pro Altaktie vor Verkauf des Bezugsrechts = vor Bezugsrechtabschlag ist $385{,}45 + 18{,}55 = 404$.

Wird dagegen ein *Ausgabekurs von 100* gewählt, so müssen 2000 Aktien emittiert werden. Das Bezugsverhältnis ist dann 5 : 1. Der Wert pro Aktie nach Kapitalerhöhung ist $4240000/12000 = 353{,}33$. Das Bezugsrecht hat daher einen Wert von $(353{,}33 - 100)/5 = 50{,}67$. Der Wert pro Altaktie vor Verkauf des Bezugsrechts ist $353{,}33 + 50{,}67 = 404$.

Der Ausgabekurs beeinflußt somit – bei den unterstellten Annahmen – nicht den Wert einer Aktie vor Kapitalerhöhung; denn der Wert des Bezugsrechts und der Wert einer Aktie nach Durchführung der Kapitalerhöhung ergänzen sich stets zur gleichen Summe. Der Ausgabekurs ist irrelevant.

Welche Aspekte können den *Ausgabekurs für junge Aktien relevant machen? Transaktionskosten* sind von Einfluß, wenn sie nicht nur von dem durch die Aktienemission aufgebrachten Kapitalvolumen, das ja vom Ausgabekurs nicht abhängt, sondern auch vom

Nominale abhängen. C. p. ist dann ein möglichst hoher Bezugskurs (= Tagespreis der Aktien) optimal, weil dadurch die Anzahl der auszugebenden Aktien und damit die Transaktionskosten minimiert werden.

Die *steuerlichen Regelungen* in Deutschland heben die Irrelevanz des Ausgabekurses junger Aktien insofern auf, als die Ausgabekosten (Transaktionskosten) nur insoweit von der Bemessungsgrundlage der Gewinnsteuern abzugsfähig sind, als sie nicht aus dem Agio gedeckt werden können. Daher ist ein Ausgabekurs in Höhe des Nominales, bei dem die gesamten Ausgabekosten steuerlich abgesetzt werden können, c.p. optimal.

Zwischen Festsetzung des Ausgabekurs und tatsächlichem Bezug der jungen Aktien ist ein time lag. Wenn in dieser Zeit der Aktienkurs so stark sinkt, daß er unter den Ausgabekurs zu liegen kommt, mißlingt die Kapitalerhöhung und man verliert die bisher aufgewendeten Transaktionskosten. Dieses Risiko ist umso geringer, je geringer der Ausgabekurs ist – wie dies gleichzeitig *Heinkel Schwartz* [Rights] und *Kruschwitz* [Bezugsrechtsemissionen] durch Anwendung der Optionsbewertungstheorie gezeigt haben. Dies spricht fü niedrige Ausgabekurse. Auch wenn man sich gegen dieses Plazierungsrisiko versichern kann, ist der Ausgabekurs nicht irrelevant: Die Versicherungsprämie wird umso niedriger sein, je niedriger der Ausgabekurs und damit das Risiko des Mißlingens ist.

Als Fehlschluß ist das häufig in der Literatur anzutreffende Argument zu qualifizieren, daß niedrigere Bezugskurse für den Anteilseigner den Vorteil bieten, daß er eher in der Lage ist, die bisherige Beteiligungsquote aufrechtzuerhalten. Denn bei niedrigeren Bezugskursen muß der Anteilseigner entsprechend mehr Anteile kaufen als bei höheren Bezugskursen, um die Beteiligungsquote aufrechtzuerhalten. So müssen in Beispiel 44 bei einem Bezugskurs von 200 0,10 Anteile (Kapitalbedarf = 20) und einen Bezugskurs von 100 0,20 Anteile (Kapitalbedarf = 20) beschafft werden, damit ein Anteilseigner nach wie vor mit 1/10000 beteiligt ist. Diese Argumentation ist daher nicht für die Höhe des Ausgabekurses, sondern für das Ausmaß der Eigenfinanzierung überhaupt von Interesse.

Vor allem in der Wirtschaftsjournalistik werden niedrigere Bezugskurse häufig deshalb als günstig bzw. aktionärsfreundlich bezeichnet, weil sie mit niedrigeren Bezugskursen die Hoffnung verbindet, daß die Ausschüttungsquote steigt. Hält nämlich die Unternehmung den Dividendensatz je Aktie konstant, steigt die Dividendensumme um so mehr an, je niedriger der Bezugskurs junger Aktien ist, weil dann die Anzahl der jungen und damit insgesamt ausgegebenen Aktien höher ist. Wenn man dieses Argument aber hinterfragt, so sieht man, daß es auf der Annahme eines *Gegensatzes* zwischen Unternehmungsleitung und Kapitalmarkt (Aktionären) beruht, der dazu führt, daß die Unternehmungsleitung glaubt, sich selbst zu nützen und den Aktionären zu schaden, wenn sie möglichst wenig Dividenden ausschüttet. Da hier grundsätzlich von Interessensgleichklang zwischen Unternehmungsleitung und Eigentümern ausgegangen wird, ist diese Argumentation daher nicht relevant, abgesehen davon, daß die Unternehmungsleitung auch bei Wahl niedriger Bezugskurse die Dividendensumme durch Anpassung des Dividendensatzes entsprechend beeinflussen kann.

Bis jetzt wurde stets davon ausgegangen, daß für alle Anteilseigner gleiches r gilt. Die Schwierigkeiten, die bei *ungleichem Zinssatz der Gesellschafter* für die Optimierung der Finanzierungs- und Investitionspolitik entstehen, wurden schon in Abschnitt II.C.2 aufgezeigt. Bei Gesellschaften mit beschränkter Personenzahl, vor allem bei Personengesellschaften, ist es in manchen Fällen möglich, diese Schwierigkeiten zu überwinden. Dies wird an folgendem Beispiel gezeigt.

Beispiel 45. Die Gesellschafter A und B sind an der AB-OHG mit je 50% beteiligt. Es wird erwogen, Investitionsprojekt 1 anzuschaffen. Dazu wäre erforderlich, zusätzliche Eigenmittel von 200000 einzubringen. Die Investitionsdauer wäre – infolge fortgesetzter Reinvestition der Mittel – unendlich. Der interne Zinsfuß der 200000 Eigenmittel wäre 0,09. Die Kalkulationszinsfüße der Anteilseigner sind: $r_A = 0{,}07$, $r_B = 0{,}10$. Der ohne dieses Investitionsprojekt jährlich entstehende Gewinn ist 40000, das buchmäßige Eigenkapital ist 400000.

Es ist leicht einzusehen, daß im Gegensatz zu A B an dieser Kapitalerhöhung und der mit ihr verbundenen Investition nicht interessiert ist. Seine Alternativrendite ist größer als 0,09. Er wird die Kapitalerhöhung auch dann ablehnen, wenn der Betrag zur Gänze von A eingebracht wird. Denn das Kapitalkonto des A würde in diesem Fall 400000 betragen, das des B 200000. Der insgesamt entstehende Gewinn von $40000 + 0{,}09 \cdot 200000 = 58000$ würde im Verhältnis 2 : 1 auf A und B verteilt werden. Der Anteil des B wäre 19333; ohne Realisierung des Investitionsprojekts 1 ist sein Gewinnanteil $0{,}50 \cdot 40000 = 20000$.

Eine Möglichkeit der Lösung dieses Problems ist die Anpassung der Kapitalkonten der Gesellschafter oder auch nur eine Anpassung des Gewinnverteilungsschlüssels. Wenn z. B. von dem von A eingebrachten Betrag von

200000 193104 auf das Kapitalkonto des *A* und 6896 auf das des *B* gebucht wird, erhält auch *B* in Zukunft einen Gewinnanteil von 20000, *A* zahlt somit an *B* ein Agio. Die Aufteilung geht von folgender Überlegung aus: Vom Kapital von 600000 muß auf *B* soviel entfallen, daß er einen Anteil von 20000 vom Gesamtgewinn von 58000 erhält: $58x/600 = 20000$; $x = 206896$. – *B* könnte auch Wert darauf legen, das Beteiligungsverhältnis konstant zu halten. Dann könnten beide je 100000 einbringen. Der Gewinnverteilungsschlüssel muß jedoch so geändert werden, daß von dem zusätzlichen Gewinn 10000 auf *B* und 8000 auf *A* entfällt.

3. Die Wahl zwischen Selbst- und Beteiligungsfinanzierung bei Berücksichtigung von Steuern. Die Dividendenpolitik.

Bereits in Abschnitt III.A.3.a) wurde gezeigt, daß sowohl beim klassischen Körperschaftsteuersystem als auch beim gegenwärtig in Deutschland gültigen Anrechnungssystem *keine* Dividenden ausgeschüttet werden sollten. Das gegenwärtige Steuersystem in Deutschland bewirkt, daß Eigenfinanzierung mit Dividendenausschüttung eindeutig durch Fremdfinanzierung dominiert wird – und zwar nicht in Hinblick auf Körperschaft- und Einkommensteuer, jedoch in Hinblick auf Gewerbe- und Vermögensteuer. Die Fremdfinanzierung dominiert auch in den meisten Fällen die Eigenfinanzierung bei Einbehaltung von Gewinnen. Wenn aber dennoch wegen gesetzlicher Vorschriften, Agency Erwägungen etc. Eigenfinanzierung betrieben wird, sollten die Gewinne einbehalten werden.

Ein Blick auf die Praxis zeigt, daß zwischen diesen Schlußfolgerungen und der Realität eine große Diskrepanz herrscht. Aktiengesellschaften zahlen nicht nur Dividenden, sie halten sie auch über lange Perioden konstant; insbesondere kommt vor, daß in ein und derselben Periode sowohl Dividenden ausgeschüttet als auch Kapitalerhöhungen vorgenommen werden, obwohl doch zumindest Transaktionskosten gespart werden könnten, wenn in diesen Perioden die Gewinnausschüttung entfallen und die Kapitalerhöhung entsprechend geringer dimensioniert würde. Wie läßt sich dieses Verhalten erklären?

Eine erste mögliche Erklärung ist die *Informationsfunktion* von Dividenden. Dividendenkürzungen werden häufig als Zeichen aufgefaßt, daß die Unternehmungsleitung die Zukunftschancen der Unternehmung nun weniger optimistisch einschätzt und führen zu

Kursrückgängen. Selbst wenn die Selbstfinanzierung steuerlich günstiger ist als die Eigenfinanzierung, werden daher im gleichen Jahr Dividenden ausgeschüttet und Kapitalerhöhungen durchgeführt, um solchen Spekulationen nicht Nahrung zu geben. Dies läßt allerdings die Frage offen, warum keine anderen Informationsmittel bestehen, die ebenso überzeugen, aber keine steuerlichen Nachteile haben (z. B. Expertengutachten).

Zweitens ist es möglich, daß manche Anteilseigner Kapitalerhöhungen höher als Dividendenkürzungen einschätzen, weil sie der Auffassung sind, daß die Unternehmungsleiter die aus Kapitalerhöhung gewonnenen Mittel mit größerer Sorgfalt verwalten und investieren als die durch Selbstfinanzierung gewonnenen Beträge. Aussagen von Geschäftsleitungen, die erstere als „teures" Kapital, letztere aber als „kostenlose" Mittel bezeichnen, nähren solche wenig fundierten Vorstellungen; als ob die Unternehmungsleiter nicht alle von den Anteilseignern hereingenommenen (Kapitalerhöhung) oder ihnen vorenthaltenen (Gewinneinbehaltung) Beträge mit gleicher Sorgfalt investieren sollten.

Ein *dritter* Grund für ein zu obigen Regeln widersprüchliches Verhalten der Praxis mag darin zu sehen sein, daß bei *unterschiedlichen Einkommensteuersätzen der Anteilseigner* (s_e) für einige Anteilseigner die Gewinneinbehaltung, für andere die Beteiligungsfinanzierung vorteilhafter sein kann, so daß die Unternehmungsleitung vor dem Dilemma steht, sich nach einer bestimmten Gruppe von Anteilseignern auszurichten oder eine „Kompromiß"-Politik einzuschlagen. Wenn allerdings angenommen werden kann, daß Anteilseigner mit niedrigen (hohen) marginalen Einkommensteuersätzen sich vornehmlich an ausschüttenden (einbehaltenden) Unternehmungen beteiligen – Clientele-Effekt – verliert dieser Gesichtspunkt an Gewicht. Dann ordnet sich der Anlegerkreis den Unternehmungen je nach bekanntgegebener Dividendenpolitik zu. (Ganz abgesehen davon, daß Anleger mit niedrigen Einkommensteuersätzen ohnehin besser Anleihen kaufen sollten – siehe Abschnitt III.A.3.a).)

Viertens könnte das Management der Meinung sein, daß die Aktien gegenwärtig unterbewertet sind (*heterogene Information*!). Dann wird es eher Selbstfinanzierung betreiben und eine Kapitalerhöhung auf später verschieben. Aus einer Überbewertung der Aktien ist eine gegenteilige Schlußfolgerung abzuleiten.

Um stabile Dividenden zu begründen, wird *fünftens* auch auf die *Konsumbedürfnisse* der Anteilseigner hingewiesen. Es ist aber zu bedenken, daß für die Anteilseigner eine Gewinneinbehaltung und der Verkauf von Anteilen zu entsprechend höheren Kursen die günstigere Alternative sein kann (vgl. Beispiel 20).

4. Gesetzliche Regelungen zur Eigenfinanzierung

a) Gesetzliche Regelungen zur Selbstfinanzierung

Gesetzliche Regelungen zur Selbstfinanzierung werden vornehmlich aus drei Gründen benötigt. Erstens können *Anteilseigner und Unternehmungsleiter* zu unterschiedlichen Urteilen über die Vorteile der Selbstfinanzierung gelangen, da sie von anderen Zielen ausgehen oder andere Erwartungen hegen. (Dies wurde für diese Arbeit ausgeschlossen.) Die Anteilseigner können z. B. ihre Auffassung an der Alternativrendite r, die Unternehmungsleiter jedoch an der Maxime: Umsatzmaximierung bei kleinem Mindestgewinn ausrichten. Die Unternehmungsleiter werden in diesem Fall an Einbehaltungen eher interessiert sein als die Anteilseigner. Schon aus diesem Grund muß durch gesetzliche Regelungen entschieden werden, wie die maximal ausschüttbaren Gewinne ermittelt werden und wem das Entscheidungsrecht über die Ausschüttungen zusteht. Es ist aus dieser Sicht verständlich, daß bei jeder Reform etwa des Aktiengesetzes um dieses Entscheidungsrecht heftig gerungen wird.

Zweitens muß beachtet werden, daß die Prämisse, daß alle *Anteilseigner* mit dem gleichen Zinsfuß rechnen, in der Praxis nicht gegeben sein muß. Es wurde bereits in Beispiel 19 gezeigt, daß in Abhängigkeit von den jeweiligen Alternativrenditen r unterschiedliche Auffassungen hinsichtlich der Vorteilhaftigkeit der Einbehaltung von Gewinnen bestehen können. Zudem ist aus dem vorigen Kapitel ersichtlich, daß die von der Gesellschaft in der Sicht des Anteilseigners zu erzielende Mindestrendite für einbehaltene Gewinne erheblich von dem jeweiligen Einkommensteuersatz des Gesellschafters abhängen kann.

Drittens sind die *Gläubiger* an der Regelung über den maximal ausschüttbaren Gewinn interessiert, da jede Ausschüttung ihr Risiko wegen des Vermögensentzugs erhöhen kann; dies gilt vor allem dann, wenn die Gesellschafter – wie bei Kapitalgesellschaften – für die Schulden der Gesellschaft nur beschränkt oder überhaupt nicht haften.

Als *Beispiele für gesetzliche Regelungen* seien angeführt: Für *Offene Handelsgesellschaften* und die *Komplementäre einer Kommanditgesellschaft* gilt §122 HGB: „Jeder Gesellschafter ist berechtigt, aus der Gesellschaftskasse Geld bis zum Betrage von vier vom Hundert seines für das letzte Geschäftsjahr festgestellten Kapitalanteils zu seinen Lasten zu erheben und, soweit es nicht zum offenbaren Schaden der Gesellschaft gereicht, auch die Auszahlung seines den bezeichneten Betrag übersteigenden Anteils am Gewinne des letzten Jahres zu verlangen. Im übrigen ist ein Gesellschafter nicht befugt, ohne Einwilligung der anderen Gesellschafter seinen Kapitalanteil zu vermindern."

Aktiengesellschaften werden zu einem gewissen Ausmaß an Selbstfinanzierung gezwungen. So muß gemäß §150 Aktiengesetz „der zwanzigste Teil des um einen Verlustvortrag aus dem Vorjahr geminderten Jahresüberschusses, bis die Rücklage den zehnten oder den in der Satzung bestimmten höheren Teil des Grundkapitals erreicht", der gesetzlichen Rücklage zugeführt werden. Weiter kann gemäß §58 Aktiengesetz die Satzung für den Fall, daß die Hauptversammlung den Jahresabschluß feststellt, bestimmen, daß ein Teil, höchstens die Hälfte des Jahresüberschüsses, in freie Rücklagen einzustellen ist. „Stellen Vorstand und Aufsichtsrat den Jahresabschluß fest, so können sie einen Teil des Jahresüberschusses, höchstens jedoch die Hälfte, in freie Rücklagen einstellen". Die Satzung kann Vorstand und Aufsichtsrat ermächtigen, auch einen höheren Teil des Jahresüberschusses in freie Rücklagen einzustellen. Die Ermächtigung kann jedoch nur unter bestimmten Bedingungen angewendet werden. – Die Hauptversammlung kann schließlich bestimmen, weitere Beträge in offene Rücklagen einzustellen oder als Gewinn vorzutragen (§174 Aktiengesetz). – In den vergangenen Jahren einbehaltene Gewinne können bei der Bilanzerstellung bzw. -feststellung aufgelöst und ausgeschüttet werden. – Die Entscheidungen über die Bildung stiller Rücklagen stehen ebenfalls der Instanz zu, die über die Bilanzfeststellung befindet. (Wann Vorstand und Aufsichtsrat oder die Hauptversammlung der Aktionäre die Bilanz feststellen, ist in den §§172f. Aktiengesetz geregelt.)

b) Gesetzliche Regelungen zur Beteiligungsfinanzierung

Es sollen nur einige Hinweise auf die Eigenfinanzierungsregelungen bei *Aktiengesellschaften* gegeben werden. Wichtig für alle Überlegungen zum Risiko der Anteilseigner und Gläubiger ist die Regelung, daß für die Verbindlichkeiten der Gesellschaft nur das Gesellschaftsvermögen, nicht das Vermögen der Gesellschafter haftet. Der Gesetzgeber legt in der Regel einen Mindestnennbetrag des Grundkapitals (in der BRD gegenwärtig 100000) und einen Mindestnennbetrag pro Aktie (in der BRD gegenwärtig 50) fest. In manchen Staaten gibt es statt Nennwertaktien auch Quotenaktien. Sie lauten auf einen bestimmten Anteil (z. B. 1/1000) des Vermögens der Gesellschaft.

Die zu investierenden Mittel müssen also ein bestimmtes Volumen erreichen, um die *Gründung* einer Aktiengesellschaft vorteilhaft zu machen. Allerdings muß das Grundkapital nicht sofort zur Gänze einbezahlt werden. Für *Kapitalerhöhungen* wichtig ist die Bestimmung, daß Aktien nur zu einem Ausgabekurs, der gleich ist dem Nennwert oder ihn übersteigt, emittiert werden dürfen. Diese Vorschrift behindert Kapitalerhöhungen, falls die Papiere unter dem Nennwert notieren. Sie macht in diesen Fällen eine Herabsetzung des Nennwertes (vereinfachte Kapitalherabsetzung) notwendig. Das Recht der Anteilseigner auf den Bezug neuer Aktien und die Notwendigkeit, den Differenzbetrag zwischen Ausgabekurs und Nennwert der ausgegebenen Aktien der gesetzlichen Rücklage zuzuweisen, wurde bereits erwähnt. Da die Gesellschafter an der Kontrolle, für welche Zwecke die zusätzlichen Eigenmittel verwendet werden sollen, und auch an der Aufrechterhaltung der Beteiligungsquote interessiert sein können, müssen Kapitalerhöhungen durch die Hauptversammlung (Dreiviertelmehrheit) beschlossen werden. Besondere Probleme – auch für die gesetzliche Regelung – bietet die Bewertung von *Sacheinlagen* durch die Gesellschafter, die insbesondere bei Umwandlungen von Einzelunternehmungen und Personengesellschaften in Kapitalgesellschaften getätigt werden.

Für den Handel mit Anteilen ist es wichtig, ob die Aktien – wie zumeist – als *Inhaberaktien* oder als *Namensaktien* ausgestellt sind. Der Verkauf letzterer erfordert größere Formalitäten und Spesen. Vinkulierte Namensaktien sind Aktien, deren Eigner über die Einzahlung des Ausgabekurses hinausgehende Verpflichtungen gegenüber der Gesellschaft haben (z. B. Lieferung von Zuckerrüben an eine Zuckerfabrik). Ihre Übertragung ist an die Zustimmung der Gesellschaft gebunden.

Neben Stammaktien kann die Unternehmung *Vorzugsaktien* ausgeben. Vorzugsaktien können mit Mindest-, Maximal-, weitgehend fixierten Dividenden oder Dividenden, für deren Zahlung Priorität gegenüber den Dividenden für Stammaktien besteht, ausgestattet sein. Auch kann vorgesehen sein, daß in einem Verlustjahr ausfallende Mindestdividenden in späteren Gewinnjahren nachgezahlt werden. Bestimmte Vorzugsaktien können ohne Stimmrecht ausgegeben werden. Der Vorzug dieser Aktien ist ihr geringeres Risiko. Der Kapitalkostensatz für Vorzugsaktien, die von ihren Eignern erwartete Rendite, müßte deshalb geringer sein als derjenige der Stammaktien. Die Einschränkung des Risikos für Vorzugsaktionäre resultiert jedoch in einem höheren Risiko für die Stammaktien und daher in einer Erhöhung deren Kostensatzes.

Besondere Formen der Kapitalerhöhung sind die bedingte und die genehmigte Kapitalerhöhung. Zweck der *bedingten Kapitalerhöhung* sind insbesondere die Gewährung von Umtausch- und Bezugsrechten an Gläubiger von Wandelschuldverschreibungen (siehe später) und die Gewährung von Bezugsrechten an Arbeitnehmer. Die Kapitalerhöhung ist durch die Inanspruchnahme durch die Gläubiger von Wandelschuldverschreibungen bzw. die Arbeitnehmer *bedingt*.

Durch die Einrichtung des *genehmigten Kapitals* wird der Vorstand ermächtigt, das Grundkapital bis zu einem bestimmten Nennbetrag innerhalb eines bestimmten Zeitraums zu erhöhen. Dies kann den Zweck haben, ganze Unternehmungen dadurch zu erwerben, daß den Eignern dieser Unternehmungen Aktien der erwerbenden Gesellschaft angeboten werden.

Die sogenannte *Kapitalerhöhung aus Gesellschaftsmitteln* führt zu keiner Zufuhr finanzieller Mittel, sondern stellt nur die buchmäßige Umwandlung von Rücklagen in Grundkapital dar. Sie ist von der Ausgabe von Gratisaktien begleitet. Wenn z. B. bei einem Grundkapital von 1 000 000 Rücklagen von 500 000 in Grundkapital umgewandelt werden, wird eine Gratisaktie pro zwei Altaktien ausgegeben. Wenn sich an der Politik der Unternehmung nichts ändert, werden nun drei Aktien den gleichen Wert haben wie zuvor zwei Aktien. Falls jedoch etwa der Dividendensatz konstant gehalten wird, d. h. die Dividendenzahlungen absolut erhöht werden, kann der Unternehmungswert verändert werden. Aber dieselbe Änderung des Unternehmungswertes hätte auch durch eine Änderung der Dividendenpolitik ohne Ausgabe von Gratisaktien erreicht werden können.

Umwandlungen, d.h. Änderungen der Rechtsform, können die Zahlungsüberschüsse der Unternehmung (z.B. die Steuern), aber auch das Risiko für Anteilseigner und Gläubiger ändern. Letztere müssen daher besonders geschützt werden. Gleiches gilt für Fusionen. Umwandlung und Fusion sind von der Hauptversammlung zu beschließen.

Vorstufen des Erwerbs von bzw. der Fusion mit anderen Unternehmungen sind der *Erwerb von Beteiligungen*, die eine Beherrschung oder zumindest Beeinflussung der Untergesellschaft ermöglichen. Zusätzlich können *Gewinnabführungs-* oder *Beherrschungsverträge* abgeschlossen werden. In allen diesen Fällen muß der Gesetzgeber bemüht sein, die Rechte der verbleibenden Minderheitsaktionäre auf Abfindung bzw. laufende Dividenden zu schützen.

Bis jetzt wurden vor allem Formen der Expansion der Unternehmung vermerkt. Ihnen stehen Schrumpfungs- bzw. *Liquidationsformen* gegenüber. Zumindest bei einem klassischen Körperschaftsteuersystem wäre man in Hinblick auf die Einkommensteuer daran interessiert, nicht benötigte Eigenmittel in Form von Grundkapitalrückzahlungen oder Aktienrückkäufen und nicht in Form von Rücklagenauflösungen und nachfolgenden Gewinnausschüttungen dem Kapitalmarkt zur Verfügung zu stellen. Es ist verständlich, daß die Steuerbehörden versuchen, solche Maßnahmen zu behindern.

Aktienrechtlich ist die Rückzahlung von Mitteln aus der Herabsetzung des Grundkapitals an die Anteilseigner nur nach Sicherstellung der Gläubiger, falls sie dies wünschen, gestattet. Denn das Risiko der Kreditgeber kann durch jede Zahlung an die Anteilseigner, sofern diese nicht persönlich für die Verbindlichkeiten der Unternehmung haften, zunehmen. Der *Erwerb von eigenen Aktien* seitens der Unternehmung, der praktisch eine Rückzahlung eigener Mittel bedeutet, ist daher in Deutschland, nicht aber in den USA, nur sehr eingeschränkt möglich. Für die Ausschüttung von freien Rücklagen gibt es aber inkonsequenter Weise keine expliziten Gläubigerschutzbestimmungen.

5. Übungsaufgaben

1. Ein Vorstandsmitglied einer Publikumsaktiengesellschaft vertritt folgende Rangfolge der Finanzierungsmaßnahmen: Am günstigsten ist Selbstfinanzierung; da durch sie das dividendenberechtigte Grundkapital nicht erhöht wird, verursacht sie keine Kapitalkosten. Das zweitgünstigste Finanzierungsinstrument ist die Fremdfinanzierung, vor allem weil die Fremdkapitalzinsen von der Körperschaftsteuerbasis abgesetzt werden können. Am teuersten ist die Eigenfinanzierung (im engeren Sinn).
Diese Stellungnahme ist zu beurteilen.

2. Eine Kapitalgesellschaft deckt den gesamten Bedarf an zusätzlichem Eigenkapital in einem bestimmten Jahr durch offene Selbstfinanzierung. Sie finanziert sämtliche Investitionsprojekte zur Hälfte mit eigenen Mitteln, zur Hälfte mit Krediten. Der Einkommensteuersatz der Anteilseigner ist 0,50, der Körperschaftsteuersatz (Anrechnungssystem) 0,56, $r = 0{,}10$, $k = 0{,}06$. In Zukunft sollen die Gewinne voll ausgeschüttet werden.

Welches ist die Mindestrendite, die die Investitionsprojekte der Unternehmung erbringen müssen,

a) falls die Gewinnsteuern nicht in die Investitionsrechnung einbezogen werden

b) falls die Gewinnsteuern in die Investitionsrechnung einbezogen werden?

Lösung: a) Die Anteilseigner könnten infolge der Einkommensteuer 50% des Gewinns vor Steuer anlegen und darauf eine Rendite von 0,10 erzielen. Die Gesellschaft kann jedoch nur 44% des Gewinns investieren. Es muß daher auf das investierte Eigenkapital eine Rendite von $r(1 - s_e)/(1 - s_k) = 0{,}10 \cdot 0{,}50/0{,}44 = 0{,}1136$ verdient werden. Unter Berücksichtigung der teilweisen Fremdfinanzierung ergibt sich eine Mindestrendite von 0,0868.

b) $i = 0{,}50 \cdot 0{,}1136\,(1 - s_e) + 0{,}50 \cdot 0{,}06\,(1 - s_e) = 0{,}0434$. Dabei ist vorausgesetzt, daß in den Investitionsrechnungen die Einkommensteuer mit $s_e(Q_t - \text{Abschreibungen}_t)$ explizit angesetzt wird, somit bei der Berechnung der Steuer die Abzugsfähigkeit der Fremdkapitalzinsen nicht berücksichtigt wird.

3. Eine Unternehmung deckt den gesamten Bedarf an zusätzlichem Eigenkapital durch Kapitalerhöhungen, die gesamten Jahresgewinne werden ausgeschüttet. Sie finanziert sämtliche Investitionsprojekte zur Hälfte mit eigenen Mitteln, zur Hälfte mit Krediten. $r = 0{,}10$ (vor Einkommensteuer), $k = 0{,}06$. Emissionsspesen = 5% des Eigenfinanzierungsvolumens, Anrechnungssystem, $s_e = 0{,}40$.

Welches ist die Mindestrendite, die die Investitionsprojekte der Unternehmung aufweisen müssen, falls die Gewinnsteuern

a) in die Investitionsrechnung nicht einbezogen werden,

b) in die Investitionsrechnung einbezogen werden

Lösung: a) $i = (1 - a)r/(1 - e) + ak = 0{,}0826$
b) $i = 0{,}0496$

4. In vielen betriebswirtschaftlichen Arbeiten ist zu lesen, die stille Selbstfinanzierung widerspricht den Interessen der Anteilseigner, da sie den Bilanzausweis und damit eine den Anteilseignern zur Verfügung stehende Informationsquelle beeinträchtigt.

Ist diese Aussage nach den Feststellungen über die stille Selbstfinanzierung in dieser Arbeit haltbar?

5. Eine Unternehmung beginnt den Produktionsprozeß mit acht gleichen Anlagen: $A = 10000$, $n = 5$ Jahre. Die in den Erlösen „vereinnahmten Abschreibungsquoten" – die Anlagen werden in der Buchhaltung linear über vier Jahre abgeschrieben – werden zur Anschaffung weiterer identischer Anlagen verwendet.
Wie groß ist der Bestand der Aggregate zu Beginn des achten Jahres?
Lösung: 16 Aggregate

6. Bis $t = 0$ hat die Unternehmung 20000 Aktien, Nominale 100, ausgegeben, die mit einem Kurs von 320 notieren. Die Unternehmung plant den Erwerb einer Beteiligung und möchte die hierfür benötigten Mittel durch Eigenfinanzierung mit Bezugsrecht aufbringen. Das für den Erwerb der Beteiligung benötigte Kapital ist 500000. Es sollen 2000 Aktien zum Kurs von 270 ausgegeben werden, es wird mit Emissionsspesen von 40000 gerechnet. Die Anteilseigner erwarten, daß die zusätzliche Investition von 500000 in zusätzlichen Dividenden pro Jahr von 60000 resultiert. Der Kalkulationszinsfuß der Anteilseigner ist vor und nach Erwerb der Beteiligung unverändert 10%. Der Kauf der Beteiligung bzw. die Kapitalerhöhung wurde vor Ankündigung durch die Gesellschaft nicht erwartet.

a) Welche Kursänderung hat die Ankündigung dieser Transaktion zu Folge?

b) Welches ist der erwartete Wert eines Bezugsrechts?

c) Welches ist der erwartete Kurs pro Anteil nach Durchführung der Kapitalerhöhung?

Lösung: a) erwarteter Kursanstieg = 3
b) erwarteter Wert eines Bezugsrechts = 4,82
c) erwarteter Kurs pro Anteil nach Kapitalerhöhung = 318,18

7. In der Literatur findet man häufig die Meinung, daß ein hoher Ausgabekurs für junge Aktien die Kosten der Eigenfinanzierung mindert.
Diese Aussage ist zu kommentieren.

8. In eine zu gründende Unternehmung bringen Gesellschafter A eine Bareinlage von 100000 und Gesellschafter B eine Sacheinlage ein. Der erwartete und voll auszuschüttende jährliche Gewinn nach Steuern der Gesellschaft ist 30000. $r_A = 0{,}10$.

a) Wie hoch darf die Sacheinlage des *B* maximal bewertet werden, damit *A* an der Unternehmungsgründung interessiert ist, wenn die Kapitalkonten der Gewinnverteilung zugrundegelegt werden?

b) Woran könnte sich eine richtige Bewertung der Sacheinlagen orientieren?

Lösung: a) maximaler Ansatz der Sacheinlage = 200000

9. Kommentieren Sie folgendes, von den Unternehmungsführungen häufig verwendetes Argument: In einem gut geführten Unternehmen sollte ein erheblicher Teil des Gewinns in Rücklagen eingestellt werden. Man verweist zur Stützung dieses Arguments auch auf die relativ hohen Gewinneinbehaltungsquoten in den USA.

10. Von welchen Einflußgrößen hängt es ab, ob die Ankündigung einer Dividendensatzerhöhung kurswertsteigernd oder kurswertmindernd wirkt?

11. Würden sich die Kapitalkosten der Selbstfinanzierung und die Kapitalkosten der Eigenfinanzierung im engeren Sinn unterscheiden, wenn die Körperschaftsteuer abgeschafft würde und wenn

a) die Anteilseigner Einkommensteuer nur von den erhaltenen Dividenden,

b) die Anteilseigner Einkommensteuer von ihrem Anteil am Gewinn der Gesellschaften (unabhängig vom Ausmaß der Gewinnausschüttung) zu zahlen haben?

Lösung: a) Die Selbstfinanzierung verursacht geringere Kapitalkosten, da sie Einkommensteuerzahlungen der Gesellschafter in spätere Perioden verschiebt.

b) Selbstfinanzierung und Eigenfinanzierung sind mit gleichen Kapitalkosten verbunden, wenn man von Transaktionsspesen absieht.

6. Weiterführende Literatur

Brealey, Myers [Corporate Finance 315–396]. – Copeland, Weston [Financial Theory 544–575]. – Davis, Pointon [Finance 235–274]. – Drukarczyk [Finanzierung 141–281]. – Franke, Hax [Finanzwirtschaft 519–550]. – Gordon [Investment]. – Gutenberg [Finanzen 135–160, 227–271]. – Hax [Dividendenpolitik]. – Hielscher, Laubscher [Finanzierungskosten]. – Jahrmann [Finanzierung 233–312]. – Lehmann [Eigenfinanzierung]. – Matschke [Finanzierung 53–138]. – Miller, Modigliani [Dividend Policy]. – Niedernhuber [Ausschüttungsregelungen]. – Spremann [Investition 299–326]. – Süchting [Finanzmanagement 26–149]. – Swoboda [Finanzierung 46–66, 109–119, 206–211]. – Vormbaum [Finanzierung 155–276]. – Weston, Copeland [Managerial Finance 657–702, 877–985]. – Wöhle, Bilstein [Unternehmensfinanzierung 35–126].

C. Die Fremdfinanzierung

In diesem Abschnitt wird zunächst dargestellt, wie der Kreditkostensatz k, dessen Kenntnis bisher einfach angenommen wurde, von den Charakteristiken des Kredits, insbesondere von Fristigkeit und Risiko abhängt. Daran anschließend werden Fragen der Strukturierung des Fremdkapitals behandelt und es wird eine kurze Einführung in wesentliche Kreditformen gegeben.

1. Kapitalkostensätze für Kredite

Es gibt mehrere Varianten, die Kapitalkosten eines mehrperiodigen Kredites zu charakterisieren. Unterstellen wir zwecks Demonstration einen Kredit von 30000, der in drei gleichen Jahresraten von 10000 zu tilgen ist. Als Zinssatz wird 8% vereinbart. Die Ausfallwahrscheinlichkeit ist Null.

Die erste Variante besteht darin, als Kapitalkostensatz den *internen Zinsfuß* (= die Effektivrendite) der aus dem Kreditverhältnis erwarteten Zahlungen aufzufassen. Im Demonstrationsbeispiel sind dies 8%:

$$0 = -30000 + (10000 + 2400)(1+k)^{-1} + (10000 + 1600)(1+k)^{-2} + (10000 + 800)(1+k)^{-3}$$
$$k = 0{,}08$$

Zweitens kann überlegt werden, aus welchen Periodenzinssätzen der sich über drei Perioden erstreckende „Durchschnitts"-Satz von 8% zustandekommt. Für unseren Fall sei angenommen, daß der Kapitalmarkt (der Kreditgeber) zu $t = 0$ für Ausleihungen im ersten Jahr einen Zinssatz von 7%, für Ausleihungen im zweiten Jahr einen Zinssatz von 9% und für Ausleihungen im dritten Jahr einen Zinssatz von 9,4% fordert. Eine Abzinsung mit diesen Sätzen ergibt ebenfalls einen Kapitalwert von Null.

$$0 = -30000 + 12400 \cdot 1{,}07^{-1} + 11600 \cdot 1{,}07^{-1} \cdot 1{,}09^{-1} + 10800 \cdot 1{,}07^{-1} \cdot 1{,}09^{-1} \cdot 1{,}094^{-1}$$

Die im Zeitpunkt $t = 0$ für Ausleihungen in der Periode t vereinbarten (und zu Ende der Periode t zu entrichtenden) Zinssätze heißen *forward rates*. Originär sind die forward rates. Die Effektivrendite – der einheitliche Zinsfuß für längerfristige Kredite – errechnet sich aus den forward rates wie folgt:

$$0 = -30000 + (10000 + 30000k) \cdot 1{,}07^{-1} +$$
$$+ (10000 + 20000k) \cdot 1{,}07^{-1} \cdot 1{,}09^{-1} +$$
$$+ (10000 + 10000k) \cdot 1{,}07^{-1} \cdot 1{,}09^{-1} \cdot 1{,}094^{-1}$$
$$k = 0{,}08$$

In welchem Verhältnis stehen die *forward rates* für Periode t zu den für diese Periode *erwarteten Zinssätzen*? Nach der *expectations theory* sind die forward rates *identisch* mit den erwarteten Zinssätzen. Nach der um Gesichtspunkte der Risikoaversion angepaßten expectations theory liegen die forward rates um eine Risikoprämie über den erwarteten Zinssätzen. Die Risikoprämie nimmt mit dem Abstand der Periode t von $t = 0$ zu. Nach der um Gesichtspunkte der Risikoaversion angepaßten expectations theory sind daher langfristige Kredite im Durchschnitt teurer als jeweils erneuerte kurzfristige Kredite.

Die dritte Alternative besteht darin, aus den forward rates je einen Zinssatz für einperiodige, zweiperiodige, dreiperiodige Kreditierungen zu ermitteln. Diese Zinssätze nennt man *spot rates* (x_1, x_2, x_3). Die spot rates für den Demonstrationsfall sind

$$x_1 = 0{,}07$$
$$(1 + x_2)^2 = 1{,}07 \cdot 1{,}09$$
$$x_2 \sim 0{,}08$$
$$(1 + x_3)^3 = 1{,}07 \cdot 1{,}09 \cdot 1{,}094$$
$$x_3 \sim 0{,}0845$$

Spot rates, forward rates und Effektivrendite fallen zusammen, falls die Zinskurve *flach* ist, d. h. die erwarteten Zinssätze konstant sind, und falls die reine expectations theory gilt. Unterschiedliche erwartete Zinssätze je Periode können sich erstens aus unterschiedlichen erwarteten Inflationsraten und zweitens aus unterschiedlichen Realrenditen ergeben.

Üblicherweise gibt man sich mit der *Effektivrendite* zur Kennzeichnung des Kapitalkostensatzes zufrieden. Wenn Agios bzw. Disagios vereinbart werden, ist die Effektivrendite nicht mehr gleich dem vereinbarten Zinssatz. Das zeigt Beispiel 46.

Beispiel 46. Ein Kredit von 20000 ist in 2 gleichen Jahresraten zurückzuzahlen. An Zinsen werden 4% von der Schuld zu Jahresbeginn gefordert. An Spesen verrechnet der Gläubiger 600, die vom ausbezahlten Kreditbetrag abgezogen werden. Der Kreditnehmer erhält also nur 19400. Wie hoch ist k?

$$0 = -19400 + (10000 + 800)(1 + k)^{-1} + (10000 + 400)(1 + k)^{-2}$$
$$k = 0{,}06165$$

Falls der Kreditgeber Risiko trägt, d.h. mit bestimmter Wahrscheinlichkeit damit rechnet, die vereinbarten Zinsen und den Rückzahlungsbetrag nicht voll oder nicht rechtzeitig zu erhalten, sind die erwarteten Zahlungen geringer als die vereinbarten Zahlungen und die Effektivrendite ist c.p. niedriger als der vereinbarte Zinssatz.

Beispiel 47. Ein Kredit von 20000 ist in 2 gleichen Jahresraten rückzuzahlen. Der Gläubiger schätzt, daß die Zahlungen des ersten Jahres jedenfalls, die Zahlungen des zweiten Jahres aber nur mit einer Wahrscheinlichkeit von 0,97 geleistet werden. Er verrechnet daher einen Zinssatz von 0,06. Wie hoch ist der Kapitalkostensatz k bzw. die erwartete Rendite des Gläubigers?

$$0 = -20000 + (10000 + 1200)(1 + k)^{-1} + 0{,}97(10000 + 600)(1 + k)^{-2}$$
$$k = 0{,}05.$$

Wenn man davon ausgeht, daß der risikolose Zinssatz 0,04 ist (siehe Beispiel 45), verrechnen die Gläubiger eine Risikoprämie von 0,01. Der vereinbarte Zinssatz beträgt aber nicht 0,04 + 0,01 = 0,05, sondern 0,06, da er auch die erwarteten Forderungsverluste abdecken muß.

Approximativ kann die Effektivrendite wie folgt ermittelt werden:

Approximative Effektivrendite =

$$= \frac{\left(\sum_{t=0}^{\text{Laufzeit}} Z_t + \text{Auszahlungsdisagio} + \text{Rückzahlungsagio} + \text{Spesen}\right)/\text{Laufzeit}}{\left(\sum_{t=0}^{\text{Laufzeit}-1} F_t - \text{zu } t_0 \text{ anfallende Spesen bzw. Auszahlungsdisagio}\right)/\text{Laufzeit}}$$

Im Zähler stehen also die durchschnittlichen jährlichen Kosten, im Nenner das durchschnittliche zur Verfügung stehende Kapital.

Beispiel 46a. Es ist für die Daten des Beispiels 46 die approximative Effektivrendite zu errechnen:

$$\text{approximative Effektivrendite} = \frac{(800 + 400 + 600)/2}{(19400 + 9400)/2} = 0{,}0625\,.$$

Die Kapitalkostensätze für fremde Mittel, wie sie bis jetzt besprochen wurden, seien es die Effektivrendite, die forward rates und die spot rates, werden auch als *explizite Fremdkapitalkostensätze* bezeichnet. Als *implizite Fremdkapitalkosten* werden die Risikoprämien bezeichnet, die die Anteilseigner infolge des Kapitalstrukturrisikos den von ihnen erwarteten Renditen hinzufügen. Jede Kreditaufnahme verursacht c. p. somit sowohl explizite als auch implizite Kosten. In dieser Arbeit werden unter Kapitalkosten(sätzen) für Fremdkapital ausschließlich explizite Fremdkapitalkosten(sätze) verstanden. Zu den expliziten Fremdkapitalkosten können neben Zinsen, Provisionen, Disagios auch die oft schwer quantifizierbaren Auswirkungen von Mitspracherechten von Kreditgebern, die Kosten der Sicherung von Krediten usw. gezählt werden.

2. Die Strukturierung des Fremdkapitals

Bei der Ermittlung der optimalen Kapitalstruktur muß nicht nur das Verhältnis Eigen- zu Fremdkapital, sondern auch die Zusammensetzung des Fremdkapitals festgelegt werden. Das Problem der optimalen Struktur des Fremdkapitals der Unternehmung ist von einer befriedigenden Lösung weit entfernt. Es geht über den Rahmen dieser Einführung hinaus, auf die diesbezüglichen Ansätze näher einzugehen (vgl. dazu Swoboda [Finanzierung]). Es werden daher in diesem Kapitel nur wichtige Fremdkapitalformen aufgezeigt und es wird beschrieben, welche grundlegenden Überlegungen bei der Strukturierung des Fremdkapitals anzustellen sind.

Eine wichtige Entscheidung betrifft das Verhältnis von kurz- und langfristigen Verbindlichkeiten. Es gibt unterschiedliche Theorien über das Verhältnis der Zinssätze für kurz- und langfristige Kredite. Wie oben ausgeführt, entspricht nach der expectations theory der *Zinssatz eines langfristigen Kredits* c. p. dem *Durchschnitt* der erwarteten *Zinssätze für kurzfristige Kredite* während der Laufzeit des langfristigen Kredits. Nach dieser Theorie kann daher in einem bestimmten Zeitpunkt der Zinsfuß für langfristige Kredite über oder unter demjenigen für kurzfristige Kredite liegen. Nach der um

Gesichtspunkte der *Risikoaversion* angepaßten expectations theory erfordern kurzfristige Kredite (einschließlich Kredite mit kurzen Kündigungsfristen) im Durchschnitt etwas geringere Zinszahlungen als langfristige Kredite, da ihr Risiko für den Kapitalgeber geringer ist. Von dieser Theorie wird im folgenden ausgegangen. Ein weiterer Vorteil kurzfristiger Kredite ist, daß sie eine rasche Anpassung des Fremdkapitals an Schwankungen des Kapitalbedarfs ermöglichen. Ein dritter Vorzug ist, daß sie im Gegensatz zu langfristigen Krediten gewerbesteuerlich nicht hinzurechnungspflichtig sind (siehe Abschnitt III.A.3.a)). Diesen Vorteilen steht jedoch ein erhöhtes Anteilseignerrisiko infolge des Risikos der Nichterneuerung oder Kündigung kurzfristiger Kredite gegenüber. Festzustellen ist, daß industrielle Unternehmen eher geneigt sind, langfristig benötigtes Fremdkapital durch langfristige Kredite aufzubringen. Dies mag darauf zurückzuführen sein, daß Unternehmungen (vor allem Banken) existieren, die auf die Transformierung kurzfristiger Kredite in langfristige Kredite spezialisiert sind und von denen angenommen werden kann, daß sie diese Transformation billiger, d.h. mit geringerem Risiko, vollziehen können als andere Unternehmungen. Zweitens ist es durch die Ausgabe von Anleihen möglich, langfristigen Kredit zu erhalten und gleichzeitig dem Gläubiger die Möglichkeit zu geben, durch den Verkauf von Anleihestücken die „Kreditdauer“ seinen Anlagewünschen anzupassen.

Ein weiteres Problem ist die *Sicherung* von Krediten. Pfandrechtlich gesicherte Kredite sind Hypothekarkredite oder Lombardkredite. Bei ersteren dienen Grundstücke, bei letzteren bewegliche Gegenstände wie Waren und Wertpapiere zur Sicherung. Je besser die Sicherung des Kredits ist, desto niedriger ist die geforderte Verzinsung; desto größer wird aber auch das Risiko für die übrigen Kreditgeber und die Anteilseigner. Durch Kreditsicherungen lassen sich somit Risiken von bestimmten Personengruppen auf andere verlagern.

Die Vergabe eines Kredits an eine Unternehmung kann zum Zeitpunkt der Kreditgewährung für den Kreditgeber eine sehr sichere Investition sein. Sie kann aber durch Aufnahme weiterer Kredite unsicherer werden, wenn diese gleichberechtigt oder sogar bevorrechtigt sind. Die Kreditgeber sind daher bestrebt, dieses Risiko durch Sicherungen oder durch Vereinbarungen, die die Aufnahme weiterer Kredite einschränken (Negativklauseln), zu vermindern.

Im allgemeinen gilt: Je mehr sich ein Investitionsprojekt als Sicherstellung anbietet, desto geringer ist sein Investitionsrisiko (z. B. Grundstücke). Dies korrespondiert mit der in Abschnitt III.A.4 vorgestellten Methode, einem Investitionsprojekt umso mehr Fremdkapital und damit einen umso geringeren durchschnittlichen Kapitalkostensatz zuzurechnen, je geringer sein Investitionsrisiko ist. Es gilt also im allgemeinen folgende Beziehung: großes Sicherungspotential – geringes Investitionsrisiko – hoher zurechenbarer Fremdkapitalanteil – geringer zuzurechnender Kapitalkostensatz.

3. Formen des Fremdkapitals

Kurzfristige Kredite sind Kontokorrent- (Buch-), Lombard-, Diskont-, Akzept- und Lieferantenkredite. Bei *Kontokorrentkrediten* kann der Kreditbetrag bis zu einem Kreditlimit durch Inanspruchnahme bzw. Rückzahlungen jederzeit variiert werden. Er eignet sich daher besonders zur Anpassung des Kreditvolumens an den jeweiligen Kapitalbedarf. Kontokorrentkredite sind häufig durch Hypotheken, Zession von Forderungen oder Bürgschaften gesichert. Bei *Diskontkrediten* bevorschußt der Kreditgeber Wechsel, die von Kunden der Unternehmung akzeptiert wurden. *Akzeptkredite* bestehen darin, daß der Kreditgeber vom Kreditnehmer ausgestellte Wechsel akzeptiert und meist auch selbst diskontiert. *Lieferantenkredite* entstehen durch den zeitlichen Abstand zwischen Lieferung und Zahlungen von Waren. Lieferantenkredite können teurer sein als sonstige kurzfristige Kredite. Wenn bei einem Zahlungsziel von einem Monat bei sofortiger Zahlung ein Skonto von 2% gewährt wird, so ist der Zinssatz für Lieferantenkredite 24% pro Jahr. Der Zinssatz wird umso geringer, je größer bei gegebenem Skontosatz die tatsächliche Frist zwischen Lieferung und Zahlung ist. Während der Frist, in der Skonto in Anspruch genommen werden kann, sind Lieferantenkredite zinslos. Zu den kurzfristigen Krediten zählen auch *Kundenanzahlungen*. Ihre Zinskosten sind die Preisminderungen, die man infolge der Anzahlungen in Kauf nimmt.

Eine Alternative zum Zessionskredit ist das *Factoring*. Man unterscheidet echtes und unechtes Factoring. Beim *echten Factoring* kauft der Factor die Forderungen unter Übernahme des Delcredererisikos, beim *unechten Factoring* verbleibt das Risiko des Forderungsausfalls beim Forderungsverkäufer. Um sicherzugehen, daß ihm nicht überwiegend Forderungen schlechter Bonität verkauft werden, behält sich der Factor das Recht vor, den Ankauf von Forderungen abzulehnen. Zudem ist zumeist vereinbart, daß dem Factor zumindest Inlandsforderungen zur Gänze angeboten werden müssen. Das Factoring ist nur dann eine Alternative zum Zessionskredit, wenn ein bestimmter Prozentsatz des Forderungsnominales bevorschußt wird (meist 80–90%), d.h. vor Eingang der Forderung dem Forderungsverkäufer zur Verfügung gestellt wird. Die Kosten des Factoring setzen sich aus Zinskosten für die bevorschußten Beträge, Bearbeitungsgebühren für die Verwaltung (Eintreibung) der Forderungen und gegebenenfalls einer Delcredereprovision zusammen. Den Bearbeitungsgebühren stehen Verwaltungskosteneinsparungen (Wegfall der Debitorenbuchhaltung) beim Forderungsverkäufer gegenüber.

Zu den *langfristigen Krediten* zählen Darlehen, Schuldverschreibungen, Schuldscheindarlehen und Leasingverpflichtungen. *Schuldverschreibungen* (Obligationen, Anleihen) sind i.d.R. auf den Inhaber lautende, an der Börse gehandelte Wertpapiere, die ein Forderungsrecht verbriefen. Sie sind zumeist festverzinslich und – falls Industrieobligationen – grundbücherlich gesichert. Der Kurswert für Obligationen hängt vom jeweiligen herrschenden Zinssatz für langfristige Verbindlichkeiten gleicher Risikoklasse ab. Obligationen, deren Verzinsung vom Jahresgewinn abhängt, heißen Gewinnobligationen. Unter *Schuldscheindarlehen* werden Darlehen verstanden, die vor allem von Versicherungsgesellschaften und anderen Kapitalsammelstellen, die nicht Kreditinstitute sind, gewährt werden. Sie werden häufig von Banken und Finanzierungsmaklern vermittelt, vor allem wenn es sich um Großkredite handelt, die in Form von Konsortialdarlehen von mehreren Versicherungsgesellschaften an eine Unternehmung gegeben werden. Besonders wegen der niedrigeren Transaktionskosten und Verwaltungsaufwendungen sind Schuldscheindarlehen in der Regel etwas billiger als Anleihen, auch wenn der vereinbarte Zinssatz in der Regel etwas höher ist.

Durch die Ausnutzung *steuerlicher Bewertungswahlrechte* (z.B. Sonderabschreibungen) entstehen zinslose „Steuerverbindlichkeiten", die eine besonders günstige Form der Fremdfinanzierung darstellen. Diese aufgeschobenen Steuerzahlungen begründen die Vorzüge der stillen Selbstfinanzierung (siehe dort). Von besonderem Interesse sind diesbezüglich Pensionsrückstellungen. Ihre Dotierung führt zu vorläufigen Steuerersparnissen, aus deren Verzinsung ein beträchtlicher Teil der künftigen Pensionen bezahlt werden kann.

In dieser Arbeit sollen auch Verbindlichkeiten aus der Miete von Anlagen (*Leasing*) zum Fremdkapital gezählt werden, falls es sich um Finanzierungsleasing handelt. Beim *Finanzierungsleasing* – im Gegensatz zum Operate Leasing – umfassen die Mietraten während einer unkündbaren Mietvertragsdauer den Anschaffungspreis des Projektes plus Zinsen. Das Investitionsrisiko trägt somit zur Gänze der Mieter. Das gilt nicht nur für Vollamortisationsverträge, sondern auch für die sogenannten Teilamortisationsverträge, bei denen zwar in den Mietraten nur ein Teil des Anschaffungspreises refundiert wird, wo aber nach Beendigung der Mietdauer noch mit einem beträchtlichen Restwert gerechnet werden kann (Gebäude, PKWs). Der Kapitalkostensatz für Leasingengagements ist zumeist höher als derjenige langfristiger Kredite. Er darf auch höher sein, da das Leasing gewerbesteuerliche Vorteile bietet: Im Gegensatz zu langfristigen Krediten begründet Leasing keine gewerbesteuerliche Hinzurechnungspflicht.

Beispiel 48. Ein Leasing-Vertrag enthält folgende Bedingungen: Ein Investitionsprojekt, dessen Barpreis 100000 beträgt, wird zunächst für drei Jahre gegen jährliche nachschüssige Beträge von 40000 gemietet. Nach diesem Zeitraum kann man den Mietvertrag gegen eine jährliche Miete von 10000 für zwei weitere Jahre verlängern. Ein gekauftes Objekt könnte man nach fünf Jahren um 10000 veräußern. Falls sich die Miete über fünf Jahre erstreckt, so treten bei Miete die Zahlungen zu $t = 1, \ldots, 5$ von 40000, 40000, 40000, 10000, 10000 anstelle der Anschaffungsausgaben von 100000 zu $t = 0$ und der Einnahme aus der Liquidation von 10000 zu $t = 5$ bei Kauf. Wenn beide Alternativen äquivalent sein sollen, muß gelten:

$$-100000 + 10000(1+k)^{-5} = -40000[(1-\mathrm{k})^{-1} + (1+k)^{-2} + (1+k)^{-3}] - 10000[(1+k)^{-4} + (1+k)^{-5}]$$

$$k = 0{,}134$$

Hinsichtlich des Vergleichs von Leasing mit anderen Kreditformen gibt es inzwischen eine sehr ins Detail gehende, umfangreiche Literatur (vgl. Gebhard [Leasing], Mellwig [Investition], Swoboda [Finanzierung]).

Mischformen der Eigen- und Fremdfinanzierung sind die *Wandelschuldverschreibungen* und Optionsanleihen. Erstere sind Anleihen, die dem Gläubiger das Recht gewähren, innerhalb bestimmter Fristen, bei bestimmten Zuzahlungen und in einem bestimmten Verhältnis Anleihestücke in Aktien umzutauschen. Wandelschuldverschreibungen bieten zumeist geringere Zinsen als andere Anleihen. Sie gewähren aber die Chance, zum Zeitpunkt des möglichen Umtausches einen Kursgewinn zu erzielen. Dies ist dann der Fall, wenn der Wert des Teils einer Aktie, den man für eine Wandelanleihe erhält, höher ist als der Rückzahlungswert der Wandelanleihe plus der Zuzahlung. In diesem Fall wird man zuzahlen und umtauschen, um dann gegebenenfalls die Aktie zu verkaufen. Der Kapitalkostensatz einer Wandelanleihe, d.h. die von den Gläubigern einer Wandelanleihe erwartete Rendite, wird wegen des erhöhten Risikos höher sein als der Kapitalkostensatz für Anleihen. Da bei ungünstiger Kursentwicklung der Aktie die Wandelanleihen nicht umgetauscht werden müssen, sondern Rückzahlung gefordert werden kann und da feste Zinsen gewährt werden, sind Wandelanleihen aber weniger riskant als Aktien. Deshalb wird ihr Kapitalkostensatz zwischen dem einer Anleihe und dem von Eigenmitteln liegen. Auch auf Wandelanleihen haben Aktionäre ein Bezugsrecht.

Beispiel 49. Zu $t = 0$ wird eine Wandelschuldverschreibung zum Kurs von 100 emittiert. Das Bezugsrecht für die Anteilseigner wird mit 6 gehandelt, d.h. der Käufer einer Wandelschuldverschreibung hat 106 zu bezahlen. An jährlichen Zinsen werden 5% von 100 bezahlt. Zu $t = 5$ hat der Obligationär zwischen Rückzahlung zum Kurs von 102 oder Umtausch gegen Aktien im Verhältnis 2 : 1 (2 Wandelanleihen gegen 1 Aktie) zu wählen. Im letzteren Fall muß eine Zuzahlung von 50 je Aktie geleistet werden. Man rechnet, daß der Kurs einer Aktie zu $t = 5$ 250, 300 oder 350 mit einer Wahrscheinlichkeit von je 0,333 betragen wird. Wie groß ist k, die von den Inhabern der Wandelanleihe erwartete Rendite?

Falls der Kurs zu $t = 5$ 250 ist, so wird der Inhaber der Wandelschuldverschreibung die Rückzahlung wählen und somit eine Zahlung von 102 erhalten. Falls der Kurs zu $t = 5$ 300 (350) ist, wird Umtausch gewählt. In diesem Fall erhält der Inhaber der Wandelanleihe einen Wert von [300 − 50 (Zuzahlung)]/2 = 125 bzw. (350 − 50)/2 = 150. Die erwartete Einnahme zu $t = 5$ ist daher:

$$0{,}333 \cdot 102 + 0{,}333 \cdot 125 + 0{,}333 \cdot 150 = 125{,}67$$

k ergibt sich daher aus folgender Relation:

$$\begin{aligned} 0 = &- 106 + 5(1+k)^{-1} + 5(1+k)^{-2} + 5(1+k)^{-3} + 5(1+k)^{-4} \\ &+ 5(1+k)^{-5} + 125{,}67(1+k)^{-5} \\ k = &\ 0{,}079 \end{aligned}$$

Oft wird als Vorteil der Wandelobligationen hervorgehoben, daß sie eine Aktienausgabe zu hohen Bezugskursen ermöglichen. Dieses Argument kann aber nur dann von Bedeutung sein, wenn Bezugskurse überhaupt relevant sind (siehe Abschnitt III.B.2).

Optionsanleihen sind Anleihen, die sowohl das Recht auf Rückzahlung als auch das Recht auf Bezug eines Teils einer Aktie zu einem bestimmten Zeitpunkt und zu einem bestimmten Kurs gewähren. Das Bezugsrecht auf einen Teil einer Aktie (die Option) kann dabei von der Optionsanleihe abgetrennt und gesondert gehandelt werden. Da eine Option auf den Bezug von Aktien nur ausgenutzt wird, falls der Aktienkurs höher als der Bezugskurs ist, ist der Optionswert stets größer / gleich Null.

Gerade in den letzten Jahren wurden eine Reihe von neuen Finanzierungsinstrumenten – sogenannte *Finanzinnovationen* – entwickelt, die vor allem für sehr große Unternehmungen von Interesse sind. Die meisten dieser Finanzinnovationen verdanken ihre Entstehung einer sehr weitgehenden Aufspaltung von bestehenden Finanzkontrakten in einzelne Elemente, über die dann gesondert bzw. in neuen Kombinationen kontrahiert werden kann. Der Abschnitt über Fremdfinanzierung soll mit einer kurzen Beschreibung einiger weniger Finanzinnovationen abgeschlossen werden.

Stripped Bonds entstehen aus der Zerlegung z. B. einer Anleihe, die in 10 Jahren fällig ist, in elf unterschiedliche Titel: 10 Null-Kupon-Anleihen, die ausschließlich die Zinsen eines Jahres verbriefen, und eine Null-Kupon-Anleihe für die Tilgung. Beispiele für Stripped Bonds sind die sogenannten CATS (es handelt sich um Stripped Treasury Securities).

Mortgage Based Securites entstehen aus dem Strippen von Hypothekenforderungen und der Bildung von neuen Kombinationen – z. B. eine Tranche, die vornehmlich die Tilgungszahlungen, und eine Tranche, die vornehmlich die Zinszahlungen verbrieft.

Unter einem *Swap* versteht man den Tausch von zwei Devisen- oder Finanzansprüchen. Z. B. könnte A einen Kredit mit variabler Zinsverpflichtung (der Zinssatz wird jährlich entsprechend der Bewegung der LIBOR – London Interbank Offered Rate – angepaßt) und B einen Kredit mit fixer Zinsverpflichtung aufgenommen haben. Es könnte in beiderseitigem Interesse liegen, diese Zinsverpflichtungen gegeneinander zu tauschen.

Bei einer *Fazilität* (Commited Back Up Line) garantiert ein Kreditinstitut einem Kunden, der einen langfristigen Kredit will, aber z. B. aus Kostengründen zunächst nur einen kurzfristigen Kredit aufnimmt, für einen bestimmten Zeitraum die jeweilige Erneuerung der kurzfristigen Kredite. Beispiele solcher Fazilitäten sind RUF

(Revolving Underwriting Facilities) und NIF (Note Issuance Facilities).

Financial Futures bieten – ähnlich wie die schon länger bestehenden Termingeschäfte – die Möglichkeit, sich gegen eine künftige Änderung von Zinssätzen und Devisenkursen abzusichern.

4. Übungsaufgaben

1. Die *forward rates* für die nächsten 5 Perioden betragen: 0,06; 0,07; 0,08; 0,08; 0,09.
Ermitteln Sie
a) die *spot rates*
b) die *Effektivrendite* einer fünfjährigen Anlage bei
aa) Tilgung in fünf gleichen Jahresraten
bb) Tilgung zur Gänze zu $t = 5$
(Es gelte die reine expectations theory.)

Lösung: a) 0,06; 0,065; 0,07; 0,0725; 0,076
b) aa) 0,0705; bb) 0,076

2. Ermitteln Sie
a) die *exakte Effektivrendite*
b) die *approximative Effektivrendite*
folgender *Anleihe* (in Anlehnung an Hielscher, Laubscher [Finanzierungskosten 23ff.]:
Emissionsvolumen: 200000000
Nominalzinssatz: 9% p.a.; Kupons jährlich im Nachhinein. 2,75% Ausgabedisagio. 1,5% Rückzahlungsagio
Laufzeit: 15 Jahre
Tilgungsmodus: in 10 gleichen Raten von $t = 6$ bis $t = 15$

Die Anleihe wird durch ein Emissionskonsortium fix übernommen und die Unterbringung garantiert. Das Konsortium übernimmt alle Dienstleistungen, die mit der Ausgabe, den Zinszahlungen, Tilgungen etc. verbunden sind. Die daraus resultierenden Kosten sind der folgenden Aufstellung zu entnehmen (die Angaben erfolgen, wenn nichts anderes vermerkt ist, in % des Nennwertes bzw. in Geldbeträgen).

Einmalige Kosten zu $t = 0$
Vorbereitungskosten: 40000
Übernahmeprovision: 2,6%
Veröffentlichung der Verkaufsangebote (2 Zeitungen): 30000
Druck der Anleihestücke: 100000
Kosten der hypothekarischen Sicherstellung (Eintragungsgebühren etc.): 0,3% vom Emissionsvolumen plus 20%
Börseneinführungsprovision: 0,6%

Veröffentlichung: 200000 (in dieser Summe sind inkludiert: Zulassungsantrag, Zulassungsbeschluß, Zulassungsprospekt und Veröffentlichung desselben in Zeitungen)
Druck des Zulassungsprospektes und Versand: 100000

Laufende Kosten
Treuhandgebühr: 0,1% p.a. (von dem noch nicht rückgezahlten Anleihevolumen im vorhinein)
Kuponeinlösungsgebühr: 0,25% (von den Zinszahlungen)
Kosten der Auslosung pro Termin: 25000
Veröffentlichung des Auslosungsergebnisses: 20000 pro Termin
Einlösungsprovision: 0,175% vom Nennbetrag der ausgelosten Stücke
Einmalige Kosten zu $t = 15$:
Löschungsgebühr Hypothek 0,075% vom Emissionsvolumen plus 20%

Lösungshinweise
a) exakte Effektivrendite
Zahlungen zu $t = 0$: $-200000000 + 7590000$ (sämtliche einmalige Kosten zu $t = 0$) $+ 5500000$ (Disagio) $+ 200000$ (Treuhandgebühr 1. Jahr) $=$ -186710000
Zahlungen zu $t = 1$: 18000000 (Zinsen) $+$ 245000 (laufende Kosten)

Lösung: a) $k = 0{,}103$
b) approximative Effektivrendite $= 0{,}11$

3. Es ist
a) die exakte Effektivrendite
b) die approximative Effektivrendite folgenden *Schuldscheindarlehens* zu ermitteln.
Volumen: 200000000
Verzinsung: 9,5% p.a.; Zinszahlungen jährlich nachschüssig
Anschaffungsdisagio: 2% der Kreditsumme
Laufzeit: 15 Jahre, davon 5 Jahre tilgungsfrei
Rückzahlung: in 10 gleichen Raten
Fremdleistungskosten: 0,5% Vermittlungsgebühr von der Kreditsumme (zu $t = 0$)
Kosten der Besicherung: wie bei Anleihe in Übungsaufgabe 2; zusätzlich 0,1% Gebühr für die treuhändige Verwaltung der Sicherheiten, jährlich von der ausstehenden Kreditsumme im vorhinein zu entrichten.
Lösung: a) $k = 0{,}101$
b) $k = 0{,}103$

4. Eine Anleihe wird am 1. 1. 1981 zum Kurs von 83 ausgegeben. Die Rückzahlung erfolgt in drei gleichen Jahresraten zum Kurs von 100, beginnend am 31. 12. 1986. Die jeweils rückzuzahlenden Anleihestücke werden ausgelost. Der Zinssatz ist 0,065 (vom Nominale). Von sonstigen Kosten ist abzusehen.

a) Es ist die erwartete Effektivrendite k zu errechnen. Dabei ist davon auszugehen, daß der Kredit (mit Ausnahme der Unsicherheit über den Tilgungszeitpunkt) risikolos ist.

b) Es ist k zu errechnen, unter der Annahme, daß der Schuldner mit $W = 0{,}05$ während des Jahres 1987 in Konkurs gehen wird (Konkursquote $= 0$).

Lösungshinweise: zu a) und b): Es gibt im Fall a) drei mögliche Zahlungsströme, im Fall b) vier mögliche Zahlungsströme, für die die jeweiligen Renditen zu errechnen und mit den ihnen zukommenden Wahrscheinlichkeiten zu gewichten sind.

Lösung: a) $k = 0{,}10$
b) $k = 0{,}097$

5. Es steht zur Wahl, einen bestimmten Betrag durch kurzfristigen Bankkredit oder durch Lieferantenkredite zu beschaffen. Der kurzfristige Bankkredit verursacht Zinskosten einschließlich aller Gebühren von 0,08. Die in Frage kommenden Lieferanten gewähren einen Skonto von 0,02 bei Bezahlung innerhalb von 8 Tagen und verlangen volle Zahlung nach 30 Tagen nach Lieferung.

Welchen Aufschub der Zahlungen müssen die Lieferanten (stillschweigend) hinnehmen, damit der Lieferantenkredit ebenso günstig ist wie der Bankkredit?

Lösungshinweis: Es ist zu bedenken, daß die Lieferanten jedenfalls eine kostenlose Kreditfrist von 8 Tagen gewähren.

Lösung: Die Lieferanten müßten eine Zahlung 3 Monate und 8 Tage nach Lieferung akzeptieren.

6. Ein Kreditinstitut bietet folgende Varianten für die vertragliche Gestaltung eines Kontokorrentkredits an (Beispiel in Anlehnung an Hielscher, Laubscher [Finanzierungskosten 80ff.]):

a) Nettozinssatz 10%

b) Zinssatz 7%, Kreditbereitstellungsprovision 2,5% vom Kreditlimit von 100000

c) Zinssatz 7%, Kreditprovision je 1% vom halbjährlichen Spitzenbedarf

d) Zinssatz 8%, Kreditprovision 2% vom nicht in Anspruch genommenen Teil des Kreditlimits

Die Kontenstände sind:

1. 1. –31. 3.	60000
1. 4. –30. 6.	90000
1. 7. –30. 9.	70000
1. 10.–31. 10.	50000
1. 11.–31. 12.	80000

Zinsen und Kreditprovision werden zum 31. 12. belastet. Errechnen Sie die günstigste Variante!

Lösung:
a) *Zinsen* 6417
b) *Zinsen* + Provision = 4492 + 2500 = 6992
c) Zinsen + Provision = 4492 + 1700 = 6192
d) Zinsen + Provision = 5133 + 717 = *5850*

7. Die Wirtschaft befindet sich im Stadium der Hochkonjunktur. Die Zinsen für kurzfristige Kredite sind mit 0,11 höher als diejenigen für langfristige Kredite von 0,085.

Soll eine Unternehmung einen Bedarf an langfristigen Krediten vorerst durch kurzfristige Kredite, die später durch langfristige Kredite ersetzt werden, oder sofort durch langfristige Kredite (Kreditfrist 15 Jahre) decken?

Lösungshinweis: Beachten Sie mögliche Verläufe der forward rates.

8. Die Wandelanleihe der Unternehmung 1 notiert 150 pro Einheit. Sie kann in 2 Jahren ohne Zuzahlung im Verhältnis 1 Aktie für 2 Wandelanleihen gegen Aktien umgetauscht werden, oder es kann Rückzahlung zum Nominale von 100 verlangt werden. Eine Aktie wird mit 290 notiert. Die Wandelanleihe wird mit 0,055 vom Nominale von 100 verzinst. Die Dividende je Aktie ist 11. Anleihen mit gleichem Nominale, gleicher Fristigkeit und gleicher Verzinsung notieren mit 97.

Warum ist der Kurs der Wandelanleihe sowohl höher als der Kurs vergleichbarer Anleihen als auch höher als der Kurs einer halben Aktie (= Umwandlungswert)?

Lösung: Gegenüber der Aktie weist die Wandelanleihe durch das Wahlrecht Umtausch oder Rückzahlung ein geringeres Risiko auf. Gegenüber der Anleihe bietet die Wandelanleihe den Vorteil des Wahlrechts.

9. Der Kapitalbedarf für Rohstoffe, Halbfertigfabrikate, Fertigfabrikate, Forderungen schwankte 1989 zufällig von Tag zu Tag und betrug

an 45 Tagen 100000,
an 60 Tagen 110000,
an 60 Tagen 120000,
an 50 Tagen 130000,
an 40 Tagen 140000,
an 40 Tagen 150000,
an 40 Tagen 160000 und
an 30 Tagen 170000.

Für 1990 wird mit einer gleichen Verteilung gerechnet.

1) Es kann ein Kontokorrentkredit mit einem Kreditrahmen bis zu 170000 aufgenommen werden. An Spesen würden auflaufen: Kreditprovision 3% p. a. vom gewählten Kreditrahmen, Zinsen 5% p. a. vom jeweilig ausstehenden Betrag. (Buchungsspesen und Umsatzprovision werden nicht be-

rücksichtigt, weil sie bei allen Finanzierungsalternativen im gleichen Ausmaß anfallen.)
2) Es kann ein Bankdarlehen bis zu 170 000 aufgenommen werden. An Zinsen würden 6% verrechnet werden. Jeweils nicht benötigte Beträge werden einem Habenkontokorrentkonto gutgeschrieben (Zinsertrag 1% p. a.). Alle Zinssätze enthalten eventuelle steuerliche Belastungen.
Es ist die optimale Kombination der Finanzierungsmaßnahmen zu ermitteln.

Lösung:

	Kreditkosten bei Finanzierung durch	
	Kontokorrentkredit	Darlehen
für die ersten 100 000	8000	6000
für weitere 10 000 (sie werden an 365 − 45 = 320 Tagen benötigt)	$300 + \frac{320}{365} \cdot 500 = 738$	$600 - \frac{45}{365} \cdot 100 = 588$

(Die Zinskosten beim Kontokorrentkredit ergeben sich aus der Kreditprovision plus den Zinsen für 320 Tage. Die Zinskosten beim Darlehen ergeben sich aus den Zinskosten für 365 Tage minus der Zinsgutschrift von 1% für 45 Tage.)

für weitere 10 000 (sie werden an 365 − 105 = 260 Tagen benötigt)	$300 + \frac{260}{365} \cdot 500 = 656$	$600 - \frac{105}{365} \cdot 100 = 571$
für weitere 10 000 (sie werden an 365 − 165 = 200 Tagen benötigt)	$300 + \frac{200}{365} \cdot 500 = 574$	$600 - \frac{165}{365} \cdot 100 = 555$
für weitere 10 000 (sie werden an 365 − 215 = 150 Tagen benötigt)	$300 + \frac{150}{365} \cdot 500 = 506$	$600 - \frac{215}{365} \cdot 100 = 541$

für weitere 10000 (sie werden an 365 – 255 = 110 Tagen benötigt)	$300 + \frac{110}{365} \cdot 500$ $= \underline{451}$	$600 - \frac{255}{365} \cdot 100$ $= 530$
für weitere 10000 (sie werden jeweils an 365 – 295 = 70 Tagen benötigt)	$300 + \frac{70}{365} \cdot 500$ $= \underline{396}$	$600 - \frac{295}{365} \cdot 100$ $= 519$
für weitere 10000 (sie werden an 365 – 335 = 30 Tagen benötigt)	$300 + \frac{30}{365} \cdot 500$ $= \underline{341}$	$600 - \frac{335}{365} \cdot 100$ $= 508$

Es zeigt sich somit, daß ein Darlehen von 130000 aufgenommen und ein Kontokorrentkredit von 40000 vereinbart werden soll. (Zusätzlich könnte noch untersucht werden, ob ein niedrigerer Kontokorrentkredit mit Überziehungsmöglichkeit noch günstiger wäre.) Die Kosten bei dieser Politik sind $6000 + 588 + 571 + 555 + 506 + 451 + 396 + 341 = 9408$.

5. Weiterführende Literatur

Brealey, Myers [Corporate Finance 557–625]. – Büschgen [Finanzwirtschaft]. – Christians [Handbuch]. – Demuth [Finanzinnovationen]. – Drukarczyk [Finanzierung 282–443]. – Drukarczyk [Finanzierungstheorie 463–617]. – Gebhard [Leasing]. – Gutenberg [Finanzen 160–183]. – Haberstock [Leasing]. – Hagenmüller, Sommer [Factoring]. – Hahn [Finanzwirtschaft 218–258, 278–292]. – Hielscher, Laubscher [Finanzierungskosten]. – Jahrmann [Finanzierung 42–232]. – Krahnen [Sunk Costs 145–204]. – Kruschwitz, Decker [Effektivrenditen]. – Matschke [Finanzierung 175–352]. – Mellwig [Investition 211–286]. – Miller, Upton [Leasing]. – Perridon, Steiner [Finanzwirtschaft 342–416]. – Smith, Warner [Financial Contracting]. – Swoboda [Finanzierung 19–41, 119–262]. – Süchting [Finanzmanagement 150–273]. – Van Horne [Rates]. – Vormbaum [Finanzierung 277–423]. – Weston, Copeland [Managerial Finance 955–1075]. – Wöhe, Bilstein [Unternehmensfinanzierung 127–273].

Ausblick

Abschließend wird der Gang der Untersuchung nochmals grob skizziert, um in systematischer Form einige wichtige nicht behandelte Fragen aufzuzeigen. Als Zielsetzung lag der Arbeit die Maximierung des Kapitalwertes der Unternehmung für die Anteilseigner zugrunde. Es wurde angenommen, die Anteilseigner berücksichtigen das Investitions- und Kapitalstrukturrisiko dadurch, daß sie die erwarteten Zahlungen mit einem Zinssatz diskontieren, der aus einem Zinssatz für risikolose Anlagen und einer Risikoprämie zusammengesetzt ist. Aber auch andere Formen der Risikoberücksichtigung wurden diskutiert. Als Erweiterung bietet sich einmal die Analyse von Investitions- und Finanzierungsentscheidungen bei anderen *Zielsetzungen* von Anteilseignern, Arbeitnehmern und Unternehmungsleitern an. Dabei sind auch *Zielkonflikte* innerhalb der Gruppen der Anteilseigner, Arbeitnehmer und Unternehmungsleitung und zwischen den Gruppen einzubeziehen. Einige Detailanalysen, so die Optimierung der Nutzungsdauer, werden auch in Untersuchungen übernommen werden können, die von anderen Zielsetzungen ausgehen. Bei anderen Fragen, z. B. bei der Festlegung der Dividendenpolitik, können andere Annahmen über die Zielsetzung zu stark abweichenden Ergebnissen führen.

Die *Interdependenzen* zwischen Investitionsprojekten, zwischen Finanzierungsmaßnahmen und zwischen Investitions- und Finanzierungsentscheidungen wurden hervorgehoben, wenn sie auch im Abschnitt II aus didaktischen Gründen weitgehend ausgeschlossen wurden. Diese Interdependenzen können wohl so berücksichtigt werden, daß jede mögliche, sich bis zum Planungshorizont erstrekkende Kombination von Investitions- und Finanzierungsmaßnahmen durchgerechnet wird, um den der Zielsetzung am besten entsprechenden Investitions- und Finanzierungsplan festzulegen. Dieser Weg ist sicherlich sehr aufwendig. Deshalb wurde ausführlich behandelt, unter welchen Voraussetzungen einzelne Aggregate isoliert bewertet werden können, also eine zeitliche und projektmäßige Isolierung möglich ist. Dabei wurde gezeigt, daß der Kapitalwert und die aus ihm abgeleitete Gewinnannuität auch für die Beurteilung isolierter Investitionsprojekte die adäquaten Kriterien sind.

Nun existieren seit einiger Zeit einige Ansätze zu einer *simulta-*

nen, mehrperiodigen Optimierung von Produktions-, Investitions-, Finanzierungs- und sonstigen betrieblichen Entscheidungen. Die Produktions-, Investitions-, Finanzierungs- und sonstigen Alternativen werden in einem Modell abgebildet, das durch Anwendung der linearen oder dynamischen Programmierung gelöst wird (vgl. Swoboda [Simultane]; Krahnen [Integrierte]). In der Praxis haben simultane Investitionsrechnungen allerdings bisher kaum Anwendung gefunden. In einem solchen Modell können zahlreiche der angesprochenen Interdependenzen ebenso wie Beschränkungen z. B. in Form finanzieller Engpässe berücksichtigt werden. Kaum berücksichtigt wurden in solchen Modellen bislang die Interdependenzen zwischen einzelnen Finanzierungsmitteln, insbesondere eigenen und fremden Mitteln, und die Zusammenhänge zwischen der Kapitalstruktur und dem Investitionsprogramm. Diese Fragen wurden dagegen im Abschnitt III dieser Arbeit grundlegend analysiert. Dies darf jedoch nicht darüber hinwegtäuschen, daß es noch keine befriedigenden Möglichkeiten gibt, das Investitions- und Kapitalstrukturrisiko ausreichend zu messen, um Kapitalkostensätze für praktische Fälle exakt ableiten zu können.

Bei der Behandlung der optimalen Nutzungsdauer wurde auf den Einfluß des technischen Fortschritts unter allerdings sehr einfachen Prämissen eingegangen. Dieses Kapitel und dasjenige über den optimalen Investitionstermin waren die einzigen Abschnitte der Arbeit, in denen Einflüsse der zukünftigen Entwicklung auf Investitions- und Finanzierungsentscheidungen der Gegenwart näher analysiert wurden. *Dynamische Aspekte* der Investitions- und Finanzierungsentscheidungen kamen nicht nur in dieser Arbeit zu kurz, sie sind überhaupt wenig entwickelt. Dies gilt erstens für die Ableitung optimaler Wachstumsraten und der optimalen Finanzierungspolitik bei unterschiedlichen *Wachstumsraten.* So können einerseits Unternehmungen mit hohen Wachstumsraten deshalb ein höheres Investitionsrisiko aufweisen, weil sie, um ein rasches Wachstum zu gewährleisten, auch riskantere Investitionsprojekte durchführen. Andererseits können sie ihr Investitionsrisiko dadurch verringern, daß sie ihre Wachstumsraten durch Investitionen in vielen unterschiedlichen Wirtschaftsbereichen, deren Risiken sich zum Teil kompensieren, erzielen (conglomerates). Bei rasch wachsenden Unternehmungen kommt der Planung der Termine und des Ausmaßes von Aktien- und Anleiheemissionen große Bedeutung zu. Da die Emission von Aktien und Anleihen hohe fixe Transaktionskosten erfordert, wird man dazu tendieren, Kapitalerhöhungen und Anleiheemissionen in größeren Abständen vorzunehmen. Zudem wird man trachten, günstige Kapitalmarktsituationen (hohe Kurse) abzuwarten. Wegen der seltenen Termine und des deshalb großen Volumens für Kapitalerhöhungen wird die tatsächliche Kapitalstruktur stark um die angestrebte Kapitalstruktur schwanken. Dennoch wird man die Kapitalkostensätze für die Bewertung von Investitionsprojekten unter Zugrundelegung nicht der zufälligen Kapitalstruktur zum Entscheidungszeitpunkt, sondern auf Basis der angestrebten durchschnittlichen Kapitalstruktur ermitteln.

Literaturverzeichnis

Adam, Dietrich: Die Bedeutung der Restwerte von Investitionsobjekten für die Investitionsplanung in Teilperioden, in: *ZfB 1968*, S. 391–408.

Adelberger, Otto L., Günther, Horst H.: [Fallstudien] *Fall- und Projektstudien zur Investitionsrechnung*, München 1982.

Albach, Horst: [Wirtschaftlichkeitsrechnung] *Wirtschaftlichkeitsrechnung bei unsicheren Erwartungen*, Köln und Opladen 1959.

Albach, Horst: Zur Finanzierung von Kapitalgesellschaften durch ihre Gesellschafter, in: *Zeitschrift für die gesamte Staatswissenschaft 1962*, S. 653–687.

Albach, Horst (Hrsg.): *Investitionstheorie*, Köln 1975.

Albach, Horst: Zur Versorgung der deutschen Wirtschaft mit Risikokapital, *Institut für Mittelstandsforschung*, Bonn 1983.

Albach, Horst: Investitionspolitik erfolgreicher Unternehmen, in: *ZfB* 1987, S. 636–661.

Albach, Horst: Hunsdiek, Detlef, Kokalj, Ljuba: *Finanzierung mit Risikokapital*, Stuttgart 1986.

Alchian, Armen A., Demsetz, Harold: [Information Costs] Production, Information Costs and Economic Organisation, in: *The American Economic Review* 1972, S. 777–795.

Altrogge, Günther: [Investition] *Investition*, 2. A., München–Wien 1991.

Ang, James S., Lewellen, Wilbur G.: Risk Adjustment in Capital Investment Project Evaluations, in: *Financial Management* 1982, Nr. 2, S. 5–14.

Arrow, Kenneth J.: [Agency] The Economics of Agency. Principals and Agents, in: John W. Pratt, Richard J. Zeckhauser (Hrsg.): *The Structure of Business,* Boston 1985, S. 37–51.

Barnea, Amir, Haugen, Robert A., Senbet, Lemma W.: [Agency Problems] *Agency Problems and Financial Contracting*, Englewood Cliffs 1985.

Bäuml, Johann, Lukas, Bernd: *EDV-gestützte Entscheidungstechniken zur Beurteilung von Investitionsalternativen*, Zürich 1986.

Beranek, William: [Capital Budgeting] Some New Capital Budgeting Theorems, in: *Journal of Financial and Quantitative Analysis* 1978, S. 809–823.

Bernhard, Richard H.: Some New Capital Budgeting Theorems: Comments, in: *Journal of Financial and Quantitative Analysis* 1978, S. 825–829.

Betge, Peter: [Investitionsplanung] *Investitionsplanung*, Wiesbaden 1991.

Bierich, Marcus, Schmidt, Reinhard, (Hrsg.): *Finanzierung deutscher Unternehmen heute*. Stuttgart 1984.

Biermann, Harold, Jr., Smidt, Seymour: *Financial Management for Decision Making*, New York – London 1986.

Bitz, Michael: Investitionsentscheidung bei alternativen Kapitalkostenverläufen, in: *ZfB* 1979, S. 965–981.

Bitz, Michael: Verschuldungsgrad, Kapitalkosten und Risiko, in: *ZfbF* 1980, S. 611–630.

Bitz, Michael: [Investition] Investition, in: *Vahlens Kompendium der Betriebswirtschaftslehre*, Band 1, München 1984, S. 423–481.

Blohm, Hans, Lüder, Klaus: [Investition] *Investition,* 8. Aufl., München 1995.

Bohr, Kurt: [Investitionsrechnung] Zum Verhältnis von klassischer investitions- und entscheidungsorientierter Kostenrechnung, in: *ZfB* 1988, S. 1171–1180.

Börner, Dietrich: Die Bedeutung von Finanzierungsregeln für die betriebswirtschaftliche Kapitaltheorie, in: *ZfB* 1967, S. 341–353.

Boulding, Kenneth E.: [Economic Analysis] *Economic Analysis*, I. Band, 4. Aufl., New York 1966.

Brealey, Richard: *An Introduction to Risk and Return from Common Stocks,* Cambridge 1983.

Brealey, Richard, Myers, Stewart: [Corporate Finance] *Principles of Corporate Finance*, 4. Aufl., New York etc. 1991.

Brüggerhoff, Jürgen: *Management von Desinvestitionen*, Wiesbaden 1992.

Buchner, Robert: [Endwertmaximierung] Die Problematik kapitalwertorientierter Investitionsentscheidungen in kapitaltheoretischen dynamischen Planungsmodellen. Ein Beitrag zur Frage der Endwertmaximierung, in: *ZfB* 1970, S. 283–312.

Buchner, Robert: [Kapitalwert] Kapitalwert, interner Zinsfuß und Annuität als investitionsrechnerische Auswahlkriterien, in: *Wirtschaftswissenschaftliches Studium* 1978, S. 505–509.

Buchner, Robert: [Interner Zinsfuß] Zur Fragwürdigkeit der Argumentation für die Prävalenz des internen Zinsfußes als investitionsrechnerisches Auswahlkriterium, in: *Die Betriebswirtschaft* 1979, S. 623–635.

Buchner, Robert: *Grundzüge der Finanzanalyse*, München 1981.

Buchner, Robert, Weinreich, Jürgen: Die Bedeutung der Reinvestitionsprämisse für die Diskussion um die Zielkonformität des internen Zinsfußes, in: *BFuP* 1975, S. 533–550.

Buchner, Robert, Weinreich, Jürgen: [Interner Zinsfuß] Zur Frage des rechentechnischen Problems der Mehrdeutigkeit des internen Zinsfußes, in: *ZfbF* 1979, S. 128–136.

Büchter, Dieter: *Investitionsentscheidungen unter dem Einfluß ausgewählter Methoden der Erfolgsbemessung*, Köln 1990.

Buhl, Hans Ulrich, Satzger, Gerhard, Wirth, Andrea: Investitionsentscheidungen bei physisch verschleißfreien Investitionsgütern, in: *ZfB* 1993, S. 471–485.

Busse v. Colbe, Walther, Laßmann, Gert: *Betriebswirtschaftstheorie*, Band 3, Investitionstheorie, 3. Aufl., Berlin etc. 1990.

Christians, Friedrich W. (Hrsg.): [Handbuch] *Finanzierungs-Handbuch*, Wiesbaden 1980.

Copeland, Thomas E., Weston, J. Fred: [Financial Theory] *Financial Theory and Corporate Policy*, 3. Aufl., Reading etc. 1988.

Däumler, Klaus-Dieter: *Investitions- und Wirtschaftlichkeitsrechnung*, Herne/Berlin 1976.

Davis, Edward W., Pointon, John: [Finance] Finance and the Firm, in: *Oxford University Press*, Oxford 1984.

Dean, Joel: [Capital Budgeting] *Capital Budgeting*, New York – London 1951.

De Angelo, Harry, Masulis, Ronald W.: Leverage and Dividend Irrelevancy under Corporate and Personal Taxation, in: *The Journal of Finance* 1984, S. 453–464.

Demuth, Michael: [Finanzinnovationen] *Fremdkapitalbeschaffung durch Finanzinnovationen*, Wiesbaden 1988.

Dinkelbach, Werner: [Interner Zinssatz] Zum internen Zinssatz bei Risiko, in: *ZfB* 1987, S. 384–393.

Dirrigl, Hans, Müller, Rolf: Eigenfinanzierung und Eigenkapitalkosten bei begünstigter Besteuerung von Veräußerungsgewinnen, in: *ZfbF* 1990, S. 396–417.

Dirrigl, Hans, Schaum, Wolfgang: Ausschüttungsplanung nach der Steuerreform 1990, in: *ZfB* 1989, S. 291–309.

Donaldson, Gordon: *Corporate Debt Capacity*, Boston 1961.

Drexl, Andreas: [Nutzungsdauer] Nutzungsdauerentscheidungen bei Sicherheit und Risiko, in: *ZfbF* 1990, S. 50–66.

Drukarczyk, Jochen: [Konsumpräferenz] *Investitionstheorie und Konsumpräferenz*, Berlin 1970.

Drukarcyzk, Jochen: [Finanzierungstheorie] *Finanzierungstheorie*, 2. Aufl., München 1993.

Drukarczyk, Jochen: [Finanzierung] *Finanzierung*, 6. Aufl., Stuttgart 1993.

Drukarczyk, Jochen: [Insolvenz] *Unternehmen und Insolvenz*, Wiesbaden 1987.

Egger, Anton: Zur Feststellung und Problematik des Verschuldungsgrades, in: *Journal für Betriebswirtschaft* 1977, S. 138–153.

Eilenberger, Guido: *Betriebliche Finanzwirtschaft*, 2. Aufl., München, Wien 1987.

Elton, Edwin J., Gruber, Martin J.: [Equal Life] On the Optimality of an Equal Life Policy for Equipment Subject to Technological Improvement, in: *Operational Research Quarterly* 1976, S. 93–99.

Engels, Wolfram: [Reichtum] *Rentabilität, Risiko und Reichtum*, Tübingen 1969.

Ezzell, John R., Kelly, William A., Jr.: [Inflation] An APV Analysis of Capital Budgeting under Inflation, in: *Financial Management* 1984, Nr. 3, S. 49–54.

Fama, Eugene F., Miller, Merton H.: [Finance] *The Theory of Finance*, New York etc. 1972.

Findlay, M. Chapman, Williams, Edward E.: [Unequal Lives] The Problem of „Unequal Lives" Reconsidered, in: *Journal of Business Finance & Accounting* 1981, S. 161–164.

Fischer, Otfried: *Finanzwirtschaft der Unternehmung* I, Tübingen 1977.
Fischer, Otfried: *Finanzwirtschaft der Unternehmung* II, Düsseldorf 1982.
Franke, Günter: [Parametervergleich] Mittelbarer Parametervergleich als Entscheidungskalkül-Illusionen durch konventionsbedingte Rangordnungen, in: *ZfbF* 1978, S. 431–452.
Franke, Günter: [Information] Information, Property Rights, and the Theory of Corporate Finance, in: Derkinderen, F. J., Crum, R. L. (Hrsg.): *Readings in Strategy for Corporate Investment*, Boston 1981, S. 63–83.
Franke, Günter: [Risiko] Betriebliche Investitionstheorie bei Risiko, in: *OR Spektrum* 1989, Heft 11, S. 67–82.
Franke, Günter, Hax, Herbert: [Finanzwirtschaft] *Finanzwirtschaft des Unternehmens und Kapitalmarkt*, 3. Aufl., Berlin etc. 1994.
Frischmuth, Gunter: *Daten als Grundlage für Investitionsentscheidungen*, Berlin 1969.
Fung, William K. H., Theobald, Michael F.: [Debt] Dividends and Debt under Alternative Tax Systems, in: *Journal of Financial and Quantitative Analysis* 1984, S. 59–72.
Georgi, Andreas A.: [Steuern] Analyse der Notwendigkeit einer Berücksichtigung von Steuern in der Investitionsrechnung, in: *ZfbF* 1985, S. 891–911.
Gebhard, Joachim: [Leasing] *Finanzierungsleasing, Steuern und Recht*, Wiesbaden 1990.
Gerke, Wolfgang, Philipp, Fritz: *Finanzierung*, Stuttgart 1985.
Gerke, Wolfgang, Steiner, Manfred (Hrsg.): *Handwörterbuch des Bank- und Finanzwesens*, 2. Aufl., Stuttgart 1995.
Gibbons, Joel C.: [Durability] The Optimal Durability of Fixed Capital when Demand is Uncertain, in: *The Journal of Business* 1984, S. 389–403.
Göppl, Hermann: *Finanzierung* (Manuskript), Karlsruhe 1992.
Gordon, Myron J.: [Investment] *The Investment, Financing and Valuation of the Corporation*, Homewood 1962.
Götze, Uwe, Bloech, Jürgen: *Investitionsrechnung*, Berlin u. a. 1993.
Grant, Eugene L., Ireson, Grant W.: [Engineering Economy] *Principles of Engineering Economy*, New York 1964.
Gutenberg, Erich: [Finanzen] *Grundlagen der Betriebswirtschaftslehre*, Band III, 8. Aufl., Die Finanzen, Berlin – Heidelberg – New York 1980.
Haberstock, Lothar: [Leasing] Kredit-Kauf oder Leasing? Ein Vorteilhaftigkeitsvergleich unter Berücksichtigung der steuerlichen Auswirkungen, in: *Steuerberater-Jahrbuch* 1982/83, Köln 1983, S. 443–509.
Haegert, Lutz: Besteuerung, Unternehmensfinanzierung und betriebliche Altersversorgung, in: Schneider, Dieter (Hrsg.): *Kapitalmarkt und Finanzierung*, Berlin 1987, S. 155–168.
Hagenmüller, Karl-Friedrich, Diepen, Gerhard: *Der Bankbetrieb, Lehrbuch und Aufgabensammlung*, 12. Aufl., Wiesbaden 1989.
Hagenmüller, Karl-Friedrich, Sommer, Heinrich J. (Hrsg.): [Factoring] *Factoring-Handbuch*, Frankfurt/Main 1982.

Hahn, Oswald (Hrsg.): *Handbuch der Unternehmensfinanzierung*, München 1971.
Hahn, Oswald: [Finanzwirtschaft] *Finanzwirtschaft*, 2. Aufl., Landsberg am Lech 1983.
Hakansson, Nils H.: To Pay or not to Pay Dividend, in: *The Journal of Finance* 1982, S. 415–428.
Haley, Charles W., Schall, Lawrence D.: *The Theory of Financial Decisions*, 2. Aufl., New York etc. 1979.
Hållsten, Bertil: [Investment Decisions] *Investment and Financing Decisions*, Stockholm 1966.
Hanssmann, Fred: *Operations Research Techniques for Capital Investment*, New York – London – Sydney 1968.
Härle, Dietrich: [Finanzierungsregeln] *Finanzierungsregeln und ihre Problematik*, Wiesbaden 1961.
Hartmann-Wendels, Thomas: Venture Capital aus finanzierungstheoretischer Sicht, in: *ZfbF* 1987, S. 16–30.
Hartmann-Wendels, Thomas, Gumm-Heußen, Martina: [Marktzinsmethode] Zur Diskussion um die Marktzinsmethode: Viel Lärm um Nichts?, in: *ZfB* 1994, S. 1285–1301.
Hartmann-Wendels, Thomas, von Hinten, Peter: Marktwert von Vorzugsaktien, in: *ZfbF* 1989, S. 263–293.
Hastings, N. A. J.: [Repair Limit] The Repair Limit Replacement Method, in: *Operational Research Quarterly* 1969, S. 337–349.
Haugen, Robert A., Senbet, Lemma W.: [Bankruptcy Costs] The Insignificance of Bankruptcy Costs to the Theory of Optimal Capital Structure, in: *The Journal of Finance* 1978, S. 383–393.
Hax, Herbert: Finanzierung, in: *Vahlens Kompendium der Betriebswirtschaftslehre*, Band 1, München 1984, S. 367–422.
Hax, Herbert: [Investitionstheorie] *Investitionstheorie*, 5. Aufl., Heidelberg 1993.
Hax, Herbert, Laux, Helmut (Hrsg.): *Die Finanzierung der Unternehmung*, Köln 1975.
Heinhold, Michael: *Arbeitsbuch zur Investitionsrechnung*, München – Wien 1980.
Heinkel, Robert, Schwartz, Eduardo S.: [Rights] Rights versus Underwritten Offerings: An Asymmetric Information Approach, in: *The Journal of Finance* 1986, S. 1–18.
Heister, Matthias: [Rentabilitätsanalyse] *Rentabilitätsanalyse von Investitionen*, Köln und Opladen 1962.
Hielscher, Udo, Laubscher, Horst-Dieter: [Finanzierungskosten] *Finanzierungskosten – Kostenbestandteile, Kostenvergleiche und Usancen der Industriefinanzierung*, 2. Aufl., Frankfurt/Main 1989.
Hirshleifer, J.: On the Theory of Optimal Investment Decision, in: *The Journal of Political Economy* 1958, S. 329–352.
Hirshleifer, J.: [Investment] *Investment, Interest, and Capital*, Englewood Cliffs 1970.

Hodges, S. D., Brealey, R. A: [Rate of Return] The Rate of Return on New Investment in the UK, in: *The Journal of Finance* 1980, S. 799–800.

Holmström, Bengt: [Moral Hazard] Moral Hazard and Observability, in: *The Bell Journal of Economics* 1979, S. 74–91.

Howe, Keith M., Mc Cabe, George M.: [Replacement] On Optimal Asset Abandonment and Replacement, in: *Journal of Financial and Quantitative Analysis* 1983, S. 295–305.

Ingersoll, Jonathan E. Jr., Ross, Stephen: [Waiting] Waiting to Invest: Investment and Uncertainty, in: *Journal of Business* 1992, S. 1–29.

Jacob, Herbert: [Ersatzproblem] Das Ersatzproblem in der Investitionsrechnung und der Einfluß der Restnutzungsdauer alter Anlagen auf die Investitionsentscheidung, in: *ZfhF* 1957, S. 131–153.

Jacob, Herbert: *Investitionsplanung und Investitionsentscheidung mit Hilfe der Linearprogrammierung*, 3. Aufl., Wiesbaden 1976.

Jacob, Herbert: [Flexibilität] Zur Bedeutung von Flexibilität und Diversifikation bei Realinvestitionen. Ein Beitrag zur Theorie der Planung bei Unsicherheit, in: *Unternehmenstheorie und Unternehmensplanung*, hrsg. von Winfried Mellwig, Wiesbaden, S. 33–67.

Jacquillat, Bertrand, Solnik, Bruno: *Les Marchés Financiers et la Gestion de Portefeuille*, 2. Aufl., Paris 1976.

Jahrmann, F.-Ulrich: [Finanzierung] *Finanzierung*, 2. Aufl., Herne – Berlin 1992.

Jensen, Michael C., Meckling, William H.: [Managerial Behavior] Theory of the Firm: Managerial Behavior, Agency Costs and Ownership Structure, in: *Journal of Financial Economics* 1976, S. 305–360.

Kern, Werner: *Investitionsrechnung*, Stuttgart 1974.

Kilger, W.: [Interner Zinsfuß] Zur Kritik am internen Zinsfuß, in: *ZfB* 1965, S. 765–798.

Kistner, Klaus-Peter, Luhmer, Alfred, Stepan, Adolf: [Nutzungsdauer] Nutzungsdauer und Abschreibungen von maschinellen Anlagen mit Verschleißteilen, in: *ZfbF* 1989, S. 388–403.

Kleineidam, Hans-Jochen, Seutter, Klaus: [Ersatzzeitpunkt] Der optimale Ersatzzeitpunkt von Investitionsobjekten unter dem Einfluß der Ertragsbesteuerung, in: *Der Betrieb* 1977, S. 361–365.

Kloock, Josef: Mehrperiodige Investitionsrechnungen auf der Basis kalkulatorischer und handelsrechtlicher Erfolgsrechnungen, in: *ZfbF* 1981, S. 873–890.

Koch, Helmut: [Wirtschaftlichkeitsrechnung] *Grundlagen der Wirtschaftlichkeitsrechnung,* Wiesbaden 1970.

Koch, Helmut: Zum Problem der optimalen Kapitalstruktur. Der handlungsorientierte Ansatz in der Theorie der Unternehmensfinanzierung, in: *ZfB* 1986, S. 1213–1229.

Köhler, Richard: [Finanzierungsbegriff] Zum Finanzierungsbegriff einer entscheidungsorientierten Betriebswirtschaftslehre, in: *ZfB* 1969, S. 435–456.

König, Rolf J.: *Ausschüttungsverhalten von Aktiengesellschaften, Besteuerung und Kapitalmarktgleichgewicht*, Hamburg 1990.

Krahnen, Jan P.: [Sunk Costs] *Sunk Costs und Unternehmensfinanzierung*, Wiesbaden 1991.

Krahnen, Jan P.: [Integrierte] Investitionsmodelle, integrierte, in: *Handwörterbuch der Betriebswirtschaft*, 5. Aufl., hrsg. von Wittmann, Waldemar u. a., Stuttgart 1993, Sp. 1952–1965.

Krümmel, Hans-Jacob: [Kapitalkosten] Zur Theorie der Kapitalkosten, In: H. Albach, H. Simon (*Hrsg.*): *Investitionstheorie und Investitionspolitik privater und öffentlicher Unternehmen*, Wiesbaden 1976, S. 145–166.

Kruschwitz, Lutz: [Kapitalbudget] Die Planung des Kapitalbudgets mit Hilfe von Kapitalnachfrage- und Kapitalangebotskurven, in: *ZfbF* 1980, S. 393–418.

Kruschwitz, Lutz: [Bezugsrechtsemissionen] Bezugsrechtsemissionen in optionstheoretischer Sicht, in: *Kredit und Kapital* 1986, S. 110–121.

Kruschwitz, Lutz: [Finanzierung] *Finanzierung und Investition*, Berlin – New York 1995.

Kruschwitz, Lutz: [Investitionsrechnung] *Investitionsrechnung*, 6. Aufl., Berlin – New York 1995.

Kruschwitz, Lutz, Decker, Rolf O. A.: [Effektivrenditen] Effektivrenditen bei beliebigen Zahlungsstrukturen, in: *ZfB* 1994, S. 619–628.

Kruschwitz, Lutz, Decker, Rolf O. A., Röhrs, Michael: *Übungsbuch zu Grundzügen der Finanzierung, Finanzmathematik und Investitionsrechnung*, München – Wien 1993.

Laux, Helmut: *Kapitalkosten und Ertragsteuern*, Köln – Berlin – Bonn – München 1969.

Laux, Helmut: *Flexible Investitionsplanung*, Opladen 1971.

Laux, Helmut: *Risiko, Anreiz und Kontrolle*, Berlin u. a. 1990.

Lechner, Karl: Betriebswirtschaftlich optimale Selbstfinanzierung, in: *Wirtschaftlichkeit* 1968, Heft 1, S. 17–24.

Lee, Jevons: Capital Budgeting under Uncertainty: The Issue of Optimal Timing, in: *Journal of Business Finance & Accounting 1988*, S. 155–168.

Leffson, Ulrich: [Investitionsrechnung] *Programmiertes Lehrbuch der Investitionsrechnung*, Wiesbaden 1973.

Lehmann, Matthias: [Eigenfinanzierung] *Eigenfinanzierung und Aktienbewertung*, Wiesbaden 1978.

Levy, Haim, Sarnat, Marshall: [Financial Decisions] *Capital Investment and Financial Decisions*, 5. Aufl., New York u. a. 1995.

Lintner, John: [Security Prices] Security Prices, Risk and Maximal Gains from Diversification, in: *The Journal of Finance* 1965, S. 587–615.

Lohmann, Martin: *Einführung in die Betriebswirtschaftslehre*, 4. Aufl., Tübingen 1964.

Loistl, Otto: *Grundzüge der betrieblichen Kapitalwirtschaft*, Berlin etc. 1986.

Loitlsberger, Erich: Innovationsfinanzierung und Finanzierungsinstrumentarium, in: *Journal für Betriebswirtschaft* 1984, S. 54–69.

Lorie, James H., Savage, Leonard J.: [Rationing Capital] Three Problems in Rationing Capital, in: Solomon, Ezra (Hrsg.): *The Management of Corporate Capital*, New York – London 1959, S. 56–66.

Lücke, Wolfgang: [Investitionsrechnung] Die Ausgleichsfunktion der kalkulatorischen Zinsen in der Investitionsrechnung, in: *Wirtschaftsstudium* 1987, S. 369–375.

Lüder, Klaus: Zum Einfluß staatlicher Investitionsfördermaßnahmen auf unternehmerische Investitionsentscheidungen, in: *ZfB* 1984, S. 531–547.

Lutz, Friedrich A.: *Zinstheorie*, 2. Aufl., Zürich – Tübingen 1967.

Lutz, Friedrich und Vera: [Investment] *The Theory of Investment of the Firm*, Princeton 1951.

Marglin, Stephen A.: [Dynamic Investment Planning] *Approaches to Dynamic Investment Planning*, Amsterdam 1963.

Markowitz, Harry M.: [Portfolio] *Portfolio Selection*, New York – London 1959.

Massé, Pierre: *Investitionskriterien,* München 1968.

Masulis, Ronald W.: [Debt/Equity] *The Debt/Equity Choice*, Cambridge, Mass. 1988.

Matschke, Manfred Jürgen: [Finanzierung] *Finanzierung der Unternehmung*, Herne – Berlin 1991.

Matschke, Manfred Jürgen: *Investitionsplanung und Investitionskontrolle*, Herne – Berlin 1993.

Mehta, Dileep R., Curley, Michael D., Fung, Hung-Gay: [Inflation] Inflation, Cost of Capital, and Capital Budgeting Procedures, in: *Financial Management* 1984, Heft 4, S. 48–54.

Mellwig, Winfried: [Sensitivitätsanalyse] Sensitivitätsanalyse des Steuereinflusses in der Investitionsplanung – Überlegungen zur praktischen Relevanz einer Berücksichtigung der Steuern bei der Investionsentscheidung, in: *ZfbF* 1980, S. 16–40.

Mellwig, Winfried: [Investition] *Investition und Besteuerung*, Wiesbaden 1985.

Menrad, Siegfried: Theorem des optimalen Verschuldungsgrades, in: *Wirtschaftswissenschaftliches Studium* 1973, S. 266–272.

Menrad, Siegfried: [Grundstudium: Rechnungswesen] *Betriebswirtschaftslehre im Grundstudium der Wirtschaftswissenschaft*, Band 4: *Rechnungswesen*, Göttingen 1978.

Miller, Edward M.: The Competitive Market Assumption and Capital Budgeting Criteria, in: *Financial Management* 1987, Heft 4, S. 22–28.

Miller, Merton H.: [Debt] Debt and Taxes, in: *The Journal of Finance* 1977, S. 261–275.

Miller, Merton H.: [Leverage] Leverage, in: *The Journal of Finance* 1991, S. 479–488.

Miller, Merton H., Modigliani, Franco: [Dividend Policy] Dividend Policy, Growth, and the Valuation of Shares, in: *The Journal of Business* 1961, S. 411–433.

Miller, Merton H., Upton, Charles W.: [Leasing] Leasing, Buying, and the Cost of Capital Services, in: *The Journal of Finance* 1976, S. 761–786.

Modigliani, Franco: [Debt] Debt, Dividend Policy, Taxes, Inflation and Market Valuation, in: *The Journal of Finance* 1982, S. 255–273.

Modigliani, Franco, Miller, Merton H.: [Cost of Capital] The Cost of Capital, Corporation Finance, and the Theory of Investment, in: *The American Economic Review* 1958, S. 261–297.

Modigliani, Franco, Miller, Merton H.: [Taxes] Corporate Income Taxes and the Cost of Capital: A Correction, in: *The American Economic Review* 1963, S. 433–443.

Moog, Horst: *Investitionsplanung bei Mehrfachzielsetzung*, Ludwigsburg – Berlin 1993.

Moser, Reinhard: *Preis- und Finanzierungsentscheidungen im Auslandsgeschäft. Ein Corporate-Modelling-Ansatz*, Wien 1985.

Mossin, Jan: [Equilibrium] Equilibrium in a Capital Asset Market, in: *Econometrica* 1966, S. 768–783.

Moxter, Adolf: Der Einfluß der Amortisationsgeschwindigkeit auf die unternehmerische Investitionsentscheidung, in: *ZfhF* 1959, S. 541–562.

Moxter, Adolf: [Investitionstheorie] Offene Probleme der Investitions- und Finanzierungstheorie, in: *ZfbF* 1965, S. 1–10.

Moxter, Adolf: [Nutzungsdauer] Zur Bestimmung der optimalen Nutzungsdauer von Anlagegegenständen, in: Moxter, Adolf, Schneider, Dieter, Wittmann, Waldemar (Hrsg.): *Produktionstheorie und Produktionsplanung*, Köln und Opladen 1966, S. 75–105.

Moxter, Adolf: [Verschuldungsumfang] Optimaler Verschuldungsumfang und Modigliani – Miller-Theorem, in: Forster, Karl-Heinz, Schuhmacher, Peter (Hrsg.): *Aktuelle Fragen der Unternehmensfinanzierung und Unternehmensbewertung*, Festschrift für Kurt Schmaltz, Stuttgart 1970, S. 128–155.

Myers, Stewart C.: Interactions of Corporate Financing and Investment Decisions – Implications for Capital Budgeting, in: *The Journal of Finance* 1974, S. 1–25.

Myers, Stewart C.: [Capital Structure] The Capital Structure Puzzle, in: *The Journal of Finance* 1984, S. 575–592.

Myers, Stewart C.: Notes on an Expert System for Capital Budgeting, in: *Financial Management* 1988, Heft 3, S. 23–31.

Myers, Stewart C.: [Still Searching] Still Searching for Optimal Capital Structure, *Keynote Address at the French Finance Association*, Paris 1990.

Narayanan, M. P.: [Payback] Observability and the Payback Criterion, in: *The Journal of Business* 1985, S. 309–323.

Niedernhuber, Günter: [Ausschüttungsregelungen] *Ausschüttungsregelungen für Aktiengesellschaften – Eine ökonomische Analyse*, Hamburg 1988.

Norstrom, Carl J.: [Interner Zinsfuß] Kritische Würdigung des internen Zinsfußes, in: *ZfbF* 1990, S. 107–118.

Oettle, Karl: *Unternehmerische Finanzpolitik*, Stuttgart 1966.

Pack, Ludwig: *Betriebliche Investition*, Wiesbaden 1959.

Perridon, Louis, Steiner, Manfred: [Finanzwirtschaft] *Finanzwirtschaft der Unternehmung*, 8. Aufl., München 1995.

Poensgen, O. H., Straub, H.: [Inflation] Inflation und Investitionsentscheidung, in: *ZfB* 1974, S. 768–810.

Pohmer, Dieter, Bea, Xaver: [Grundstudium: Produktion und Absatz] *Betriebswirtschaftslehre im Grundstudium der Wirtschaftswissenschaft*, Band 2: *Produktion und Absatz*, 3. Aufl., Göttingen 1994.

Priewasser, Erich: *Betriebliche Investitionsentscheidungen*, Berlin – New York 1972.

Pindyck, Robert S.: [Uncertain Cost] Investments of Uncertain Cost, in: *Journal of Financial Economics* 1993, S. 53–76.

Raffée, Hans: [Grundstudium: Grundprobleme] *Betriebswirtschaftslehre im Grundstudium der Wirtschaftswissenschaft*, Band I: *Grundprobleme der Betriebswirtschaftslehre*, Göttingen 1974.

Rittershausen, Heinrich: [Finanzierungen] *Industrielle Finanzierungen*, Wiesbaden 1964.

Rolfes, Bernd: [Marktzinsmethode] Marktzinsorientierte Investitionsrechnung, in: *ZfB* 1993, S. 691–713.

Rosenberg, Otto: [Nutzungsdauer] Der Einfluß der Finanzierung auf die optimale Nutzungsdauer von Investitionsobjekten, in: *ZfB* 1977, S. 167–182.

Ross, Stephen, A.: The Determination of Financial Structure: The Incentive-Signalling Approach, in: *The Bell Journal of Economics* 1977, S. 23–40.

Ross, Stephen A., Westerfield, Randolph W., Jaffe, Jeffrey F.: [Corporate Finance] *Corporate Finance*, 3. Aufl., Homewood – Boston 1993.

Rückle, Dieter: Zielfunktion und Rechengrößen der Investitionsrechnung, in: *Der Österreichische Betriebswirt* 1970, S. 39–76.

Rückle, Dieter: Investitionskalküle für Umweltschutzinvestitionen, in: *BFuP* 1989, S. 51–65.

Rudolph, Bernd: *Kapitalkosten bei unsicheren Erwartungen*, Berlin – Heidelberg – New York 1979.

Sandig, Curt, Köhler, Richard: *Finanzen und Finanzierung der Unternehmung*, 3. Aufl., Stuttgart 1978.

Scheer, August-Wilhelm: *Die industrielle Investitionsentscheidung*, Wiesbaden 1969.

Schierenbeck, Henner: *Unternehmungsfinanzen und Konjunktur*, Stuttgart 1980.

Sharpe, William F.: [Equilibrium] Capital Asset Prices: A Theory of Market Equilibrium under Conditions of Risk, in: *The Journal of Finance* 1964, S. 425–442.

Schindler, Heinz: *Investitionsrechnungen in Theorie und Praxis*, 2. Aufl., Meisenheim/Glan 1963.

Schmalenbach, Eugen: [Kapital] *Kapital, Kredit und Zins*, 4. Aufl., Köln und Opladen 1961.

Schmidt, Reinhard H.: [Investitionstheorie] *Grundzüge der Investitions- und Finanzierungstheorie*, 2. Aufl., Wiesbaden 1996.

Schneider, Dieter: [Nutzungsdauer] *Die wirtschaftliche Nutzungsdauer von Anlagegütern*, Köln und Opladen 1961.

Schneider, Dieter: [Investition] *Investition, Finanzierung und Besteuerung*, 7. Aufl., Wiesbaden 1992.

Schneider, Dieter: [Betriebswirtschaftslehre] *Allgemeine Betriebswirtschaftslehre*, 3. Aufl., München/Wien 1987.

Schneider, Erich: [Wirtschaftlichkeitsrechnung] *Wirtschaftlichkeitsrechnung*, 8. Aufl., Tübingen – Zürich 1973.

Schulte, Karl W.: [Adverse Mimimum] „Adverse Minimum" und Gewinnannuität – eine vergleichende Analyse der Kriterien, in: *ZfB* 1978, S. 291–304.

Schulte, Karl W.: [Annuität] Zehn Thesen zur Annuität, in: *ZfB* 1981, S. 33–49.

Schwellnuss, Axel-Georg: *Investitions-Controlling*, München 1991.

Seelbach, Horst: [Modigliani und Miller] Die Thesen von Modigliani und Miller unter Berücksichtigung von Ertrag- und Substanzsteuern, in: *ZfB* 1979, S. 692–709.

Seelbach, Horst (Hrsg.): *Finanzierung*, München 1980.

Seelbach, Horst: [Ersatztheorie] Ersatztheorie, in *ZfB* 1984, S. 106–127.

Seicht, Gerhard: *Investition und Finanzierung*, 8. Aufl., Wien 1995.

Siegel, Theodor: Die Schütt-aus-hol-zurück-Politik unter Berücksichtigung der Finanzierungs-Aneutralität der Besteuerung, in: *Das Wirtschaftsstudium* 1988, S. 603–608, 670–675.

Smith, Clifford W., Warner, Jerold B.: [Financial Contracting] On Financial Contracting: An Analysis of Bond Covenants, in: *Journal of Financial Economics* 1979, S. 117–160.

Spremann, Klaus: [Investition] *Investition und Finanzierung*, 4. Aufl., München – Wien 1991.

Staehelin, Erwin: *Investitionsentscheide in industriellen Unternehmungen*, Grüsch 1988.

Staehelin, Erwin: *Investitionsrechnung*, 7. Aufl., Chur – Zürich 1992.

Stapleton, Richard C., Hemmings, Dan B., Scholefield, Harry M.: [Optimal Life] Technical Change and the Optimal Life of Assets, in: *Operational Research Quarterly*, 1972, S. 45–59.

Stepan, Adolf: [Anlagenersatz] Die Struktur von Investitionsproblemen bei Berücksichtigung meßbarer Verschleißprozesse und Kriterien für den Anlagenersatz, in: *ZfB* 1982, S. 426–441.

Stiglitz, Joseph E.: [Irrelevance] On the Irrelevance of Corporate Financial Policy, in: *The American Economic Review* 1974, S. 851–866.

Stöber, Kurt: [Nutzungsdauer] *Optimale Nutzungsdauer und steuerliche Investitionsbegünstigungen*, Berlin 1975.

Stützel, Wolfgang: [Risikobeurteilung] Die Relativität der Risikobeurteilung von Vermögensbeständen, in: Hax, Herbert (Hrsg). *Entscheidung bei unsicheren Erwartungen*, Köln und Opladen 1970, S. 9–26.

Süchting, Joachim: Zur Problematik von Kapitalkosten-Funktionen in Finanzierungsmodellen, in: *ZfB* 1970, S. 329–348.

Süchting, Joachim: [Finanzmanagement] *Finanzmanagement, Theorie und Politik der Unternehmensfinanzierung*, 6. Aufl., Wiesbaden 1995.

Swoboda, Peter: [Restwertverlauf] Der Restwertverlauf in seiner Abhängigkeit von den sonstigen Merkmalen einer Investition und sein Einfluß auf den Ersatzbeschaffungszeitpunkt, in: *ZfB* 1962, S. 656–668.

Swoboda, Peter: Der Einfluß der steuerlichen Abschreibungspolitik auf betriebliche Investitionsentscheidungen, in: *ZfbF* 1964, S. 414–429.

Swoboda, Peter: [Finanzierungsformen] Die Wirkungen von steuerlichen Abschreibungen auf den Kapitalwert von Investitionsprojekten bei unterschiedlichen Finanzierungsformen, in: *ZfbF* 1970, S. 77–86.

Swoboda, Peter: [Ersatzinvestitionen] Entscheidungen über Ersatzinvestitionen, in: *Das Wirtschaftsstudium* 1973, S. 55–60, 106–111.

Swoboda, Peter: Auswirkungen einer Inflation auf den Unternehmungswert, in: *ZfbF* 1977, S. 667–688.

Swoboda, Peter: Kapitalmarkt und Unternehmungsfinanzierung – Zur Kapitalstruktur der Unternehmung, in: Schneider, Dieter (Hrsg.): *Kapitalmarkt und Finanzierung*, Berlin 1987, S. 49–68.

Swoboda, Peter: Relevanz oder Irrelevanz der Kapitalstruktur und der Dividendenpolitik deutscher und österreichischer Aktiengesellschaften nach der Steuerreform von 1990 bzw. 1989? In: *ZfbF* 1991, S. 851–866.

Swoboda, Peter: [Simultane] Simultane Investitionsrechnung, in: *Handwörterbuch des Rechnungswesens*, 3. Aufl., hrsg. von Chmielewitz, Klaus, Schweitzer, Marcell, Stuttgart 1993. Sp. 1808–1821.

Swoboda, Peter: [Finanzierung] *Betriebliche Finanzierung*, 3. Aufl., Heidelberg 1994.

Swoboda, Peter: [Finanzierungsregeln] Finanzierungsregeln, in: *Handwörterbuch des Bank- und Finanzwesens*, 2. Aufl., hrsg. von Gerke, Wolfgang, Steiner, Manfred, Stuttgart 1995, Sp. 692–700.

Taggart, Robert A., Jr.:[Cost of Capital] Consistent Valuation and Cost of Capital Expressions with Corporate and Personal Taxes, in: *Financial Management* 1991, Heft 3, S. 8–20.

Taylor, George A.: [Managerial Economy] *Managerial and Engineering Economy*, Princeton – Toronto – New York – London 1964.

Ter Horst, Klaus W.: [Investitionsplanung] *Investitionsplanung*, Stuttgart 1980.

Terborgh, George: [Equipment Policy] *Dynamic Equipment Policy*, New York – Toronto – London 1949.

Terborgh, George: [Investitionspolitik] *Business Investment Policy,* Washington 1958 (Deutsche Übersetzung durch Albach, Horst: *Leitfaden der betrieblichen Investitionspolitik,* Wiesbaden 1962).

Terborgh, George: [Investment Management] *Business Investment Management*, Washington 1967.

Uhlir, Helmut, Steiner, Peter: *Wertpapieranalyse*, 3. Aufl., Heidelberg 1994.

Van Horne, James C.: [Rates] *Financial Market Rates and Flows*, 5. Aufl., Englewood Cliffs, New Jersey 1990.

Van Horne, James C.: [Financial Management] *Financial Management and Policy*, 9. Aufl., Englewood Cliffs 1992.

Veit, Thomas, Straub, Werner: *Investitions- und Finanzplanung*, Heidelberg 1978.

Volpert, Verena: [Kapitalwert] *Kapitalwert und Ertragsteuern*, Wiesbaden 1989.

Vormbaum, Herbert: [Finanzierung] *Finanzierung der Betriebe*, 8. Aufl., Wiesbaden 1990.

Wagner, Franz: Der Steuereinfluß in der Investitionsplanung – Eine Quantité négligeable?, in: *ZfB* 1981, S. 47–52.

Wagner, Franz W.: Ausschüttungszwang und Kapitalentzugsrechte als Instrumente marktgelenkter Unternehmenskontrolle? In: Schneider, Dieter (Hrsg.): *Kapitalmarkt und Finanzierung*, Berlin 1987, S. 409–427.

Wallmann, Karl-Gerhard: *Wirtschaftliche Methoden der Investitionsplanung – einschließlich Standortplanung – in der Mineralöl verarbeitenden Industrie*, München 1969.

Weingartner, H. Martin: *Mathematical Programming and the Analysis of Capital Budgeting Problems*, Englewood Cliffs 1963.

Weingartner, H. Martin: Capital Budgeting of Interrelated Projects: Survey and Synthesis, in: *Management Science* 1966, Vol. 12, Application Series, S. 485–516.

Weingartner, H. Martin: [Payback Period] Some New Views on the Payback Period and Capital Budgeting Decisions, in: *Management Science* 1969, Vol. 15, Application Series, S. 594–607.

Weingartner, H. Martin: [Capital Rationing] Capital Rationing: Authors in Search of a Plot, in: *The Journal of Finance* 1977, S. 1403–1431.

Welcker, Johannes: Wandelobligationen, in *ZfbF* 1968, S. 798–838.

Weston, J. Fred, Copeland, Thomas, E.: [Managerial Finance] *Managerial Finance*, 9. Aufl., Fort Worth etc. 1992.

Wildemann, Horst: *Investitionsentscheidungsprozeß für numerisch gesteuerte Fertigungssysteme (NC Maschinen)*, Wiesbaden 1977.

Wildemann, Horst: *Strategische Investitionsplanung*, Wiesbaden 1987.

Wilhelm, Jochen: *Finanztitelmärkte und Unternehmensfinanzierung*, Berlin etc. 1983.

Wilhelm, Jochen: Die Vorteilhaftigkeit des Leasing aus finanzierungstheoretischer Sicht, in: *ZfbF* 1985, S. 485–499.

Wilkes, F. M.: [Capital Budgeting] *Capital Budgeting Techniques*, 2. Aufl., Chichester etc. 1983.

Wittmann, Waldemar: [Unvollkommene Information] *Unternehmung und unvollkommene Information*, Köln und Opladen 1959.

Wöhe, Günter, Bilstein, Jürgen: [Unternehmensfinanzierung] *Grundzüge der Unternehmensfinanzierung*, 6. Aufl., München 1991.

Zechner, Josef: [Ketteneffekt] Der Ketteneffekt bei Investitionsentscheidungen in wachsenden und in schrumpfenden Unternehmungen, in: *ZfB* 1981, S. 559–572.

Zechner, Josef: [Managerverhalten] Managerverhalten und die optimale Kapitalstruktur von Unternehmungen. Ein Überblick zur Theorie der Agency Costs, in: *Journal für Betriebswirtschaft* 1982, S. 180–197.

Zechner, Josef, Fischer, Edwin: Investitionsentscheidungen bei Veränderung der Unternehmungsgröße, in *ZfB* 1982, S. 766–783.

Zechner, Josef: [Steuern] *Der Einfluß von Steuern auf die optimale Kapitalstruktur von Unternehmungen*, Wien 1989.

Anhang 1: Tabelle der Abzinsungsfaktoren

$(1 + r)^{-t}$

t \ r	0,04	0,05	0,06	0,07	0,08	0,10	0,12	0,15	0,20
1	0,9615	0,9524	0,9434	0,9346	0,9259	0,9091	0,8929	0,8696	0,8333
2	0,9246	0,9070	0,8900	0,8734	0,8573	0,8264	0,7972	0,7561	0,6944
3	0,8890	0,8638	0,8396	0,8163	0,7938	0,7513	0,7118	0,6575	0,5787
4	0,8548	0,8227	0,7921	0,7629	0,7350	0,6830	0,6355	0,5718	0,4823
5	0,8219	0,7835	0,7473	0,7130	0,6806	0,6209	0,5674	0,4972	0,4019
6	0,7903	0,7462	0,7050	0,6663	0,6302	0,5645	0,5066	0,4323	0,3349
7	0,7599	0,7107	0,6651	0,6227	0,5835	0,5132	0,4523	0,3759	0,2791
8	0,7307	0,6768	0,6274	0,5820	0,5403	0,4665	0,4039	0,3269	0,2326
9	0,7026	0,6446	0,5919	0,5439	0,5002	0,4241	0,3606	0,2843	0,1938
10	0,6756	0,6139	0,5584	0,5083	0,4632	0,3855	0,3220	0,2472	0,1615
11	0,6496	0,5847	0,5268	0,4751	0,4289	0,3505	0,2875	0,2149	0,1346
12	0,6246	0,5568	0,4970	0,4440	0,3971	0,3186	0,2567	0,1869	0,1122
13	0,6006	0,5303	0,4688	0,4150	0,3677	0,2897	0,2292	0,1625	0,0935
14	0,5775	0,5051	0,4423	0,3878	0,3405	0,2633	0,2046	0,1413	0,0779
15	0,5553	0,4810	0,4173	0,3624	0,3152	0,2394	0,1827	0,1229	0,0649
16	0,5339	0,4581	0,3936	0,3387	0,2919	0,2176	0,1631	0,1069	0,0541
17	0,5134	0,4363	0,3714	0,3166	0,2703	0,1978	0,1456	0,0929	0,0451
18	0,4936	0,4155	0,3503	0,2959	0,2502	0,1799	0,1300	0,0808	0,0376
19	0,4746	0,3957	0,3305	0,2765	0,2317	0,1635	0,1161	0,0703	0,0313
20	0,4564	0,3769	0,3118	0,2584	0,2145	0,1486	0,1037	0,0611	0,0261
21	0,4388	0,3589	0,2942	0,2415	0,1987	0,1351	0,0926	0,0531	0,0217
22	0,4220	0,3418	0,2775	0,2257	0,1839	0,1228	0,0826	0,0462	0,0181
23	0,4057	0,3256	0,2618	0,2109	0,1703	0,1117	0,0738	0,0402	0,0151
24	0,3901	0,3101	0,2470	0,1971	0,1577	0,1015	0,0659	0,0349	0,0126
25	0,3751	0,2953	0,2330	0,1842	0,1460	0,0923	0,0588	0,0304	0,0105
26	0,3607	0,2812	0,2198	0,1722	0,1352	0,0839	0,0525	0,0264	0,0087
27	0,3468	0,2678	0,2074	0,1609	0,1252	0,0763	0,0469	0,0230	0,0073
28	0,3335	0,2551	0,1956	0,1504	0,1159	0,0693	0,0419	0,0200	0,0061
29	0,3207	0,2429	0,1846	0,1406	0,1073	0,0630	0,0374	0,0174	0,0051
30	0,3083	0,2314	0,1741	0,1314	0,0994	0,0573	0,0334	0,0151	0,0042
35	0,2534	0,1813	0,1301	0,0937	0,0676	0,0356	0,0189	0,0075	0,0017
40	0,2083	0,1420	0,0972	0,0668	0,0460	0,0221	0,0107	0,0037	0,0007
45	0,1712	0,1113	0,0727	0,0476	0,0313	0,0137	0,0061	0,0019	0,0003
50	0,1407	0,0872	0,0543	0,0339	0,0213	0,0085	0,0035	0,0009	0,0001

r | 0,09
n 6 | 0,22291978
n 5 | 0,25709

Anhang 2: Tabelle der Annuitätsfaktoren

$r(1+r)^n/[(1+r)^n-1]$

n \ r	0,05	0,06	0,07	0,08	0,10	0,12	0,15	0,20
1	1,05000	1,06000	1,07000	1,08000	1,10000	1,12000	1,15000	1,20000
2	0,53780	0,54544	0,55309	0,56077	0,57619	0,59170	0,61512	0,65455
3	0,36721	0,37411	0,38105	0,38803	0,40211	0,41635	0,43798	0,47473
4	0,28201	0,28859	0,29523	0,30192	0,31547	0,32923	0,35027	0,38629
5	0,23097	0,23740	0,24389	0,25046	0,26380	0,27741	0,29832	0,33438
6	0,19702	0,20336	0,20980	0,21632	0,22961	0,24323	0,26424	0,30071
7	0,17282	0,17914	0,18555	0,19207	0,20541	0,21912	0,24036	0,27742
8	0,15472	0,16104	0,16747	0,17401	0,18744	0,20130	0,22285	0,26061
9	0,14069	0,14702	0,15349	0,16008	0,17364	0,18768	0,20957	0,24808
10	0,12950	0,13587	0,14238	0,14903	0,16275	0,17698	0,19925	0,23852
11	0,12039	0,12679	0,13336	0,14008	0,15396	0,16842	0,19107	0,23110
12	0,11283	0,11928	0,12590	0,13270	0,14676	0,16144	0,18448	0,22526
13	0,10646	0,11296	0,11965	0,12652	0,14078	0,15568	0,17911	0,22062
14	0,10102	0,10758	0,11434	0,12130	0,13575	0,15087	0,17469	0,21689
15	0,09634	0,10296	0,10979	0,11683	0,13147	0,14682	0,17102	0,21388
16	0,09227	0,09895	0,10586	0,11298	0,12782	0,14339	0,16795	0,21144
17	0,08870	0,09544	0,10243	0,10963	0,12466	0,14046	0,16537	0,20944
18	0,08555	0,09236	0,09941	0,10670	0,12193	0,13794	0,16319	0,20781
19	0,08275	0,08962	0,09675	0,10413	0,11955	0,13576	0,16134	0,20646
20	0,08024	0,08718	0,09439	0,10185	0,11746	0,13388	0,15976	0,20536
21	0,07800	0,08500	0,09229	0,09983	0,11562	0,13224	0,15842	0,20444
22	0,07597	0,08305	0,09041	0,09803	0,11401	0,13081	0,15727	0,20369
23	0,07414	0,08128	0,08871	0,09642	0,11257	0,12956	0,15628	0,20307
24	0,07247	0,07968	0,08719	0,09498	0,11130	0,12846	0,15543	0,20255
25	0,07095	0,07823	0,08581	0,09368	0,11017	0,12750	0,15470	0,20212
26	0,06956	0,07690	0,08456	0,09251	0,10916	0,12665	0,15407	0,20176
27	0,06829	0,07570	0,08343	0,09145	0,10826	0,12590	0,15353	0,20147
28	0,06712	0,07459	0,08239	0,09049	0,10745	0,12524	0,15306	0,20122
29	0,06605	0,07358	0,08145	0,08962	0,10673	0,12466	0,15265	0,20102
30	0,06505	0,07265	0,08059	0,08883	0,10608	0,12414	0,15230	0,20085
35	0,06107	0,06897	0,07723	0,08580	0,10369	0,12232	0,15113	0,20034
40	0,05828	0,06646	0,07501	0,08386	0,10226	0,12130	0,15056	0,20014
45	0,05626	0,06470	0,07350	0,08259	0,10139	0,12074	0,15028	0,20005
50	0,05478	0,06344	0,07246	0,08174	0,10086	0,12042	0,15014	0,20002

Stichwortverzeichnis